ジャーナリズムの国籍

途上国におけるメディアの公共性を問う

山本信人 [監修]
慶應義塾大学メディア・コミュニケーション研究所／NHK放送文化研究所 [編]

慶應義塾大学出版会

序　ジャーナリズムの国籍

山本信人

1．本書の狙い

　本書は『ジャーナリズムの国籍──途上国におけるメディアの公共性を問う』と銘打っている。ジャーナリズムの国籍とは突拍子もない表現であると思われるかもしれない。それは、ジャーナリズムに関してわたしたちが特定の認識を有していることに起因する。

　わたしたちに馴染みのあるジャーナリズムは、ナショナルなマス・デモクラシーと共存共栄する歴史を歩んできた。19世紀に欧米で国民国家が成立したころから、メディアやジャーナリズムは国家形成と国民形成の過程で重要な役割をはたしてきた。ベネディクト・アンダーソンがナショナリズム研究の古典となった『想像の共同体』（アンダーソン 2007）で議論しているように、日常語で記された新聞は国家という領域のなかで流通し、国民という不特定多数の想定読者に向けたマス・メディアとして定着した。商品としての新聞は、ナショナルとマスという2つの要素を不可欠として発展したのである。アンダーソンのいう想像の政治的共同体たる国民は、新聞と日常語と切り離して考えることはできない。

　こうした新聞の定着は、出来事の報道という意味でのジャーナリズムの展開を促した。新聞報道という形式が定着することは、国民という想定読者に向かって共通語（「国語」）という書き言葉を媒介にし、国民にとって記録し記憶すべき事実を報道するジャーナリズムを定着させることでもあった（バルザック 2014）。報道とは事実確認の行為であるが、報道は事実を切り取り伝える。すなわち、ジャーナリズムは、情報を編集することで国民が共有できる物語を作り、国民が共有する物語を報道する。ジャーナリズムの物語を共有する人びとが国民となったのである（たとえば奥 2000；佐藤 2014）。要するに、ジャーナリ

i

ズムは事実確認のコミュニケーションであり、国民国家の申し子であった。

　同時に19世紀以降の欧米では、ジャーナリズムに表現・言論の自由という価値が付加された（ゴールドスティーン 2003）。それはジャーナリズムが、権力との緊張関係を保ちながら権力を監視するというリベラルな価値を保障する過程であった。マス（＝読者）である国民という市場に依拠しながら、読者である国民を啓蒙することで、ジャーナリズムには、民主主義を育てる機能が備わった。これが「近代」のジャーナリズムと国民国家との関係であった（ハーバーマス 1994；林 2002）。

　以上からも分かるように、ジャーナリズムには国籍がある。それは近代の産物であった。しかも国民国家の形成に組み込まれたジャーナリズムとは、社会の安定に寄与した。それを証明するのは、ジャーナリズムが、その国の政治、社会、経済、文化状況をいちいち説明しなくとも理解できる「話題」を報道として切り取り、物語化できたという事実である。権力から自立し時には対峙しながらも、ジャーナリズムは権力と切り離して考えることはできない（カラン 2007）。それが、ジャーナリズムはナショナルなマス・デモクラシーと共存共栄の関係にあったという理由である（大石編 2014）。

　しかし「近代」は終焉を迎えつつある。1990年代後半から、メディアの状況が変容してきた。国民国家という近代の枠組みがグローバルな市場至上主義的資本主義に飲み込まれる過程でもあった。インターネットが登場し大衆化することで、グローバル経済が地球上を覆うようになった。情報が容易に国境を飛び越える時代をもたらした。文字をじっくり書き、読む時代が徐々に後退し始めた。情報の意味内容を変容させることになったのである。2000年代半ばにソーシャル・メディアが発明され普及することで、情報には同時性と速報性が求められるようになった。編集されることのない生の情報に価値が発生した。しかもその情報は「近代」的な報道のように国民によって共有される必然性はなく、情報を必要とする人びとのあいだに拡散するようになった。情報が国家ではなく市場によって価値づけられるようになった。同時に権力に依拠（≒対峙）しない情報が氾濫することで、かえって情報が不安定な状況のなかにさらされるようになった。つまり、ジャーナリズムが必要としてきた権力がみえにくくなった。インターネットによるコミュニケーションは、「近代」という枠組みを揺るがすようになったのである。また、情報の越境化の進展で、社会運動や抗議運動の共時的な拡大も定着の傾向にある（Uldam and Vestergaard 2015）。

21世紀になり、ジャーナリズムに備わっていた国籍性が問われる時代が到来したといえる。

このようなグローバルなメディア状況の変遷は、先進国と呼ばれる民主主義を謳歌してきた国家の国民には理解しやすい。先進国では過去150年ほどのタイムスパンでこうしたことを経験してきたからである。ところが、途上国ではメディア状況の変容やジャーナリズムを取り巻く環境が、先進国の5倍以上のスピードで転換している。そもそも植民地や長期の内戦を経験してきた国家では、民主主義の歴史は浅い。植民地からの独立は冷戦期に起こったために、独立後は民主主義というよりは権威主義的な政治体制を敷いて、政治と社会の安定を構築することが多かった。そこではメディアやジャーナリズムは国家の政治宣伝の道具と化していた。そうした途上国では、先進国が経験してきたようなナショナルなマス・デモクラシーは20世紀末以降の現象であり、いまだに制度化の過程にある国家が少なくない。そこにグローバル化の波が押し寄せ、インターネット・メディアが普及し、情報が氾濫するようになった。

とはいっても、途上国でジャーナリズムの国籍が成立したことがないということでも、あるいは成立していないということでもない。植民地を経験した国でも内戦を経験した国でも、その国のジャーナリズムは存在しているし、報道は国民に向けて発せられている。たとえば、アジア諸国には各国ごとにビデオジャーナリズムが成立していた（アジアプレス・インターナショナル1998；2000）。新興国においてもジャーナリズムとは国民形成の一翼を担っていた。したがってそこには国民的なメディア状況があり、ジャーナリズムとは国民という共同体へ向けての発信が主であった。ところが、21世紀になると国民社会が揺らぎをみせはじめた。経済と市場のグローバル化の波が、軌を一にして世界銀行や国際通貨基金が掲げてきた新自由主義政策を途上国にも定着し、社会格差が拡大し構造化された。それが時限爆弾のように社会不安と社会不満を誘発した（Graeber 2013）。そこにソーシャル・メディアという新しい情報ツールが折り重なることで、政治・経済権力への不満が爆発した。ソーシャル・メディアは編集されない生の情報を環流させる機能があり、その発信者も受信者も同時代的な感覚を共有し、あたかも1つの声になることもある。2011年の「アラブの春」はその象徴的な出来事であった（山本達也 2014）。

しかし、ソーシャル・メディアは、従来型のマス・メディアに取って代わっているわけではない。先進国同様に途上国でも、従来型の活字・映像・放送メ

ディアは確固として存在している。ソーシャル・メディアの生の情報は限定されたコミュニティのあいだで共有されるが、それがひとたびマス・メディアに編集され取りあげられると、その情報は一気に国民に消費される商品となる。時にはそれが国境を越えて、他国のメディアに取りあげられることもある。情報の発信源の信頼性という意味では、いまだにマス・メディアのはたす役割は大きい。

しかも21世紀に明らかになったのは、事実確認のコミュニケーションとしてジャーナリズムの言語は限定性と新しい可能性を秘めている現実である。それは、近代的なジャーナリズムの国籍と21世紀的なジャーナリズムの新しい国籍に関連する。一方で、ジャーナリズムの言語は日常語というツールに依拠している部分が多いために、その日常語を解する者を想定読者とする近代以降の特徴を引きずっている。これは、マス・メディアを媒介とするコミュニケーションの流通範囲が国民国家という枠組みのなかに留まり続ける現状を反映している。ただしインターネットの浸透で、国境を越えて存在する国民や移民のあいだでも、特定の日常語で表現される報道が共有されるようになったことは、21世紀の新しい現象であることはいうまでもない。それが国境をまたいで存在する「民族」や「市民」を対象とするメディアの誕生と展開を促している（保坂2014）。

他方でインターネットの普及は、英語、フランス語、アラビア語、中国語などの特定言語がグローバルにジャーナリズムの言語として使用される状況を生みだした。この場合、たんに特定のグローバルな言語を理解できることがグローバルなジャーナリズムの状況への参加を可能にする条件にはならない。そうではなく特定の論点や価値に対する明確な意識を有する市民が、グローバルなジャーナリズムの言語を介して情報を発信し受信する（マイルズ2005）。このようにグローバルなジャーナリズムという新しい「国籍」が現在構築されつつあり、新しい「市民」像をつくりだしているといえる。

この点が本書の副題である「メディアの公共性」と関連する。グローバル化と通信・情報分野の技術革新が、「想像の共同体」的な国民形成という現代国家のプロジェクトを本質的に変革させる時代となってきている。メディアの公共性を問い直す事態はメディアとオンラインの融合によってもたらされた。その本質的な変革とは、共同体（Community）から公共性（Publicness）への転換である（公共性については斎藤2000を参照）。共同体を超えた公共がメディアと

ジャーナリズムには求められる時代となった。それがメディアの公共性をめぐる学界と事業者との新しい取り組みを生んだ。その推進力として、ヨーロッパのメディア研究者や事業者が 2000 年来取り組む「公共サービス放送」(Public Service Broadcasting) や「公共サービス・メディア」(Public Service Media) の活動がある (PSB と PSM については後述)。しかも PSM (や PSB) への期待は途上国へも広がっている (Lowe and Yamamoto forthcoming)。途上国や先進国を問わず、概念化、政策化、実現化が求められる時代となったということである。

本書は、このように急速に変貌しつつある途上国におけるジャーナリズム環境とメディア状況の一端を垣間みる試みである。ポイントは、21 世紀途上国でのジャーナリズムの国籍の実態である。そのうえで、ジャーナリズムの置かれている環境が変容しメディア環境のグローバル化が地球規模で進展しているなか、なぜあえて途上国の事例を取りあげるのか。それにはいくつかの理由がある。

第一に、ジャーナリズム研究やメディア研究への挑戦である。従来のジャーナリズム研究やメディア研究は、先進国の事例のみに依拠しながら理論化をしてきた。その理論化の背後には、非歴史化であり、非文脈化という暗黙の了解があった。そのために途上国の事例研究は「いわゆる」ジャーナリズム研究やメディア研究のなかに位置づけられることは多くない (Curran and Park 2000；山本 2015)。また西洋発の理論を途上国の事例に当てはめることも極端に少なく、もっぱら事実の記述に重点が置かれてきた。ジャーナリズムやメディアは歴史と文脈に規定されるという当たり前の事実を前提に、先進国とシンクロナイズし始めている途上国のジャーナリズムの国籍に関するダイナミズムを考察することで、ジャーナリズム研究およびメディア研究に新しい境地を開拓する。

第二に、途上国には欧米が歩んできた民主主義の歴史や経験とは異なる民主主義と政治がある (Badie 2000)。本書は先進国を基準にして、途上国をたんに民主化の遅れた国あるいは民主主義不在の国としない。たとえば権力監視というジャーナリズムの機能であれば、権威主義的な政治体制を有する国家においても存在する。途上国におけるジャーナリズムの国籍を考察する作業は、その国の民主主義の「質」を検証することである (山本 2008；2015)。それはメディアの公共性とその変容を問う作業でもある。

第三に、ソーシャル・メディア、市民、ジャーナリストとの関係が先進国と途上国では異なる様相を呈している。先進国ではソーシャル・メディアが保守

的かつ過激な言説の温床となる傾向がある一方で、途上国では類似の傾向がありつつも、ソーシャル・メディアが民主化や政治権力の監視という政治的機能をはたすことが少なくない。また途上国では政治権力が揺らぎ紛争が多発することもある。紛争とメディアとの観点からも、紛争の場となることの多い途上国での報道のあり方は新しい研究領域として注目を集めている（Hoffmann and Hawkins 2015）。その点は、マス・メディアやジャーナリズムでも充分に認識されているために、ジャーナリストと市民とが連携して事実確認をおこなう環境にある。

この点と関連して第四に、途上国での国内的な政治・社会問題や運動がグローバルなメディアの場へと広がっている（大石・山本 2006；遠藤ほか 2015）。もちろん BBC、CNN、アルジャジーラという大資本の国際放送は世界を駆けめぐる。そうした主要なメディアを介して、途上国のジャーナリストや市民のあいだでは政治・社会運動のメディア上での連帯が生まれつつある（Dencik 2011）。同時にそれは、途上国を祖国とするグローバルな移民やその子孫が新しいメディア状況に参入している実態を反映している。この傾向は先進国をも包含して、国境によって規定されるメディアの公共性を越えてグローバルなジャーナリズムという場を認識し、そこに属する市民を検討することにも繋がっていく（Yamamoto 2013）。

ジャーナリズムの国籍と途上国におけるメディアの公共性を問う本書の試みは、21 世紀におけるわたしたちのジャーナリズム観と市民観を相対化する初期的な営みである。そのために 2010 年代の後半以降、いかなる市民がジャーナリズムの担い手になるかは不透明のままである。しかしながら、本書が提示するように、国民国家に規定されるジャーナリズムの国籍およびメディアの公共性の時代が転換期にあることは明確に提示できるはずである。

2. 本書の構成

本書は 3 部構成となっている。本書に所収した 10 本の論文は、途上国におけるジャーナリズムの実態を、民主主義、統制、越境という 3 つの観点から迫っている。

第 I 部は「ジャーナリズムと民主主義」と題し、新興民主主義国における民主主義の保全や民主主義のために闘うジャーナリズムとメディアの姿を描いて

いる。ここでは4つの事例、すなわちアジア3か国・地域（フィリピン、台湾、香港）とエジプトの事例を所収している。4論文はすべて独自のインタビュー調査を主体としており、たんなるデータ収集と分析の域を超え、現場のジャーナリストの声が届けられている。

　ヴァルデス論文「フィリピン―権利擁護とフォトジャーナリズム」は、自身が属するジャーナリズム・センターのプロジェクトの一部を扱う。それは、フィリピン南部に位置するミンダナオ島におけるフォトジャーナリストの育成と地元NGOとの協力体制の形成という試みを紹介している。そこではフォトジャーナリストとNGOとのあいだの協力に関する葛藤が見事に描きだされている。「台湾―オルタナティヴ・ジャーナリズムの展開」と題する劉論文は、新聞社やテレビ局という従来型の主流メディアには属さない、独立系ジャーナリストあるいは市民リポーターと分類されるオルタナティヴ・ジャーナリズムを分析している。1989年以降民主化を経験している台湾では、過去21世紀にはいりオルタナティヴ・ジャーナリズムが「市民権」を獲得していた。しかし、そうした活動に従事するジャーナリストの立場は安定しているとはいいがたい。本章はオルタナティヴ・ジャーナリズムに身をおくジャーナリストの活動の現状と課題を浮き彫りにし、台湾メディア環境では重要な役割を担っている実態を描写している。山田論文が扱う香港は、台湾とは正反対の政治環境にある。香港は、中国に「返還」された1997年以来、「一国二制度」という特異な政治環境を経験している。そこでのメディアのあり方は、中国政府との距離の取り方に左右される。そこには政治権力と「萎縮」するメディアと「闘う」メディアが併存し、香港独特のメディア環境を醸しだしている。これに対しエジプトは、2011年と2013年に2度の「革命」を経験した。ゼイドは、エジプトで公共テレビに従事するメディア関係者が政治変動の最中、すなわち革命以前、革命中、革命後のそれぞれの段階で苦悶する姿を、インタビューをとおして鮮明に描写している。公共テレビ局で働く職業人の葛藤から、民主化という政治変動とメディアのあり方の一端を垣間みることができる。

　第Ⅱ部の「ジャーナリズムと統制」では、緩やかに権威主義的体制からの脱皮を図りつつある国、つまり民主化の過程にあるかその前段階にある国におけるジャーナリズムとPSMを扱っている。そこでの争点は国家のメディア統制とその下でのメディアのあり方である。事例としては、北アフリカのモロッコ、中アフリカのナイジェリア、中米のメキシコ、東南アジアのマレーシアである。

第Ⅱ部所収の4論文のうち3本は、第Ⅰ部と同様、現場で働き苦悩するメディア人へのインタビューが調査の軸となっている。

　モロッコについてはザイドが、「国家主導による公共サービス放送」のあり方を分析している。モロッコには、2010年12月に北アフリカのチュニジアから始まった「アラブの春」は到達しなかった。それはモロッコ政府が1990年代後半に政治的自由化と民主化に着手し始め、とくに放送部門では大規模なメディア改革を断行したからであった。それでもメディア業界自体の自主的な改革が不十分であるために、公共サービス放送は国民へサービスを提供するというよりは政治権力を向いている部分が残り、メディア改革は浸透しないままである。ナイジェリアでは2011年に情報公開請求法が制定された。これによってPSMの自由化と自立が進展すると期待されたが、実態としては国家によるPSMへの統制が強まった。情報公開請求法により調査報道の芽が出たことが、皮肉にもPSMをはじめとするジャーナリズム統制の強化を呼び込むことになったのである。調査報道をめぐる厳しい環境は、中米・メキシコでもジャーナリズムの実情を考える際に避けてとおることができない。ブランビラは調査報道を「民主化のための報道」と位置づけている。メキシコにおける政治構造と政治文化によるメディアへの負の影響、メディアの自由化と競争の激化がメディアと権力との特殊な関係を構築した点など、メディアとジャーナリズムをめぐる環境は民主的であるとはいえない。この点は、非民主的な政治体制の下、高度な情報産業社会化が進展しているマレーシアでも類似の状況にある。マレーシアには他国のようなPSBが存在してはいない。国営に近い全国放送局と民間放送局が並列している。メディアの現場の声を拾いながら、ラティフはマレーシアにおける放送メディア業界が構造的に抱え、直面している課題について掘り下げている。

　第Ⅲ部は「メディアの越境的展開」としてトルコについての2論文がある。トルコは、アジアとヨーロッパの境界に位置するために、独特な公共メディアの展開をみせている。他国と異なる点は、PSMが国内だけではなく積極的に越境的な展開をおこなっている事実である。

　第2次世界大戦後、トルコから西ヨーロッパ諸国、とくに西ドイツへの移民が大量に発生した。そのなかにはトルコ人だけではなく、トルコではマイノリティと位置づけられているクルド人も含まれていた。そのために現在ではヨーロッパ各地にクルド人が拡散し、それぞれにクルド人コミュニティを形成して

いる。阿部論文は、そうしたヨーロッパ在住のクルド人を対象とするクルド語によるラジオ放送の現状を分析している。これに対して、ユルペル論文では、トルコのPSBが国際放送として生き残り戦略を模索している状況が描写されている。鍵概念はトランスナショナル・コミュニケーションであり、それを展開するための「イスラーム主義」、「トルコ主義」、「新オスマン主義」である。これが21世紀トルコの展開するパブリック・ディプロマシーの一翼を担うPSBのあり方となっている。

　以上のように本書所収の10論文は、途上国のジャーナリズムとメディアの公共性についての研究である。しかし学術論文であるために、かならずしも各国のメディア状況を背景説明として記述しているわけではない。そこで各論文の理解を助けるために、本書では4つのコラムを設けた。4000字程度のコラムでは、アジア、中南米、アフリカ、中東・イスラーム地域のメディア状況が紹介されている。読者には、コラムから目を通していただき、そのうえで各論文へと読み進んでいただくという読み方もあるかと思う。

3．本書の成り立ち

　最後に、本書の成り立ちについて言及したい。本書は慶應義塾大学メディア・コミュニケーション研究所とNHK放送文化研究所の共編となっている。これは本書に所収されている論文の内容と関係がある。本書に所収されている論文は、2014年8月27日から29日にかけて東京にて開催された「世界公共放送研究者会議」（RIPE）に査読を通り採用された研究である。邦語の2論文もこの会議論文を土台に新たに書き下ろしていただいた。

　会議名であるRIPEとは、Re-visionary Interpretations of Public Enterprisesの略称である。RIPEは、公共メディアがメディア環境や政治・社会状況の変化に対応して発展すべきであるという立場から、今日的な課題を多面的・多角的に研究する活動である。この活動は2000年からヨーロッパで開始され、研究者のみならずPSBに従事する事業者も加わっている。RIPEでは、2002年から隔年のペースでPSB、そして2000年代後半からはインターネットによる通信と放送の融合を背景にPSMに関する議論を積み重ねてきている。

　2014年の東京会議は、NHKと慶應義塾大学メディア・コミュニケーション研究所が主催した。この会議は、初めてアジアで開催されたRIPEの会議であっ

た。東京会議の共通主題は「公共放送と越境化する社会」(Public Service Media Across Boundaries) であった。会議初日（8月27日）はNHK千代田放送会館にて公共放送事業者を主体とした議論、会議2日目（8月28日）と3日目（8月29日）は慶應義塾大学三田キャンパスにおいて研究者中心の議論がもたれた。この会議には、欧米からの研究者のみならず、アジア地域およびアフリカ、中東、ラテンアメリカ地域など、これまでRIPE会議に参加していなかった諸国出身の研究者も集った（会議の模様については中村・田中 2014；田中 2014；中村 2014；山本信人 2014）。そうしたいわゆる途上国の参加者については、東京会議の開催にあたっては、RIPEでは初めての試みとして招聘という方法を採用した。この招聘に際しては2つの組織から助成をいただいている。日本では、公益財団法人放送文化基金の2014年度人文社会・文化部門での助成対象としていただいた（助成対象事業名「世界公共放送研究者会議（RIPE）東京大会への海外研究者招聘」）。また英国からは、Open Society Foundationが途上国研究者の招聘に補助を提供してくださった。

　また、本書に所収されている8本の会議論文は、監修者である山本の希望を聞き入れてもらい、加筆修正を施し原形をとどめていないものもある。そのために原稿の修正に時間がかかったり差し替えがあったりと、論文下訳の作業をしてくださった飛鳥田麻生さん（現代中国政治研究者）には多大なご迷惑をかけてしまった。しかし飛鳥田さんの丁寧な下訳のおかげで、山本が翻訳全体を統一する作業はスムースに運んだ。

　さらに本書の編集にあたって、慶應義塾大学出版会株式会社第一出版部編集二課の綿貫ちえみさんには、構想の段階から1年以上にわたって丁寧なアドヴァイスと的確なコメントを頂戴し続けた。

　なおRIPE東京大会の成果は、本書の姉妹書である大石裕・山腰修三・中村美子・田中孝宜編著『メディアの公共性』（仮題、慶應義塾大学出版会、近刊）にも反映されている。『メディアの公共性』は放送メディアに着目しながら、激動の時代におけるメディアの公共性を丁寧に読み解き説明する入門書になる予定である。また、RIPE本体からは2016年初頭をめどに、東京大会から15本の論文を選抜し修正した論文集を刊行予定である（Lowe and Yamamoto forthcoming）。こちらはPSM研究としてのRIPEシリーズ第7弾にあたる。PSM研究の最先端に興味のある読者には是非こちらの書籍に挑戦していただきたい。

引用文献

アジアプレス・インターナショナル編（1998）『匿されしアジア―ビデオジャーナリストの現場から』風媒社。
アジアプレス・インターナショナル編（2000）『アジアのビデオジャーナリストたち』はる書房。
アンダーソン、ベネディクト（白石隆・白石さや訳）（2007）『定本　想像の共同体―ナショナリズムの起源と流行』書籍工房早山。
池上彰・大石裕・片山杜秀・駒村圭吾・山腰修三（2015）『ジャーナリズムは甦るか』慶應義塾大学出版会。
遠藤誉・深尾葉子・安冨歩（2015）『香港バリケード―若者はなぜ立ち上がったのか』明石書店。
大石裕編（2012）『戦後日本のメディアと市民意識―「大きな物語」の変容』ミネルヴァ書房。
大石裕・山本信人編著（2006）『メディア・ナショナリズムのゆくえ―「日中摩擦」を検証する』朝日選書。
奥武則（2000）『大衆新聞と国民国家―人気投票・慈善・スキャンダル』平凡社選書。
カラン、ジェームズ（渡辺武達訳）（2007）『メディアと権力―情報学と社会環境の革変を求めて』論創社。
ゴールドスティーン、ロバート・ジャスティン（城戸朋子・村山圭一郎訳）（2003）『政治的検閲―19世紀ヨーロッパにおける』法政大学出版局。
齋藤純一（2000）『公共性』岩波書店。
佐藤卓己（2014）『増補大衆宣伝の神話―マルクスからヒトラーへのメディア史』ちくま学芸文庫。
シャンパーニュ、パトリック（宮島喬訳）（2004）『世論をつくる―象徴闘争と民主主義』藤原書店。
田中孝宜（2014）「災害報道と公共放送の役割―国境を越える災害・境界を越える災害報道」『放送研究と調査』（November 2014）：28-41。
中村美子（2014）「多様な公共放送　アジアにおける放送の役割」『放送研究と調査』（December 2014）：70-81。
中村美子・田中孝宜（2014）「公共放送の将来ビジョンを探る―ヨーロッパ放送連合（EBU）の「Vision 2020」を巡る議論から」『放送研究と調査』（October 2014）：2-13。
ハーバーマス、ユルゲン（細谷貞雄・山田正行訳）（1994）『公共性の構造転換―市民社会の一カテゴリーについての探究』未來社。
林香里（2002）『マスメディアの周縁、ジャーナリズムの核心』新曜社。
バルザック（鹿島茂訳）（2014）『ジャーナリストの生理学』講談社学術文庫。
保坂修司（2014）『サイバー・イスラーム―越境する公共圏』山川出版社。
マイルズ、ヒュー（河野純治訳）（2005）『アルジャジーラ―報道の戦争すべてを敵に回したテレビ局の果てしなき闘い』光文社。

山本達也（2014）『革命と騒乱のエジプト─ソーシャルメディアとピーク・オイルの政治学』慶應義塾大学出版会。
山本信人（2008）「メディア・国民国家・市民社会─インドネシアからみるメディアの市民社会化」竹中千春・高橋伸夫・山本信人編著『市民社会』慶應義塾大学出版会。
山本信人（2014）「メディアの公共性と越境性─ RIPE2014 東京大会報告」『三田評論』1183.
山本信人（2015）「ジャーナリストへの暴力」『メディア・コミュニケーション』65：1-15.
Badie, Bertrand (2000) *The Imported State: The Westernization of the Political Order*. Stanford: Stanford University Press.
Curran, James and Park, Myung-JIn (eds.) (2000) *De-Westernizing Media Studies*. London: Routledge.
Dencik, Lina (2011) *Media and Global Civil Society*. Hampshire: Palgrave Macmillan.
Graeber, David (2013) *The Democracy Project: A History, a Crisis, a Movement*. New York: Spiegel & Grau.（本書には邦訳はあるが推薦できない）
Hoffmann, Julia and Hawkins, Virgil (eds.) (2015) *Communication and Peace: Mapping an Emerging Field*. London: Routledge.
Lowe, Gregory Ferrell and Yamamoto, Nobuto (eds.) (forthcoming) *Crossing Boundaries in Public Service Media*. Göteborg: Nordicom.
Uldam, Julie and Vestergaard, Anne (eds.) (2015) *Civic Engagement and Social Media: Political Participation Beyond Protest*. Hampshire: Palgrave Macmillan.
Yamamoto, Nobuto (2013) "After Fukusima: New Public, NHK and Japan's Public Diplomacy," *Keio Communication Review* 35: 5-24.

目　次

序　ジャーナリズムの国籍 ———————————————————— i
　　山本信人
　　1. 本書の狙い　/　2. 本書の構成　/　3. 本書の成り立ち

第Ⅰ部　ジャーナリズムと民主主義

1　フィリピン——権利擁護とフォトジャーナリズム ———————— 3
　　ヴァイオレット・B・ヴァルデス
　　はじめに——民主主義の確立に向けた PSM の役割　/　1. 報道の自由 2.0 プロジェクト——パートナーシップの構築　/　2. フィリピン・プロジェクト　/　3. 研究枠組み　/　4. 研究の構想　/　5. 分析結果——確固たる自己認識　/　6. 疎遠な関係

2　台湾——オルタナティヴ・ジャーナリズムの展開 ——————— 21
　　劉昌德
　　はじめに　/　1. 台湾におけるオルタナティヴ・ジャーナリズムの歴史　/　2. 市民／独立系レポーターの労働条件とその戦略　/　3. 独立系メディアの財政状況と組織的な戦略　/　4. 結論——限定的な生産分野の形成過程

3　香港——「萎縮」するメディアと「闘う」メディア ——————— 41
　　山田賢一
　　はじめに　/　1. 香港メディアの歴史と現状　/　2. 香港メディアの"動揺"を示す諸事件（2011～12 年）　/　3. 深刻化の一途をたどる主要メディア（2013 年以降）　/　4.「代替機能」への期待高まるネットメディア　/　5. ネットメディアへの関係者の評価　/　おわりに

4 エジプト──2つの革命と公共テレビ報道 ―――――― 71
　　ディナ・ファルーク・アブ・ゼイド

　　はじめに　/　1．エジプトの公共テレビ　/　2．ERTU の規定　/　3．情報担当相　/　4．2011 年のエジプト革命　/　5．2013 年のエジプト革命　/　6．調　査　/　7．2011 年の革命　/　8．2011 年の革命以降　/　9．ムルシー大統領の時代　/　10．2013 年の革命の間　/　おわりに

COLUMN　アジアのメディア状況（山田賢一）　86

第Ⅱ部　ジャーナリズムと統制

5 モロッコ──国家主導による公共サービス放送 ―――――― 93
　　ブージアン・ザイド

　　はじめに　/　1．モロッコ放送業界の政治経済　/　2．方法論　/　3．1997 年以前の政治状況およびメディア環境　/　4．1997 年以後の競争的権威主義とメディア環境　/　5．憲　法　/　6．プレス・コード　/　7．視聴覚通信最高評議会（HACA）　/　8．視聴覚通信法　/　9．放送──政治的論争のための不公平な土俵　/　10．コンテンツと編集の独立性　/　おわりに──競争的権威主義の罠

6 ナイジェリア──メディアの透明性と情報公開請求 ―――――― 115
　　バルキス・サイドゥ

　　はじめに　/　1．データ収集の方法と資料について　/　2．理論的枠組み　/　3．先行研究　/　4．ナイジェリアにおける PSM の経緯　/　5．情報公開請求・報道の自由 vs 検閲　/　6．PSM と社会的「不文律」　/　おわりに

7 メキシコ──民主化のための報道 ―――――― 135
　　ホセ・アントニオ・ブランビラ

　　はじめに　/　1．独裁時代から現在までのメキシコ・メディア　/　2．現代メキシコにおける調査報道に課せられた制約　/　おわりに

8 マレーシア——放送メディアの限界と展望 ───────── 161
　　ロスリナ・アブドゥル・ラティフ

　　はじめに　/　1．公共サービス放送　/　2．先行研究　/　3．マレーシアの状況——歴史的背景　/　4．マレーシアの放送業界——メディアの多元化と編集の独立性について　/　5．データ分析の結果——慣習、準則、代理　/　6．ニュースルームの将来と政策の破壊力　/　おわりに

COLUMN　アフリカの放送メディア事情（田中孝宜）　190
COLUMN　中南米のメディア状況（斉藤正幸）　194

第Ⅲ部　メディアの越境的展開

9　トルコとヨーロッパ
　　——クルド語公共放送「TRT6」の誕生：トルコの挑戦と限界
　　──────────────────────────── 201
　　阿部るり

　　はじめに　/　1．トルコにおけるクルド問題　/　2．クルド問題とメディア　/　3．クルド系衛星放送とヨーロッパのクルド系ディアスポラ　/　4．トルコにおけるクルド語放送と「民主化」　/　5．クルド語放送をめぐる諸問題　/　おわりに

10　トルコ——公共メディアとパブリック・ディプロマシー ───── 231
　　ディルルバ・チャタルバシュ・ユルペル

　　はじめに　/　1．トルコにおける公共放送の歴史とTRTの制度的限界　/　2．「トルコが飛躍する時代」というオザルのビジョンとTRT　/　3．「新生トルコ」というAKPのビジョンとTRT　/　おわりに

COLUMN　多様化する中東・イスラーム世界のメディア（阿部るり）　251

掲載論文原題一覧

第 I 部

1　Truth or Consequence: When Journalists Work with Advocacy Groups
　　Violet B. Valdez
2　The Development of Alternative Journalism in Taiwan
　　Chang-de Liu（劉昌德）
4　Egyptian Public Television during 2011 and 2013 Revolutions
　　Dina Farouk Abou Zeid

第 II 部

5　State-administered Public Service Broadcasting in Morocco
　　Bouziane Zaid
6　Rethinking 'Freedom of Information' for a New Era of Transparency in Public Service Media in Nigeria
　　Balkisu Saidu
7　Journalism in Contemporary Mexico: Dimensions and Constraints
　　José Antonio Brambila
8　Crossing Boundaries in the Broadcast Media Industry in Malaysia
　　Roslina Abdul Latif

第 III 部

10　Public Service Media, Foreign Policy and Public Diplomacy: Transnationalization of Turkish Public Broadcaster, TRT in the 2000s
　　Dilruba Çatalbaş Ürper

第Ⅰ部

ジャーナリズムと民主主義

1　フィリピン
権利擁護とフォトジャーナリズム

ヴァイオレット・B・ヴァルデス

はじめに――民主主義の確立に向けた PSM の役割

　広く懸念されているように、世界のさまざまな場所で、民主主義のあり方に問題が生じ始めている。それは、選挙の投票率をみても明らかである。その要因として考えられているのが、マスメディアである。つまり、民主主義においてマスメディアに期待される役割が十分にはたされていないというのである（Macbride 1980）。

　マスメディアは、つぎのような場合、民主主義における役割をはたしているということができる。

1. 個人が、コミュニケーションの単なる対象ではなく、積極的なパートナーとなっている。
2. コミュニケーションのなかでやり取りされる内容の多様性が広がる。
3. コミュニケーションにおける社会的な主張や参加の幅が広がり、それらの質が向上する。

　公共サービス・メディア（public service media、PSM）は、こうした役割をはたすために重要な位置に置かれている。実際、PSM は、民主主義において個人の参加を実現するための理想的な枠組みであり現実的な手段であると積極的に評価されてきた。民間メディアのマーケット志向では、「単に大衆にアピールするジャンルの番組を作ろうとするために、その選択肢が限定されてしまう。（中略）多様性・多元性、そして民主主義的対話が、それほど重要ではない要素になってしまう」、それゆえに「特定のコンテンツや購買力をもつ視聴者をターゲットにした、視聴者の消費至上主義志向を高めるような内容の娯楽番組

が好まれ続けることになる。そのような番組では、発展した都市や町がそうでない都市や町よりも重視される。そして、その結果としてもたらされるのは、開発問題に取り組む必要性を見失ったビジネスや政治的な利権ということになるのである」(Carlos 2009)。

こうした民間メディアとは対照的に、PSM は、その前身である公共サービス放送（public service broadcasting、PSB）同様、つぎのようなものであると考えられている（以下の引用は Carlos 2009 より）。

> （PSM は）多党制の参加型民主主義というシステムが、集団的にあるいは個人によって維持されるよう闘う。そのようなシステムでは、各国家社会において、あらゆる階層の権利、とくに表現の自由や異議申立ての自由といった権利や、男女平等の原則が、等しく完全に尊重される。
>
> 視聴者に、最新の出来事を知らしめ理解させることを保障する。視聴者に直接関わる過去、現在および未来の問題についても同様である。それによって、情報が十分に行き渡った民主主義に貢献する。
>
> ニュースや現在起こっている出来事を正確かつ公正に報道する。また、性別、人種、宗教を問わず、異なる信条を有するグループや個人が参加して、幅広い問題について健全な議論をおこなうことができる場を提供する。これらを通じて、真の公民権と市民社会を振興する。
>
> 政治的・社会的・文化的コミュニティの参加者であるという共通点に関心を寄せる。同時に、そのような社会において許容されうる最大限の複雑性や、異なるアイデンティティを表現すること、そして異なるアイデンティティを有する人びととが互いに対話し交流することの必要性にも等しく関心を寄せる。
>
> 多元主義の理想が公的領域において反映され育まれるように、非排他的なプラットフォームを提供する。

参加と包括という目標を実現するために、PSM のプロバイダー側がおこなう取り組みには、労働力の調整に関する政府機関からの要求に関係するものや、そのコンテンツおよびサービスの供給がある（MC-S-PSM 2009）。労働力については、組織構造のあらゆるレベルにおける雇用の多様性を実現すること、多様性、移民、人種差別の撤廃といった問題についてジャーナリストを教育すること、異なる文化に接する際のスキルを向上させること、民族的マイノリティやその他のグループの人びと、あるいはこうしたバックグラウンドをもつ人びとを自主的に積極的に登用すること、そのような素性のジャーナリストを養成す

る、といった取り組みがあげられる（MC-S-PSM 2009）。規制に関わる取り組みには、職業的行動規範を通じて核となる価値観を規定し宣言するということがあげられる。たとえば、BBCでは、「あらゆる人びとがベストを尽くすことができるよう、わたしたちは互いを尊重しその多様性を奨励する」と述べられている。

さらに、PSMをサポートする人びとは、PSMの権限や編集の独立性を侵すことなく「PSBの活動を監視し、メディアと市民のあいだの建設的対話を促進するための市民メディアグループの創設」を提案してきた。

戦略的なパートナーシップや協力関係を構築するという原則に合致した規則をPSMが作ることが法的に認められるべきである、という提言もなされてきた。

本章では、フォトジャーナリズムと市民社会団体、すなわち社会活動家とのあいだに、ある種の戦略的パートナーシップを構築することの実現可能性を検討したい。

1. 報道の自由2.0プロジェクト——パートナーシップの構築

アテネオ・デ・マニラ大学コンラッド・アデナウアー・アジア・ジャーナリズム・センター（ACFJ）には「報道の自由2.0」プロジェクトがある（http://acfj.ateneo.edu/pressfreedom/）。「報道の自由2.0」プロジェクトの主要目的は、メディアにおける戦略的なパートナーシップを形成し、市民の参加という民主主義的理想を振興することである。5年計画のプロジェクトは、オランダを拠点とする報道の自由コンソーシアムの支援のもとで実施している。このコンソーシアムには、無限の報道の自由（Free Press Unlimited）、民主主義のための欧州パートナーシップ（European Partnership for Democracy）、欧州ジャーナリズム・センター（European Journalism Centre）、使命をもつ人びと（Mensen met een Missie）、ワールド・プレス・フォト（World Press Photo）によって構成されている（http://www.epd.eu/?page_id=1520#）。

プロジェクトは、「民主的価値観・代議制による透明性の高い統治、そして人権があますところなく保護された公正・公平かつ排他的でない社会の発展に寄与するための独立した報道機関」を実現することを目指している。「メディアの質の向上・市民社会の参加、そして民主的機構の説明責任の拡大に貢献し（中略）発展や構造的な貧困の軽減に寄与すること」がその使命であり、その

戦略として「とくに、参加型市民社会（草の根）のイニシアティブを高め、民主主義の実現に向けた組織や機構を強化させるという、メディアの任務に取り組む」。それゆえ、プロジェクトは「セクターを超えた協力を活性化させ、市民社会のアジェンダ設定能力や政策決定過程における影響力を強化させるための多様な活動を実施すること」を模索している。

　行動を起こすにあたっては、市民の声を繋げ、活発化させ、掘り起こすという3つのテーマを立てている。「市民の声を繋げる」というテーマにおいて、プロジェクトは「現在、社会の主流から外れているグループ、とくにマイノリティ、女性、子どもがみずからの問題について語ることができるプラットフォームを得て、公共の場における議論に参加できるように、これらのグループとメディアのプラットフォームを繋ぐ」よう努める。「これらのグループとメディアのプラットフォームを繋ぐことで、情報へのアクセスが増加し、社会参加の拡大がもたらされること」が期待されている。

　「報道の自由2.0」プロジェクトでは、人びとの理解を深めると同時に、その実施状況を観察するため、「学習アジェンダ」と呼ばれる調査が5つの地域においておこなわれた。フィリピンは、その調査地域の1つであった。この調査では、プロジェクトのパートナー間、具体的にはジャーナリストと市民社会活動家とのあいだに、どのような形の協力が生じるかということを明らかにしようとしていた。

　当該プロジェクトは現在進行中であり、2015年に終了予定であるが、本章では、その見通しについて述べたい。

2．フィリピン・プロジェクト

　フィリピンにおけるプロジェクトは、一般的に、ミンダナオ・パースペクティブ（Panglantaw Mindanao）またはPMと呼ばれている。2012年に開始したこのプロジェクトは、フィリピン諸島の南に位置するミンダナオ島のフォトジャーナリストたちを訓練すること、そしてかれらを組織化することを目的にしている。そのねらいは、かれらのプロとしての水準を高めると同時に、市民社会団体を含むミンダナオに居住するさまざまな人びとの声を代弁したマルチメディアの報道を作りだすことにあった。

　ジャーナリストと市民社会活動家が戦略的な協力関係を結べば、人びとの声

をバランスよく代弁することが可能になると考えられたため、ミンダナオ平和人民運動（Mindanao Peoples Peace Movement、MPPM）というNGOとのパートナーシップが結ばれた。ジャーナリストには、報道取材や制作過程にMPPMのメンバーを参加させるよう指導がされた。MPPMの役割は、一般的につぎのようなものであった。MPPMは、追跡するべきニュースやその方法を提案したり、取材対象へのアクセスを提供したりした。また、活動人員となることもあれば、指示をあたえたり、発表されたものやプロジェクトの活動に対するフィードバックをおこなう編集諮問委員会のような役割を務めたりすることもあった。

「報道の自由2.0」の目的は、メディア組織や活字メディア、視覚メディアに携わる職業ジャーナリストや市民ジャーナリスト、女性やマイノリティ・グループのような草の根団体、および民主主義の支援団体の能力を高めること、そしてこうした人びとや団体を直接支援するというところにある。PMもまさにその目的に寄与することを目指している。PMはとくに、フィリピン南部に位置するミンダナオについての主流メディアの報道振りに、異議を唱えることができるメカニズムの構築を模索している。主流メディアの報道には問題が多い。というのも、ミンダナオには、あまりにも多くの社会的、文化的、政治的、経済的な問題が存在するにもかかわらず、基本的にそれらが報道されることはほとんどなく、最悪の場合はそこで起こっている社会的および政治的力学を説明するのではなく、矛盾を誇張して報道したり煽ったりするような安易な報道がおこなわれているからである（Cole 2006; Lingao 2009）。

前述のように、この行動研究プロジェクトは、主流メディアにおいて象徴的なマイノリティグループの取りこぼしを改善しようとする干渉主義的なものである。そして、ジャーナリスト、とくにフォトジャーナリストと市民社会活動家のあいだに、どのような協力の形が生じうるのかということを調査しようとしていた。

フォトジャーナリストと市民社会団体との関係には、シナジーが生まれる可能性が期待される。ジャーナリストは「人間として、情報源、取材対象や同業者を尊重する」ことが絶対的に必要である（SPJ 1996: 1）。こうした尊重が、ある出来事や問題をバランスよく公正、正確、公平に描くというジャーナリストの原則を実現させる。干渉主義的プロジェクトは、そのような原則に基づいたフォトジャーナリスティックな活動によってもたらされる。他方、市民社会団体には、マイノリティの人びとに対する深く豊かな理解がある。こうした理解

は、かれらの社会的活動、かれらが利益を代表しているコミュニティのメンバーとしての役割の双方からもたらされている。フォトジャーナリストと市民社会団体の協力関係は、こうした市民社会団体側の理解からも、恩恵を得ることができると考えられていた（Scheier 1992）。

　しかしながら、このことはジャーナリストと市民社会団体という2つの職業がその異なる機能や役割のために、専門や仕事上の基準・価値をめぐって、時には対立さえするような理解を要求している。こうした違いのために、ジャーナリストと市民社会団体のあいだに緊張関係が生じるかもしれないという可能性を軽視しているわけではない。また、「ジャーナリストは、民衆の知る権利以外、いかなる利益に対する義務からも自由であるべきである」という考え方に示されているように、ジャーナリストの仕事の要はその独立性にある（SPJ 1996: 1）。客観性、公平性、公正性、バランス、正確さという原則は、職業的なジャーナリストや報道機関の仕事上の指針であり、その信用度や清廉さを規定するものではあるが、独立性はこれらの原則よりも優先される。

　他方、市民社会団体の特徴は、基本的に積極的に行動するというところにある。市民社会活動家は、本質的かつ明確に設定されたアジェンダの追求に取り組む。さらに重要なことは、その活動を通じて、自分たちの求める社会的、政治的、経済的インパクトを確実にあたえられるようにすることである（Smith 2010）。

　プロジェクトに期待されているのは、細やかな感受性や寄り添う気持ちと思いやりをもってミンダナオの人びとを描きだすフォトジャーナリストの能力と、ミンダナオのマイノリティが直面している問題に関するMPPMの深くて豊かな知識を、同時に引きだし結びつけることである。また、PMプロジェクトが諮問委員会を通じて、この2つのグループの協力の可能性をさらに拡大させようとしていることは興味深い。諮問委員会は、MPPMから2名、ACFJのフォトジャーナリスト2名、ACFJ所長によって構成される。外部アドバイザーとして、フィリピンの著名なジャーナリストが招聘されることもある。この委員会には、ジャーナリストの独立性を重視するフォトジャーナリストと、かれらの活動目標を重んじるMPPMのメンバーのあいだに起こりうる利益の対立を仲裁することが期待されている。

　正確な情報に基づいて、ある社会団体やその利益を適切に代弁し、民主主義の過程にこうした社会団体を参加させるといった共通の目標を追求するうえで、

2つのグループの本質的に異なるであろう立場はどの程度調和させることができるのだろうか。

3. 研究枠組み

PMの活動における力学を理解するためには、参加型アクションリサーチ（participatory action research、PAR）という構想が役立つ。PARの核となっているのは、エンパワメント（Green et al. 2003; Somekh 2006; Wadsworth 1998）という概念である。エンパワメントは、PARの活動における鍵となる2つの重要な特徴を示している。特徴の1つは、研究に参加する多様な人びとのあいだの協力関係にコミットすることである。それゆえに、「参加型」と呼ばれる。もう1つの特徴は、ある社会構造のなかで認識された問題に取り組むもうとする干渉主義的な意図である。それゆえに「アクション」と呼ばれる（Kindon et al. 2007）。事実、この種のリサーチには、社会的な監察であれ、自然資源の管理であれ、臨床診療の評価、高等教育の改革、組織的な発展であれ、舞台におけるパフォーマンスや写真の製作であれ、こうした対をなす責務が強く反映されている（たとえばDay et al. 2009; Kindon et al. 2007; Reason and Bradbury 2001）。たしかにPMもそのようなリサーチ・プロジェクトである。PMは、フォトジャーナリストとMPPMのメンバーがともに活動することに利益をみいだすことができる。これこそが参加である。PMは、この活動における関係性を、報道記事の作成に結びつけるという意図をもっている。その報道記事は、マルチメディア上のものであれ、写真付きの評論記事であれ、懸案事項やミンダナオの人びとにとって重要なテーマを、主流メディアとは異なるニュアンスで代弁する。これがアクションである。

上に述べたような、プロジェクトの「参加すること」と「行動至上主義」を重視する枠組みについて、本研究の主要な関心はつぎのところにある。

> プロのフォトジャーナリストと社会活動家であるMPPMのメンバーとのあいだの「協力」は、PMの諮問委員会の仲介の下で、構築可能であるのか、どれほど効果的なものであるのか。

この研究の課題には3つの論点がある。しかし本章では、つぎの1点にのみ

取り組むことにしたい。すなわち、フォトジャーナリストと社会活動家は、ジャーナリスティックな活動のための共同作業のあらゆる段階において、自身および相手の職業上の役割をどのように認識しているのか、という問題である。

フォトジャーナリストと社会活動家たちの懸案事項に対する理解はどのようなものであるのかという問題、そしてこの協力関係における編集諮問委員会の役割という論点については、別の論文において議論することにしたい。

4. 研究の構想

フォトジャーナリストと社会活動家のあいだの力学を理解するために、民族学的アプローチを採用した。それはつぎのような研究手段である。(1) 6人のフォトジャーナリストとのフォーカス・グループ・ディスカッション、(2) 以下で「社会活動家」と呼ぶMPPMメンバー2人への徹底インタビュー、(3) 編集諮問委員会の議事録に関する主題的テキスト分析、の3つである。

フォーカス・グループ・ディスカッションは、とくに（たとえばフォトジャーナリストについての話を通じて）特定のグループが有している社会的知識だけでなく、（たとえばフォトジャーナリスト間の交流を通じて）そのような知識が多岐にわたってどのように構成されているのかというデータを集めるために使用した（Green and Brown 2005）。

徹底インタビューの構成は、フォーカス・グループ・ディスカッションの構成を手本とした。インタビューでは、社会活動家がPMプロジェクトについてどのように考えているかということは分からなかった（Green and Brown 2005を参照）。しかし、その他の深い理解を得ることができた。たとえば、通常の活動のなかで参加者がどのように重要な経験を記憶し分かち合おうとしていたのか（Atkinson 1998）ということや、どのようにかれらの生活が広範にわたる社会的、文化的、歴史的ムーブメントに組み込まれることになったか（Mayne et al. 2008）ということを理解することができた。これらの理解は、社会活動家が代弁しようとしているマイノリティ・グループの問題に熱意を傾けるようになった要因を探りだすうえでとくに重要であった。

主題的テキスト分析は、アプローチにおける確認作業であった（Krippendorff 2004）。編集委員会の議事録は、PMプロジェクトの参加者が職業上の役割やプロジェクトにおける役割を、他のPM参加者のそうした役割と対比させてどの

ように認識していたのかというような問題に関連して、周期的にどのような議論がもたれていたのかということを確認するために使用された。こうした問題は、異なる文献においても同様に確認された（Guest et al. 2012）。

5．分析結果——確固たる自己認識

　フィールドワークを通じた観察のなかで最も顕著であったのは、フォトジャーナリストと社会活動家がいずれも自分たちの職業上の役割について非常にはっきりとした考え方をもっているということである。フォトジャーナリストであるか市民社会活動家であるかを問わず、こうした考え方はさまざまな意味合いにおいて、それぞれのグループがみずから選択したキャリアに対して抱いている情熱に根ざしていると論じることができる。かれらの情熱は、仕事のなかでどのように自分自身を認識しているかという話や、現在のキャリアと将来の希望についての思いから、うかがい知ることができた。

　PMの参加者が、みずからの職業上の役割についてこれまで理解してきたやり方に思い入れをもっていることは明らかであった。かれらに職業について抱いている理想を批判的に評価したり再考したりするように求めることは、間違いなく少なからず骨の折れる試みであった。PMは参加者がみずからの活動を振り返り、フォトジャーナリストや社会活動家とはいかにあるべきか、ということを考える場を提供していなかったからである。

　たとえば、フォトジャーナリストは全員、紛れもなく自分自身を独立したストーリーテラーであると考えていた。このことは、上述したようなジャーナリストの独立性の原則、すなわち、「人びとの知る権利以外の他のいかなる利益に対する義務からも自由」（SPJ 1996: 1）であるという原則とたしかに一致していた。フォーカス・グループ・ディスカッションにおいて、フォトジャーナリストは自分自身がなによりも価値があると考えることを追いかけ報道するという信念をもっている、というプライドをはっきりと口にしていた。このことが、PMに参加するようになった最も重要な要因であると述べた人たちもいた。

　またたとえば、ある参加者によれば、主流メディアでは自分たちが追いかけたいと思うような事柄が取りあげられることはほとんどない、という。かれは、「かなりの数の記事（が売り込まれている）ということは、（記事の）いくつかがボツになっているということである。（中略）つまり、わたしたちの書いた記

事が使われないということは、わたしたちの努力が無駄になるということである」と述べていた。別の参加者によれば、PM の活動はこれとは異なり、みずからが求めているような記事をより生産的に追い求めることができるという。曰く「わたしは（このプロジェクトが）気に入っている。記事をものにするチャンスが多いからだ。ある意味、わたしが報道したい記事は、より簡単に取りあげられるようになっている。これというのも組織の支援のお陰である」。これを裏付けるかのように、他のフォトジャーナリストもつぎのように述べた。

> プログラム（の訓練）が終了した後、（PM プロジェクトが）わたしの（写真の）プロジェクトを手助けしてくれるような、そういう種類の仕事を追いかけ続けることができる場所であるということが、すぐに分かりました。

> PM は、ミンダナオのフォトジャーナリストがミンダナオの直面している問題に光をあて、それらを調査するプラットフォームである、またはそのようになる可能性があると理解しています。（フォトジャーナリズムの訓練プログラムの）修了者が、（当該プロジェクトを通じて）自分たちの重要性を証明し、この学校で学んだことをミンダナオの現実のなかで実践することができるよう願っています。

このような思いにもかかわらず、フォトジャーナリストは、みずからが PM のために追いかけている記事よりも、平素働いている主流の報道メディアが必要としている記事を優先させるという事態にしばしば陥っていた。それは現実的な理由のためである。PM は、フォトジャーナリストが理想の記事として思い描くようなものに取り組むことができる場ではあったが、基本的には短期のプロジェクトであるためフォトジャーナリストは副業としてとしかこのプロジェクトに取り組むことができなかった。PM に携わっていた組織の成長に関するコンサルタントは、つぎのように指摘した。「参加者は、必然的に、PM における（フォトジャーナリストの）仕事は当座のものにすぎないという現実に直面することになるだろう。それは、もし時間的な余裕があればすることができる、というようなものなのである」（2013 年 8 月 30 日の私的な会話に基づく）。ある参加者は、この背後にある力学について、つぎのようにはっきりと説明していた。

> あなた（プロジェクトマネージメント）がここ（ミンダナオ）へ来て、小さなグ

ループを作ります。そして、そのメンバーは、いまの参加者のように、既存の団体に所属しながら参加しているとします。そして、かれらを（現在所属している既存の団体から）引き離そうとします。（中略）ACFJ は、グループの参加者が、その修了者であるという考えを強くもっています。ACFJ は、グループをまとめるのにフラタニティのような『お、君も卒業生か』というような親近感で十分だと考えています。しかし、（このような繋がりでは）弱すぎるのです。（中略）ミンダナオに拠点を置くフォトジャーナリストの現在所属しているメディア組織に対する忠誠意識は、（PM プロジェクトに対するよりも）強いのです。すなわち、かれらが（取り組む記事を選ぼう）尋ねられたら（中略）それは（現在所属しているメディア組織のためのものを選ぶことになるに）決まっています。（PM プロジェクトは）時間的な余裕がある時のものということになるでしょう。

ここから分かるように、なにをするべきかという理想と、結局なにをすることになったかという現実とのあいだの断絶は、フォトジャーナリストに大きな負担をもたらすことになる、ということができる。かれらはジャーナリストとしての独立性の原則により執着するようになっていた。この原則への愛着があるために、他の人びと、たとえば社会活動家が、フォトジャーナリストが取り組むべき記事の決定に影響をおよぼすべきであるというような意見に対してより憤慨してしまう、とはっきりと述べたフォトジャーナリストもいた。このことの意味合いについては、次節でより深く議論したい。他のフォトジャーナリストも、ジャーナリストの独立性という考え方を支持するがゆえに、プロジェクトに対する興味を失うことになった、と述べていた。

同様に、社会活動家も職業上の役割についてはっきりとした意見を有していた。興味深いことに、その意見は社会活動団体のメンバーに関する学問的な説明と合致するものであった。たとえば、NGO のメンバーは、その職業上の役割が、代弁しているマイノリティのために問題を提起するだけでなく、社会的な変化を推進することにあるということを固く信じていた（たとえば、Smith 2010）。ある時の編集委員会会議の議事録によれば、NGO のメンバーは、「現在、自分たちのネットワークに入っている NGO のリストを（PM プロジェクトの）マネジメントに提供している」だけではなく、「そのネットワークが取り扱っている（和平プロセス以上の）問題についてのリストを提供（している）」と考えていた。2 人の社会活動家のうちの 1 人は、つぎのように述べ、社会的な問題を提唱するという主張を繰り返していた。「もちろん、当たり前のことではあるが、わたしはミンダナオにとって良いと思われることを推し進めることに

関心がある。わたし自身が、ここ（ミンダナオ）の出身であるため、地元民がどのような問題を抱えているのかということを理解している」。もう1人の社会活動家も、社会的変化の重要性について述べていた。彼女は「自分たちの役割をはたすために、わたしたちは実際に運動を担う組織として、そのアウトプットが潜在的に、前向きな変化をもたらすかもしれないなにかとなっていくことを望んでいた」と説明した。

　その職業上の役割にどのように取り組むかということについて、社会活動家はフォトジャーナリストたちよりも柔軟であろうとしているようにみえた。ある社会活動家は、PMプロジェクトへの参加を振り返り、つぎのように述べた。「ジャーナリストに報道の仕方についての原則があることは分かっている。（中略）わたしはそのことをいつも念頭に置いていた」。それでもなお社会活動家は、自分たちの目標を達成したいのであった。「わたしたちには、その出来事を知らしめる義務がある」。

6．疎遠な関係

　フォトジャーナリストと社会活動家は、明らかにみずからの職業上の役割について確固たる考えをもっていた。しかしそのことは、PMの重要な目的の1つを損ねるという重大な結果をもたらした。当初、フォトジャーナリストはミンダナオのマイノリティが直面している問題について社会活動家の深く豊かな知識から学ぶことができ、また社会活動家も感受性豊かに思いやりと理解を持ってミンダナオの人びとを描きだすフォトジャーナリストの能力を頼りにすることができるだろう、と期待していた。しかし、実際には双方ともプロジェクトにおける互いの価値をみいだすことに苦労していた。

　社会活動家と組むことについて、フォトジャーナリストはよくいえば問題が多く、下手をすれば無駄なことである、という意見で一致していた。あるフォトジャーナリストは、つぎのように述べていた。「社会活動家とともに活動することは、問題が多かった。それは、かれらが明確な利益と、ミンダナオにおける多くの社会問題について強い信念を有するNGOであるという、まさにその理由による。（中略）このような相手の職業上の良心を軽視するグループと活動することは、自分のジャーナリストとしての独立性を失うようなものだ。（中略）（自分たちに対して）するべきことを押し付けてくるようなNGOがいな

ければよい、と思う。自分は、ほとんど（MPPM からの）恩恵を被らなかった。わたしにとってはまったく不愉快なことであった」。

　フォトジャーナリストが、自分たちの主張を裏付けるはっきりとした証拠をみせることができなかったということは、注目に値する。詳しく述べるように頼んでも、あるフォトジャーナリストは、社会活動家が具体的にどのように職業的良心を損ねたのかを説明できなかった。具体例を挙げるかわりに、かれは「社会活動家の存在は感じたものの、わたしはかれらをなんとか避けようとしていた。（中略）申し訳ないけれども、連中がいない方がもっと気楽だった」とまで口走った。

　編集委員会会議の議事録では、フォトジャーナリストが明らかに社会活動家からの過度の影響を遮ろうとしていたことが分かる。たとえば、つぎのような発言があった。

　　なにを報道するかという選択は、（ある程度は）なにがフォトグラファーの気持ちをかき立てるか（立てたか）ということに基づいて決定されるべきである。そのような興奮はきっと読者にも伝わるということが証明されるはずだ。

　　どのような事柄を追いかけるのかということは、PM の編集スタッフによって決定されるべきである。

　他方、フォトジャーナリストの発言とは異なり、社会活動家は少なくともプロジェクトの初期段階においては、なにを取材するかということについてほとんど発言権がなかった、と述べた。社会活動家の 1 人は、「わたしたちも編集委員会に参加していたが、PM の記事についてわたしたちの考えが影響をおよぼしたことはほとんどなかった」と語った。別の社会活動家も「本当に（中略）わたしたちは当初少し変だと感じていた。話す自由も聞いてもらう余地もないようだった」と嘆いていた。彼女によれば、こうしたことは結局諮問委員会の働きによって解消された、という。しかしそれでもなお、社会活動家は、フォトジャーナリストが最終的に制作する記事について発言することには、明らかに限界があると感じていた。このことはつぎの指摘に繋がっている。

　前述したように、フォトジャーナリストがある事柄を選んで報道するにあたり、一定の原則を守らなければならないということについて、社会活動家が理解していたことは明らかである。社会活動家によれば、その理解を助けたのは

「ミート・ザ・メディア」というセミナーであった。このセミナーを通じて、社会活動家はニュース・メディアの仕組みを理解することになった。かれらは、このワークショップは「自分たちにとって、学習プロセスであった。わたしたちは『（フォトジャーナリストが制作する）報道記事に関して（かれらには）独立性があるということは、まったくその通りだ』という感じだった」と語った。しかし、フォトジャーナリストがどうやって記事を書こうとするのかということについて十分に理解しながらも、社会活動家はPMプロジェクトのなかでこうした原則がみずからの利益に繋がるとは、必ずしも考えていなかった。

　社会活動家は、メディアがミンダナオの矛盾について報道する際にセンセーショナルで過激になる傾向があると考えていたが、フォトジャーナリストと活動をともにすることによって、そのような考えが覆されるかもしれないと期待していた。ある社会活動家は、こう指摘した。「当時、（メディアと）ともに活動するということは、わたしたちの活動を世間に広く知ってもらうためのチャンスであると考えていた。メディアは、ミンダナオがよりよい方向に発展してきたということに人びとの目を向けさせることができるだろう。（中略）（そして、また）MPPMが（これらの発展の助けとなってきた）多くのプロジェクトに関わってきたかを示すうえでも役に立つだろうと考えていた」。しかし、このようなことは必ずしも起こらず、社会活動家は2人とも落胆していた。逆に、かれらはマルチメディアの報道について、つぎのようないくつかの問題を提起した。

　　記事の選択過程について：
　　「（フォトジャーナリストが）読者にとって興味深いだろうと考える記事や、読者をとらえるであろうなにかに関心を集中させる理由は理解しています。しかし、（フォトジャーナリストには）伝えられる必要がある記事も作って欲しかった。伝えられなければならないことは、山ほどあるのです」。

　　記事を報道する角度について：
　　「わたしたちは、もっと別の切り口もみてみたいと思っていました。切り口は、前向きなものであるべきです。（ミンダナオについての）建設的な報道記事であるべきです」。

　　記事の奥行きについて：
　　「わたしたちが目にした記事のいくつかは（中略）たしかにミンダナオの異なる

側面を描いていました。しかし同時に、(より詳細な) 説明が加えられることを期待していたのでした。(中略) なぜそのような出来事が起こったのかという多くの異なる理由を示すことができるように (中略) 記事にもっと内容と実体があればよかったということです」。

　上述したように、社会活動家が考える職業上の役割についての概念は、より柔軟なものであった。同様にかれらは、フォトジャーナリストと自分たちが相互理解を進めるためにともに取り組んでいく可能性についてもよりオープンであった。ある女性社会活動家は2つのグループのメンバーが協力していくことで、互いについての偏見をとりのぞくことができるかもしれないと考えていた。すなわち、この種の関わりを継続していくことが「グループを本当にまとめあげるために、そして (わたしたちが) さまざまな (メディアの) プラットフォームにおいて、ミンダナオがどのように描かれ語られたいのかというプロセスをともに考えるために、必要であると考えていた」。彼女はまた、これが2つのグループにとって「(わたしたちの問題を) テーブルに置いて、(これらを) 議論し解消するための」好機となりうる、そして「真摯な対話がなされなければ、(PMプロジェクトの) 問題が積み重なっていくばかりで、プロジェクトは早晩終わってしまうことになるだろう」と述べていた。

　実際のところ、これら2つのグループのメンバーは、自分たちの役割について確固たる考え方を強くもっていた。本章の調査はプロジェクトが発足して約2年後に実施されたが、その時点においてこうした考えは変わっていなかった。そのような強い自己認識は、これら2つのアクターの関係を疎遠なものにしていった。これまでのところ、2つのグループはともに、相手グループがプロジェクトに貢献してきたかもしれないと考えることはできていなかった。プロジェクトは、5年の実施期間の4年目に入ろうとしており (2014年時点＝訳者註)、ジャーナリストと社会活動家のあいだの戦略的パートナーシップの新しい形が試されているところである。実際のところ、これら2つのプロフェッショナルのグループが、メディア、とくにPSMを通じて、民主主義におけるより広範な市民の参加を実現するために協力することができるのかどうか。これは未知のままである。

＊本章で述べた行動研究プロジェクトは「報道の自由連合」のプロジェクトで

ある。

引用文献

Atkinson, Robert (1998) *The Life Story Interview*. Thousand Oaks: SAGE Publications.
Carlos, Jose Maria (ed.) (2009) *An Asia-Pacific Approach to Public Service Broadcasting: A Guidebook*. AIBD.
Cole, Benjamin (ed.) (2006) *Conflict, Terrorism and the Media in Asia*. London and New York: Routledge.
Day, J., Higgins, I., and Koch, T. (2009) "The process of practice redesign in delirium care for hospitalised older people: a participatory action research study," *International Journal for Nursing Studies* 46(1): 13-22.
Green, J. and Brown, J. (2005) *Principles of Social Research*. Berkshire: Open University Press.
Green, Lawrence W. et al. (2003) "Guidelines for participatory research in health promotion," in Minkler, Meredith & Wallerstein, Nina (eds.) *Community-based participatory research for health*. San Francisco: Jossey-Bass: 419-428.
Guest, Greg S., MacQueen, Kathleen M., and Namey, Emily E. (2012) *Applied Thematic Analysis*. Thousand Oaks: SAGE Publications.
Kindon, S., Pain, R. and Kesby, M. (eds.) (2007) *Participatory Action Research Approaches a Methods: Connecting people, participation and place*. Abingdon: Routledge.
Krippendorff, Klaus (2004) "Measuring the Reliability of Qualitative Text Analysis Data," *Quality and Quantity* 38(6): 787-800. Retrieved from repository.upenn.edu/cgi/viewcontent.cgi?article=1042&context=asc_papers
Lingao, Ed (2009) "Putting Maguindanao in context," *The PCIJ Blog*. Retrieved from pcij.org/blog/2009/11/23/putting-maguindanao-in-context
MacBride, Sean (ed.) (1980) *Many Voices, One World: Towards a new more just and more efficient world information and communication order*. Paris and London: Unesco and Kogan Page.
Mayne, M. J., Pierce, J. L., and Laslett, B. (2008) *Telling Stories: The Use of Personal Narratives in the Social Sciences and History*. New York: Cornell University Press.
MC-S-PSM (Group of Specialists on Public Service Media in the Information Society) (2009) *Strategies of public service media as regards promoting a wider democratic participation of individuals: Compilation of good practices*. Strasbourg: Directorate General of Human Rights and Legal Affairs, Council of Europe. Retrieved from www.coe.int/t/dghl/standardsetting/media/Doc/H-Inf(2009)6_en.pdf
Reason, P., and Bradbury, H. (eds.) (2001) *Handbook of action research: Participative inquiry and practice*. London: Sage.
Scheier, Ivan H. (1992) *When Everyone's a Volunteer: The Effective Functioning of All-Volunteer Groups*. Philadelphia: Energize.
Smith, S. R. (2010) "Hybridization and Nonprofit Organizations: The Governance Challenge,"

Policy and Society 29: 219-229.

Somekh, Bridget (2006) *Action Research: A Methodology for Change and Development*. Maidenhead: Open University Press.

SPJ (Society of Professional Journalism) (1996) *Code of Ethics*. Retrieved from https://www.spj.org/pdf/ethicscode.pdf

Wadsworth, Yoland (1998) *What is Participatory Action Research?*. Retrieved from https://www.montana.edu/cpa/news/images/articles/hires/img200603291143660763-1.pdf

2　台湾
オルタナティヴ・ジャーナリズムの展開

劉昌德

はじめに

　台湾におけるオルタナティヴ・ジャーナリズムは、過去10年の間に、情報通信産業、とくに（ウェブサイト、ブログ、ソーシャル・メディアをはじめとする）インターネットの発達にともない、その社会に対する影響力は増加の一途をたどっている。その一例として、複数の独立系メディア（independent media）や市民レポーター（citizen reporters）が、資源や組織的なサポート面において勝るメディア企業に所属しているジャーナリストたちと競い合い、台湾で最も権威あるジャーナリズム賞である卓越新聞賞（Excellence Journalism Awards）を勝ちとってきた。台湾において、「独立系メディア（獨立媒体）」や「市民レポーター（公民記者）」は、「オルタナティヴ・ジャーナリズム」と同義であり、主流メディアや商業メディアに対抗する概念となっている。そのため、オルタナティヴ・ジャーナリズムの活動家といえば、主流メディアや商業メディアの被雇用者ではないこうしたジャーナリストのことを意味する。

　本章の目的は、台湾におけるオルタナティヴ・ジャーナリズムの発展とその特徴を明らかにするところにある。また、オルタナティヴ・ジャーナリズムの活動家たちがそれぞれに直面している課題を整理したうえで、こうした活動家たちがおこなってきた協働の努力についても述べることにしたい。ロドリゲスら（Rodríguez 2014）が指摘しているように、研究者たちがオルタナティヴ・メディアの発展を理解するためには、歴史的な文脈をしっかりととらえることが必要不可欠である。なぜならば、「メディアの能力範囲は、社会的な空白のなかで自然に決定されるわけではない」ためである（Rodríguez 2014: 155）。そのことを念頭に置き、第1節では、1990年代後半以来のオルタナティヴ・ジャー

ナリズムの発展を簡単に検証する。オルタナティヴ・ジャーナリズムの発達の背景には、主流の報道機関が大衆のニーズに応えることができておらず、マスメディアではクオリティの高い報道の欠如という状況があった。オルタナティヴ・ジャーナリズムに携わっている者は、2つのグループに分類することができる。社会正義のためだけにニュース報道をおこなう「パートタイム」のジャーナリストである市民レポーターと、「フルタイム」のジャーナリストでありながらも、そのキャリアをオルタナティヴなジャーナリズムにおいて築こうとしている独立系レポーターである。独立系レポーターのなかには、「独立系メディア」と呼ばれる小さいメディア機関を設立している者もいる。本章は、こうしたオルタナティヴ・ジャーナリズムの活動家に焦点を当てる。他方、市民レポーター、独立系レポーターおよび独立系メディアは、多くの課題を抱えている。そこで第2節では、オルタナティヴ・ジャーナリズムの活動家15名に実施した詳細なインタビューに基づき、それぞれのジャーナリストの労働環境を描写する。また、仕事を維持するためにこうした市民レポーターや独立系レポーターがとっているさまざまな戦略についても明らかにする。

　独立系メディアのなかには、独立系ジャーナリストたちが直面している困難を解消しようと、十分な経済的資源を得るためにさまざまな「ビジネスモデル」を発展させてきたメディアもある。たとえば、上下游新聞市集（News & Markets）、苦勞網（Coolloud Net）、四方報（Bao Bon Phuong）、公民行動影音紀録資料庫（CivilMedia@TW）などが、これにあたる。また、活動家たちによって2つの機関が設立されている。1つは、市民レポーターや独立系ジャーナリストのための資金調達（クラウド・ファンディング）サイトであるWeReportである。もう1つは、市民レポーターや独立系ジャーナリストに対するトレーニングを提供し、権利を擁護するための組織としての獨立媒體工作者協會（Independent Media Workers Association、IMWA）である。最終節では、WeReportやIMWAについて検証をおこなう。そこでは、オルタナティヴ・ジャーナリストや独立系レポーターが台湾メディアの改革に貢献してきた過程および、かれらが協働しながら問題に取り組むことでオルタナティヴ・ジャーナリズムの能力を高めてきた過程を記述する。

　本章では、台湾のオルタナティヴ・ジャーナリズムの台頭は、台湾メディア全体の発展という文脈において分析されるべきであるとの立場をとる。その分析には、ピエール・ブルデューの「場」の理論が有用であると考える（Bourdieu

1993)。この理論を使えば、ジャーナリズムの概念を歴史化してメディアの変遷を分析できるだけではなく、オルタナティヴ・メディアが強調する記者の取材や報道の自律性を主要な概念にすることができるためである (Krause 2011)。ブルデューの「場」の理論に基づき、オルタナティヴ・ジャーナリズムが台湾における「小規模／限定生産」の報道領域として発展してきた、と本章では議論する。「大規模／大量生産」の報道領域では、商業メディアが優位に立っている。こうした商業メディアとは対照的に、台湾のオルタナティヴ・ジャーナリズムに従事する者は、一連の文化的な制作ロジックを持ち独自の文化的消費者グループからなるサブ領域を作りあげているのである。

1. 台湾におけるオルタナティヴ・ジャーナリズムの歴史

メディア研究では、オルタナティヴ・メディアに関連する多様な同義語が存在する。「社会運動メディア (social movements media)」、「参加型メディア (participatory media)」、「草の根メディア (grassroots media)」、「急進メディア (radical media)」などである (Rodríguez 2014)。これらの言葉が対象としているものはそれぞれ異なっている。しかし、こうしたメディアは基本的に、メディアの商業化やエリート化に反対し、社会の主流となっているイデオロギーに対して批判を展開する、ということに重きが置かれている点で一致している。そして、民主政治や「能動的な市民参加 (active citizenship)」を促進することに力を注いでいる (Downing 2001; Harcup 2011)。

1990年代以前の権威主義体制下での台湾では、オルタナティヴ・ジャーナリズムといえば、「党外雑誌」(「親民主主義」的な雑誌や「反対派」の雑誌) のような、与党や政府に反対するメディアのことを指していた。ところが台湾の政治的民主化にともない、1990年代以降はオルタナティヴ・ジャーナリズムの実態と意義も変化していった。その批判の対象は、比較的狭い「政治」に関連する事柄から「資本」や商業的な権威という新しい領域にまで広がっていった (管、劉 2001)。1995年には社会運動活動家の一群が、精神科医である陳豊偉とともにメーリング・リストを通じたオンライン・ニューズレターを発行した。このニューズレターは南方電子報 (Esouth) と命名され、台湾で発行された最初のオンラインによるオルタナティヴ・メディアとなった。南方電子報の刊行にあたって掲載されたはしがきによれば、このオンライン・ニューズレターの

目的とは、「商業メディアによっては取りあげられることのない理想を掲げた意見が、インターネットを通じて耳に届くようにする」ことであった。ところが、南方電子報では資金不足のために、記事の寄稿者の報酬は支払えなかった。また、ここで働く人はみな、報酬のないパートタイマーであった。オルタナティヴ・ジャーナリズムの創成期に参加した人の多くは、報酬を得ることなく、台湾のオンライン独立系メディアの設立に力を注いだのであった（陳 2004）。

1990年代末からはインターネットの急速な普及を背景に、ウェブサイトをベースとする独立系メディアが生まれた。労働問題に焦点を当てた苦勞網（1997）や環境問題を扱う台湾環境資訊中心（Taiwan Environmental Information Center、TEIC（2000））などがそうである。これらのオンライン・メディアは、基本的に、プロのジャーナリストではない社会運動の活動家によって設立された。それゆえ一般には、これをもって台湾のオルタナティヴ・ジャーナリズムの台頭とみなされている。2000年代、熱心なブロガーとなった若者の多くは、さまざまな分野におけるエキスパートであった。かれらがオルタナティヴ・ジャーナリズムに新たな血流をもたらしたのであった。

2000年代半ばになると、商業メディアの市場至上主義やタブロイド的報道が定着することによって、主流メディアに失望するジャーナリストは増加の一途をたどった。こうしたジャーナリストは、主流メディアの仕事を辞めて、オンラインで詳細な報道をおこなう「独立系レポーター」へと転身していった。たとえば、環境問題についての著名なジャーナリストである朱淑娟は、2009年にそれまで10年間勤めた聯合報における仕事を失った。朱はその後すぐに自身のブログを立ち上げ、独自に報道の仕事を続けた。そして2010年末までに、3つの主要な賞を受賞し、台湾における独立系ジャーナリストの第一人者となった。またベテラン記者であった黄哲斌は、朱とほぼ同時期の2010年12月、チャイナ・タイムズ（China Times）を辞めている。その後オンライン上で「ジェット機でチャイナ・タイムズを辞す（I left the China Times by a jet plane）」と題した文章を発表した。黄はこのなかで、ジャーナリストという職業や言論の自由がプロダクト・プレイスメントや政治的な記事広告によって侵されていると非難した。この文章は台湾に論争を巻き起こした。これに触発されたコミュニケーション研究者やジャーナリストたちは、政府の広告支出に反対する社会運動を始めたのであった。黄はその後もブログやFacebook上で文章を発表しており、ジャーナリストやニュース評論家としての仕事を継続している。

独立系レポーターの多くは、プロのジャーナリストとしての経験がある。しかし、かれらのほとんどが、現在はメディア組織の正規の被雇用者ではない。それゆえに、オルタナティヴ・ジャーナリストと同様、その報道の仕事に対する報酬は皆無か、あったとしても低い。2007年、公共放送（Public Broadcasting Service、PBS）は、公民新聞平台（People Post、PeoPo）を立ち上げたが、これは、オルタナティヴ・ジャーナリストや独立系レポーターが、録画形式でニュースを報道し、他の人びととその経験を分かち合うというプラットフォームを提供するものであった。NGO、PBS、大学をはじめとするさまざまな団体や組織からの支援を受け、市民レポーターや独立系レポーターの数は増加していった。たとえば、PeoPoに登録されているオルタナティヴ・ジャーナリストの数は、発足2年後の2009年末には3412名であったが、2013年末には7368名にまで増加した。つまり、4年の間に倍増したのである。オルナタティヴ・ジャーナリストや独立系レポーターの増加率は、マスメディアに雇用されているジャーナリストの数と比べると際立っている。政府の統計によれば、マスメディアに雇用されているジャーナリストの数は、2009年から2012年の4年間に、10.1％減少したという（減少率は2003年から2012年までの10年間で54.5％にまで達している）。

　オルタナティヴ・ジャーナリズムが発展してきたことによって、多くの独立系メディアやジャーナリストが展開するニュース報道における素晴らしい活動が注目を集めるようになっている。前述の朱に加えて、独立系レポーターである李恵仁も、2012年に優秀ジャーナリズム・リウォード基金（Excellent Journalism Reward Foundation、EJRF）から最優秀調査報道賞を受けている。また長年にわたり、苦勞網、四方報、TEICといった独立系メディアがEJRFの「社会的責任を果たしたメディア（social responsibility media）」として表彰されてきた。近年の傾向として、市民ジャーナリストや独立系ジャーナリストが増えていくなかで、主流メディアではなくインディー・メディアやオルタナティヴ・ジャーナリズムからそのキャリアを始めようとする若い記者も多くみられる。たとえば林慧貞は、2013年に大学を卒業するとすぐに上下游新聞市集にリクルートされた。ほどなくEJRFの2014年度最優秀調査報道賞を受賞した。また楊虔豪は、朝鮮問題を専門とするフリーランサーである。楊は、大学生時代に資金調達サイトから朝鮮問題について詳細な報道をおこなうために多額の寄付を受け、若くしてオルタナティヴ・ジャーナリストになった（候、陳2014；馮

2013；劉 2014）。

　現在では、台湾におけるオルタナティヴ・ジャーナリズムの活動は、「アクター」の数によって主に2つのグループに分類することができる。第一に、個人で活動するオルタナティヴ・ジャーナリズム従事者である。とくに「独立系レポーター」や「市民レポーター」をさす。朱淑娟、李恵仁、楊虔豪らがこれに分類される。第二に、組織的に活動するオルタナティヴ・ジャーナリズム従事者である。主に「独立系メディア」のことであり、上下游新聞市集、PeoPo、苦勞網、四方報、公民行動影音紀録資料庫などがこれにあたる。

2．市民／独立系レポーターの労働条件とその戦略

　オルタナティヴ・ジャーナリストや独立系レポーターは、ニュース報道に情熱を燃やし、公共的な出来事の報道に身を捧げている。しかし、ニュースを制作するにあたって、かれらは「無報酬の労働力」あるいは「低賃金の労働力」として、乏しい資源や劣悪な労働条件といった問題に直面してきた。

　台湾におけるオルタナティヴ・ジャーナリズムの創成期には、その関係者や活動家のほとんどは、無報酬で働いていた。かれらは、ニュースの報道というよりもむしろ社会運動をみずからの仕事と考えていた。そして、その役割についても、ジャーナリストというよりは社会活動家である、と考えていた。かれらにとって、詳しい報道をすることや評論を書いたりすることは、社会正義を実現するための数あるアプローチの1つなのであった。多くの独立系メディアの関係者やジャーナリストは、みずからの理想のために働いていた。または、「カプチーノを飲む小遣い稼ぎ」のためであった（Terranova 2000: 51）。ゆえに、「無報酬」あるいは「低賃金」の労働は、「自己搾取」の労働者である市民レポーターや独立系ジャーナリストにとっては一般的な状況となっていた。

　たとえば、南方電子報の関係者であるオーガナイザーやライターはみな、ジャーナリストだった張育章がフルタイムの編集主任となる1999年まで、台湾初となったこの独立系オンライン・メディアのために無報酬で働いてきた。一部の編集者が定期収入を得るようになっても、それはジャーナリストの平均収入よりも少ないものであった。しかし、こうした編集者が去り、2001年に組織が改編されると、南方電子報のフルタイムのポジションも無くなってしまった（陳 2004）。

オルタナティヴ・ジャーナリストが報酬なく働くことは、一般的なことである。報道のための必要経費まで払わなければならない場合もある。クラウド・ファンディングによってキャリアをスタートさせた、ある若いオルタナティヴ・ジャーナリストは、つぎのように述べている。「寄付の額は、詳細な報道をおこなうために十分、といえるようなものではない」。彼女は、原子力発電所をめぐるベルギーの政策を報道するにあたって、ベルギーでパートタイムの仕事をしながら、アパートを借りる費用と交通費を賄わなければならなかった（インタビュー対象者9）。コミュニティ問題の報道に打ち込んでいる他の人物も、インタビューのなかで、つぎのように述べていた。

　　わたしは、どうせ引退した身です。他の退職した友人たちは海外ツアーに参加するために多くの時間とお金を使っているのですが、わたしは時間とお金を報道にあてているのです（インタビュー対象者4）。

　ブロガーの労働条件も、オルタナティヴ・ジャーナリストと似たようなものである。ブロガーのほとんどは、生活費を稼ぐというよりも、個人的な関心からオンラインでブログを立ちあげた人たちである。ブロガーのなかには、有名になり、広告主や出版社といったさまざまなところから収入を得るようになった者もいる。そうすると、オンライン上でニュース報道や評論といった創作活動を展開し、収益をあげようとする若いブロガーが増えていった。オンライン広告、従来型のメディアでフリーランスとして働くこと、本を出版すること、ある製品をブログ上で推奨すること――こうした行為は、ブロガーの収入を増やすために一般的におこなわれている。それにもかかわらず、インターネットから豊富な収入を得ている有名ブロガーは、ほんの一握りにすぎない。ブロガーの大半がオンラインで得ている平均的な収益では、生活費を満たすことはできない。またかれらは、収入が不安定であるという問題も抱えている（林昶宏 2010；林宜縈 2010）。収入が低いうえに不安定であることから、記者として働き続けることにためらいを覚える若い独立系ジャーナリストもいる（インタビュー対象者5、9）。結局生計を立てられずに、主流メディアの被雇用者になったベテランの独立系ジャーナリストもいた（インタビュー対象3）。
　個人的な趣味や実現したい社会的理想のために「仕事」をするオルタナティヴ・ジャーナリストにとって、ニュースを報道することによって収入を得るこ

とができるのかどうかは、まったく問題にならない。たとえば、PeoPoで働くオルタナティヴ・ジャーナリストの3割以上が、オルタナティヴ・ジャーナリズムに携わる最も重要な理由として、「職業的な理想の実現に取り組むためである」と述べていた（王2007）。

しかしながら、組織化されたメディアを辞めて独立系ジャーナリストになるプロのジャーナリストが増えるにともない、かれらは根本的な問いに向き合わねばならなかった。ニュースに携わりながら、どのように自分自身と家族の生活を支えていくのか、という問題である。個人がもつ職業的なスキルを雇用主やクライアントに売る「ポートフォリオ・ワーカー」のように（Handy 1989）、独立系ジャーナリストの収入源は、伝統的なメディアやその他のパートタイムの仕事という自由契約に基づく報酬から成り立っている（陳2014）。環境問題を専門とする有名なベテラン・レポーター（インタビュー対象者10）によれば、その収入の90％以上が自由契約の仕事や商業マスメディアのために書いた評論から得たものであるという。他方、汚職を暴くことに従事している別の有名ベテランTVレポーターは、一定の水準の収入を維持するためには、いろいろなスキルを磨き、さまざまな仕事を探さなければならないと述べていた。それには「結婚式のビデオテープを作るということも含まれる」という。

今回の調査では15名にインタビューを実施した。その結果判明したことは、独立系ジャーナリストが従来型メディアから支払われる報酬額は、ニュース報道の経験や特定の問題に関する個人的な業績に基づいて決定されているという事実である。5年以上メディアで働いた経験があるベテランの独立系ジャーナリストであれば、平均月収は4万から9万台湾ドル（約1300から3000米ドル）にのぼった。それに対して、メディアにおける勤務経験が5年に満たない若い独立系ジャーナリストの場合、平均月収はゼロから3万5000台湾ドル（約1200米ドル）のあいだとなっている。被インタビュー者である独立系ジャーナリストのほとんどが強調していたのが、正規の雇用ではなく収入源がバラバラであるため、経験の有無にかかわらず収入は不安定であるという現実である（インタビュー対象者1、3、5、6、9、11、12、13）。たとえばある独立系ジャーナリストは、今月は10万台湾ドル以上稼ぐことができるかもしれないが、来月は1万台湾ドルに満たないかもしれない、と回答した（インタビュー対象者10）。

インタビューの結果、独立系ジャーナリストの平均収入は、台湾の商業マスメディアから給料を得ているジャーナリストよりも押し並べて少ないことが判

明した。2012 年の時点で、マスメディアで働くジャーナリストの月給は平均 4 万 2300 台湾ドル（1400 米ドル）であった。それに対して、独立系ジャーナリストの年棒は、主流メディアを辞めた時点で貰っていた給料と比べても少ないだけではなく、商業メディアで働く同レベルのジャーナリストよりもずっと低い。たとえば 10 年にわたって一流のビジネス誌で働き、インタビュー時の 3 年前から独立系メディアで働き始めたあるジャーナリストはつぎのように語っている。

　　（主流メディアを辞めた後）わたしの年収は、ほぼ半分くらいになってしまいました。
　　以前、ビジネス誌で働いていた時は、毎年 80-90 万台湾ドルほど貰っていました。でもいまは月々たった 4 万台湾ドルにすぎません。そのうえ、年末のボーナスもありません。だから、年収はわずか 48 万台湾ドルにまで減ってしまいました（インタビュー対象者 6）。

　独立系ジャーナリストのほとんどは、低収入の状態に甘んぜざるを得ない。しかし、何人もの独立系ジャーナリストたちが口を揃えていうのは、商業メディアで働いている同レベルのジャーナリストよりも良好な労働環境である。苦労網で働いて 5 年になる独立系ジャーナリストは、インタビューでつぎのように強調していた。「労働時間や労働の負担を考えれば、商業メディアで働くジャーナリストの労働条件は、わたしたちより劣悪である」（インタビュー対象者 13）。
　また、台湾の市民レポーターや独立系ジャーナリストに共通するのは、「従来型メディアから得る比較的高い収入の代わりに、独立系ジャーナリストとしての高い自律性と自尊心を得ている」という信念である。独立系ジャーナリストはつぎのように主張する。「わたしの収入は半分以下になったが、わたしの喜びは倍増している」（Fu-mei Cho in 郭 2010）。インタビュー対象者の多くは主流メディアで働いた経験を有するが、かれらは自分のキャリアについて以前よりも満足感を覚えるようになったと強調していた（インタビュー対象者 1、3、6、10、13、14）。ベテランのジャーナリストであるインタビュー対象者 10 は、「商業的な日刊紙を辞めて以来、時間とスペースに対する制限が『なくなった』」と述べていた。彼女によれば、主流メディアのジャーナリストだった時には仕事の「リズム」が決まっており、いくつもの退屈な記者会見など、毎日やるべき多くの日課があった。つまり、主流メディアのジャーナリスト、とくに日刊

紙の報道記者にとって、詳細なニュース報道をおこなうために十分な時間や労力を割くことは事実上不可能である。彼女のいう「時間とスペースの自由化」とは、独立系ジャーナリストであれば、報道対象をみずからが決定し、インタビューやデータ収集にも十分に時間をかけることができる、ということを意味している（インタビュー対象者10）。

　独立系ジャーナリストたちは、その労働環境や自律性を向上させるためにさまざまな戦略を採ってきた。もちろんその戦略には個人差はある。市民レポーターや独立系ジャーナリストたちが主に活用しているのは、象徴的資源、文化的資源、社会的資源という3つの資源である。

　市民レポーターや独立系ジャーナリストは、EJRFのような報道関連の賞を受賞することで象徴的な資源を築く。受賞によって独立系ジャーナリストとしての評判があがれば、自由契約という形ではあるが主流メディアによってオファーされる仕事も増える。たとえばインタビュー対象者10は、「EJRFの賞を受賞すると、その日の夜にはビジネス系の週刊誌の編集主任から電話があった」と回答した。電話をかけてきたのは主流メディアで、流通面や収益面からみて、台湾でも3本の指にはいるビジネス誌の1つであった。そのビジネス誌は、彼女に月2回のニュース評論を依頼し、フリーランスのレポーターとしては最も高い部類の報酬を約束した。EJRFの賞と著名なビジネス誌へのコラムの寄稿を経て、彼女はその他の主流メディアから研究論文や評論原稿の依頼を受けるようになった。インタビューによれば、現在彼女の報酬の「最低ライン」は、一文字5台湾ドルであるという（インタビュー対象者10）。これは、フリーランスのライターが雑誌や新聞へ寄稿するときの相場の約3倍に当たる。また、インタビュー対象者1は、EJRFの最優秀調査報道賞を受賞した後、民放テレビ各局から注目され、その活動が放送された。それだけではなく資金調達サイトであるWeReportを通じて、ドキュメンタリー制作のための寄付も受けることができた（インタビュー対象者1）。象徴的資源は、市民レポーターや独立系ジャーナリストたちが、自身のアイデンティティや評価を確立する糧であり、それによって受注元やその関連会社との良好な関係も構築できるのである。

　第二に、市民レポーターや独立系ジャーナリストは、みずからの文化的資源を活用してきた。この場合の文化的資源は、インターネットを通じて蓄積されるものである。市民レポーターや独立系ジャーナリストは、マスメディア上で作品を公表する機会はあまりないものの、主にインターネットを通じて、みず

からの活動を発表したり売り込んだりしている。かれらにとって主な活動のツールは、PeoPo、YouTube、Facebookのような無料のオンライン・プラットフォームやソーシャル・メディアである。たとえば、インタビューしたオルタナティヴ・ジャーナリストのなかには、地方政府による市民権の侵害を報道するビデオを、2010年にYouTube上にアップをしたことのある者がいた。その視聴回数は膨れ上がり、瞬く間にオンライン上でシェアされるようになった。それに続くように、マスメディアもこの出来事を報道するようになっていった。この件を経て、かれはオルタナティヴ・ジャーナリズムにおける重要人物になっただけではなく、官公庁で講演をし、報道賞の審査員としての依頼を受けるようになった（インタビュー対象者2）。

多くの独立系ジャーナリストは、みずからの活動を売り込むためにブログを活用している。インタビューから判明したのは、市民レポーターや独立系ジャーナリストのウェブサイトやブログが「履歴書」代わりになっていることであった。つまり、商業メディアを含むあらゆる報道機関は、市民レポーターや独立系ジャーナリストのウェブサイトやブログからかれらの活動に関する情報を得て理解する。そうしたジャーナリストへのコンタクトも、インターネットを通じておこなわれる。ウェブサイトやブログは、直接的に「収益」に繋がっているわけではないが、市民レポーターや独立系ジャーナリストが報道の分野における「個人ブランド」を確立するための手段となっているのである（インタビュー対象者10、8）。オンラインで活動を発表しそれがインターネット・ユーザーによってシェアされることで、独立系ジャーナリストは十分な文化的資源を蓄積することができる。それがあればこそ、商業メディアとの自由契約によって報酬や印税といった経済的資源に換算するチャンスを得ることができるのである（インタビュー対象者1）。

ソーシャル・メディアの急速な成長は、市民レポーターや独立系ジャーナリストにとっての新たな障害であると同時に、チャンスでもある。どのようにソーシャル・メディアを使っているかという問いに対してインタビュー対象者6は、「報道を広めるために、主としてFacebookを利用している」ことを強調していた。たとえば2013年、かれが働いていた独立系メディアでは、そのフォロワー数が1万人から8万人に急増した。ページの閲覧数・いいね！の数・シェアされる数は、急速に増加していき、かれのレポートやかれが関係する独立系メディアは、Facebookからの恩恵を被ってきた。しかしながら、「2014年初めに、

Facebookがユーザーのページになにが表示されるかということについてのアルゴリズムを変えると、状況も変わってしまった」。かれは、自分の投稿してきた人気記事の閲覧数が前年の6000から300に減少してしまったことに気付いた。そして、登録者数も2万人から2000人に減ってしまった。このことから、独立系ジャーナリストは、Facebookだけでなく、オンライン・ニューズレターやウェブサイト、ブログ、Twitterといったさまざまなオンライン上のプラットフォームも同時に活用する必要があるということを悟ったのであった。

　第三に、市民レポーターや独立系ジャーナリストにとって、社会的資源は非常に重要である。独立系ジャーナリストにとって、ニュースを制作するうえでの協力体制は不可欠である。なぜなら、インタビューや取材は「労働集中型活動」であるためである。「独立系ジャーナリストはまったく『独立』していない」。インタビュー対象者10は、その理由をつぎのように説明した。「わたしたちは、他のレポーターたちと常日頃から協力しなければならない。たとえば、同時刻におこなわれる記者会見が複数あったとする。そのような場合、他の会見の内容を理解するためには、他のジャーナリストたちと協力しなければならない」。インタビュー対象者1もいう。「現場に仕事仲間がいれば、少なくともタクシー代くらいは割り勘にすることができる」。

3．独立系メディアの財政状況と組織的な戦略

　オルタナティヴ・ジャーナリズムとしての目標を、ある程度達成できた市民レポーターや独立系ジャーナリストもいる。しかし前節で述べてきたように、この領域で個人的に活動することには多くの障害や困難がある。そこで個人で奮闘する代わりに、独立系メディアを設立したり、職業的な提携関係を構築するという異なるアプローチをとっているオルタナティヴ・ジャーナリストもいる。

　独立系メディアが抱える根源的な難しさは、独立系ジャーナリストと同じく、いかに十分な資金を確保するかというところにある。1990年代後半、南方電子報が組織を維持するための必要経費として見積もっていたのは、年間70万台湾ドル（1998年時点の換算レートで2万1200米ドル）であった。これには、インターネット・サービス・プロバイダーやパートタイムの雇用者への報酬も含まれている。南方電子報は、クラウド・ファンディングに加えて、智邦科技（Action

Technology Corporation）から合計200万台湾ドル（6万1000米ドル）の寄付を受けていた。智邦科技は、台湾証券取引所に上場したばかりの大企業であった（陳2004）。

　苦勞網は、独立系メディアにおける「ボランティア・システム」を採用してきた。このシステムは、南方電子報によって始められたものである。苦勞網は、ウェブサイトを維持するために、商業ベースのウェブサイト・デザインやサービスを提供するというビジネスを活用してきた。このビジネスでは、年間100万台湾ドル（3万500米ドル）もの収益が上がったこともある。ビジネス上の競争が激しくなり収入が減り始めると、2000年代半ばより苦勞網はクラウド・ファンディングに頼るようになっていった。年間収益は、2011年-2012年には220万台湾ドル（7万3300米ドル）だったが、2013年までに月平均350件の寄付を受けるようになり、その額は約1万5000台湾ドル（5000米ドル）に達した。これは、1か月の収益の75％に相当した（苦勞網 2013/4；孫 2007；翁 2013）。

　クラウド・ファンディングが途切れなく安定的に受けられるようになったことから、苦勞網は設立から12年後の2010年に、寄付による「サラリー基金」を立ちあげ、フルタイムの従業員5名に俸給を支払い始めた。2012年以降、苦労網は「公開議論をともなう自己報告」（自報公議）という報酬システムも活用するようになっている。このシステムでは、苦勞網が組織する会合で、所属するジャーナリスト全員が、その月にどのようなものを制作したかということや、労働時間などについて報告をする。そして、会議において承認されれば、労働時間に応じて支払いを受けることになる。あるレポーターが週5日一日8時間働いた場合、月に2万3000台湾ドル（767米ドル）稼ぐことができる。これは、台湾の典型的なホワイトカラーの労働時間に相当する（苦勞網 2013/4；2013/7）。苦勞網のジャーナリストの報酬は、商業メディアで働くジャーナリストの半分にすぎない（2012年の平均月収は4万2300台湾ドル）。それでも、インタビューをした苦勞網のジャーナリストは2人とも、主流メディアで働くジャーナリストが長い労働時間や過重な労働負担にあえいでいることを思えば、この額はまずまずである、と述べていた（インタビュー対象者12、13）。

　上下游新聞市集は、ニュース報道の独立を維持するために、異なるアプローチをとってきた。農業をめぐるメディア・小売販売の複合体である上下游新聞市集は、企業、NGOおよび800名の会員から相当額の寄付を受けてきた。し

かし、寄付の合計額は、その「純利益」（従業員にかかるコストは含まれない）の 40% 以下にすぎない。前年の純利益の 60% 以上は、オーガニックの農産物、地元で作られた香辛料・ソースやスナックの類の製品の販売からもたらされた。上下游新聞市集は、製品販売のビジネスが非常に成功しているため、9 名の従業員を採用することができていた。そこにはフルタイムの従業員 3 名、プロの編集者 1 名が含まれ、計 180 万台湾ドル（6 万米ドル）のコストがかかる。フルタイム従業員 3 名の月収は、報道メディアにおける業務経験に応じて異なり、それぞれ 4 万 5000 台湾ドル、3 万 5000 台湾ドル、3 万 3000 台湾ドルであった（インタビュー対象者 14）。その報酬は、それでもボーナスがある主流メディアの平均的なジャーナリストにおよばない。しかし、インタビューをした上下游新聞市集のジャーナリストは、収入のわずかばかりの減額は問題にならないほど、職業的な達成感から得られる見返りは大きい、と語っていた（インタビュー対象者 6）。

　この他に、独立系メディアが頼みとする資金源には、中央政府や地方政府からの公的助成がある。たとえば、東南アジアからの労働者や移民のための新聞である四方報に対する年間支出額は、約 1500 万台湾ドル（50 万米ドル）と見積もられている。これには、編集者 4 名とフルタイム・パートタイム従業員 20 名にかかるコストが含まれている。この新聞には、政府からの助成、広告、定期購読や小売販売の売り上げという 3 つの収入源がある。その内訳はそれぞれ 50%、35%、15% となっている（梁瓊丹 2013；陳 2013/4/17；林 2013/2/4）。

　公的助成に頼っているその他のオルタナティヴ・メディアとしては、CivilMedia@TW があげられる。2007 年に設立された CivilMedia@TW は、社会運動を担う組織のデモや活動プロセスを記録するウェブサイトである。設立当初の 5 年間、つまり 2007-2012 年までのあいだ、CivilMedia@TW は、国家的研究プログラムの台湾デジタル・ラーニングおよびデジタル・アーカイブ・プログラム（數位典藏與數位學習國家型科技計畫）に属するプロジェクトであった。それゆえこのサイトには、年間計 200 万台湾ドル（6 万 6700 米ドル）という潤沢な資金が供給されてきた。2013 年に CivilMedia@TW は、大企業によって資金提供を受けた基金から年間 100 万台湾ドル（3 万 3000 米ドル）の援助を受けていた。そして、同年以降、WeReport のウェブサイトや We 公民新聞（We Citizen Journalism）からも、それぞれ 20 万台湾ドルのクラウド・ファンディングを受けてきた。CivilMedia@TW が連日のように情報をアップし、フルタイ

ムの従業員2名をそれぞれ3万台湾ドル（1000米ドル）の月給で採用できているのは、公共部門からの援助によって大半が占められている、こうした援助のおかげである（インタビュー対象者15）。

　ここで紹介した独立系メディアは、それぞれ独自の経営手法を編みだし、報道を提供し人員を採用したりするための十分な資金を得ることに成功してきた。これらの独立系メディアのジャーナリストは、自律性を保ちつつ報道に携わってきた。同時に、商業メディアの平均的な被雇用者より気持ち少ないとはいえ、比較的適正な報酬を得ていたといえる。こうした成功している独立系メディアに共通する戦略とは、「購読者となるターゲットをある特定のグループ」に絞り込むことである。インタビュー対象者8は以下のように説明した。

> 　商業メディア企業からみれば、たとえば、外国人労働者や社会運動の支持者というような特定のグループから成る購読者は、十分な利益を生みだすものではありません。
> 　しかし、そうした特定のグループを購読者とする隙間市場は、小さい（独立系）メディアが損益を相殺し、あるいはわずかな利益を売るためには十分なのです。

　特定のグループを購読者にすることは、独立系メディアが成功するための秘訣のように思われる。なぜならば、そうした購読者は、クオリティの高いニュース報道を「消費する」だけでなく、独立系メディアのレポーターに対して「支援する」こともいとわないためである。2011年末、研究者、出版業者、そしてベテラン・ジャーナリスト数名の投資を元手に、WeReportが設立された。WeReportは、市民／独立系ジャーナリストや独立系メディアが、オンライン上で一般の人びとからクラウド・ファンディングを募るプラットフォームを提供する目的で誕生した。2014年3月までに44の企画案がWeReport上で採用されてきた。その内訳は、詳細な報道プロジェクトの企画案40本、新しい独立系メディアを設立する企画案が2本、そして独立系メディアを支援する計画案は2本となっている。WeReportの資料によれば、寄付の総額は150万台湾ドル（50万米ドル）に達している。寄付した人の数は760名以上であった。

　さらに、WeReportへの寄付提供者の特徴を分析したところ、かれらと独立系レポーターおよび独立系メディアとのあいだに「きわめて強い繋がり」を抽出することができた。たとえば、2011年12月から2012年9月にかけてWeReportは220人から寄付を集めたが、そのうち120名（54％）がメディア研

究者や「コミュニケーション・コミュニティ」関係者であり、18名（8.1%）がNGOかそのメンバーであった（林2012）。この統計データは、WeReport支援者の6割以上がニュース・メディアや社会運動との関わりをもっているということを示している。

　「消費者」や「利用者」と繋がるということに加えて、独立系メディアに従事する人どうしも連帯しようとしてきた。そのような試みは、市民レポーターや独立系ジャーナリストが、互いをサポートするために社会的資産を活用しているということに通じるところがある。2012年6月、独立系メディアで活動している者が集まって「独立系メディアアカデミー（Independent Media Academy）」を組織し、若い独立系ジャーナリストを訓練するための一連の講座を立ちあげた。2014年3月までに、アカデミーは4つの講座群を開催し、オルタナティヴ・ジャーナリズムのさまざまな問題に関心をもつ243名の若いレポーターに訓練を施した（インタビュー対象者1、6、7、8、14）。

　2013年末、アカデミーは再編され、独立系メディア従業員協会（IMWA）となった。それによって、独立系ジャーナリストを訓練し、その働く権利を支援する正規の組織になった。IMWAは、訓練のための講座を続けると同時に、2014年のひまわり学生運動（太陽花学運）をめぐっては、市民レポーターや独立系ジャーナリストの報道・取材の権利を認めるよう、政府や警察に求めるキャンペーンを張った。ひまわり学生運動は、1万人を超える学生やNGOのメンバーが、1か月弱にわたり立法院を占拠した事件である。警察は当初、市民レポーターや独立系ジャーナリストが立法院内でインタビューをおこない、運動参加者と警察との衝突を取材したりすることを阻んでいた。警察や立法院の警備隊は、取材許可証の申請資格は、主流メディアに属する記者に限ると主張していた。IMWAは、台湾記者協会と協力して、政府が市民・独立系レポーターの公の情報にアクセスする権利を抑圧しており、それによって、大法官会議の解釈に基づき憲法第11条が認めている言論の自由を侵害している、と非難した。警察との交渉の末、IMWAに所属するメンバーには取材許可証を得る資格がある、という了解が取り付けられた（インタビュー対象者7、14）。

　IMWAは、オルタナティヴ・ジャーナリズムの活動家が直面する問題を、集団的な努力を通じて解消するという極めて重大な役割をはたしてきた。2014年1月にFacebookがそのアルゴリズムを変更した際、多くの独立系メディアがその影響を受けたが、「Facebookの商業主義的な策略」に協同で抵抗しよう

とした独立系メディアもあった。独立系メディアの活動家のなかには、「協調的な行動」をとって、毎週水曜日に「Facebook のファンページやウェブサイトを互いに勧め合う」ことで「互いのウェブサイトのトラフィックを増や」そうとした人たちもいた（インタビュー対象者7）。

4．結論——限定的な生産分野の形成過程

ブルデューの「場」の理論によれば、文化領域とは、独自のロジックをもつ自律的な領域である。文化領域のロジックは、経済領域や政治領域とは異なり、権力によって決定されるわけではない。文化領域では、特定の「好み」を有する教養のある新たな階層が、そのロジックを作りだしている。それゆえに新たな階層は、文化的な産物を消費する能力をも備えている。文化領域に携わる者の地位、たとえば文化の生産者というような者の地位は、経済的資産や政治的資産ではなく、文化的資産やそれがもつ資源によって決定される。また、文化領域は、少なくとも2つのサブ領域に分けることができる。限定的あるいは小規模の生産がおこなわれるサブ領域では、文化的生産者は、より自律的であり純粋に芸術的な成果を目指す。大量で大規模な生産の発生するサブ領域では、経済や政治上のルールにしたがう必要がある。そして、大衆受けし利潤をもたらす文化的な成果が追求される。限定的な生産のサブ領域では、その生産に携わっている者は、主として象徴的資産や文化的資産に非常に強く依拠している。大量生産がおこなわれるサブ領域においては、経済的資産によって左右される（Bourdieu 1993; Hesmondhalgh 2006）。

これまで台湾におけるオルタナティヴ・ジャーナリズムの発展は、一部のジャーナリストがジャーナリズムの理想を追求していく歴史とみなされてきた。しかし、これはむしろ過去20年にわたって「限定的な」ニュースを制作するサブ領域が形成されてきた過程ととらえることができるだろう。あらゆる文化領域においても違いがみられるように、大衆的なサブ領域と限定的なサブ領域には、ニュース制作の分野においても違いがある。つまり、主流メディアで働く者とオルタナティヴ・メディアで働く者は、異なるサブ領域に属しているため、その構成や加えられる制限に違いがある。一般的に、限定的なニュース制作の分野の社会的アクターは、市民／独立系ジャーナリストや独立系メディアである。そして、かれらは自律的で詳細な報道（純粋に芸術的な成果）を追求

する。他方、大規模なニュース制作の分野の社会的アクターは主流メディアで働くレポーターである。かれらは、政治・経済的なパワーの影響を受けやすい。

　第二に、市民／独立系レポーターは、雇用主から給料をもらう主流メディアで働いている同レベルのジャーナリストほど十分な収入を得ることはできないが、ニュース報道における自律性を維持するために、みずからの象徴的資産・文化的資産および社会的資産を大いに活用している。自律性を維持しているということは、資金が十分にあり、労働環境が整っているということでもある。つまり、オルタナティヴ・メディアに従事する人びとは、メディアの自律性という理想だけを追求しているわけではない。かれらは、その他の文化領域における限定的なマーケットに携わっている芸術家と同じく、自身のさまざまな資産や戦略を現実的に運用しながら、領域内での「地位を決する（position-takings）」ために競っているのである（Hesmondhalgh 2006: 215-216）。

　第三に、台湾におけるオルタナティヴ・ジャーナリズムの活動家は、ニュース報道をめぐって、同様の嗜好や「ハビトゥス（habitus）」を分かち合っている視聴者や「消費者」と強く結びついてきた。こうした強い結びつきは、「消費者」が資金の調達にも関わっていることから生まれる。オルタナティヴ・ジャーナリズムの活動家は、組織的な戦略や行動といった協働の努力を通じて、ニュース制作というサブ領域において強力な仲間集団を作りだしている。これもまた、限定的な生産が実践される文化領域の特徴である。

　台湾のオルタナティヴ・ジャーナリズムは、政府が、取材許可証の発行や憲法解釈第 689 号（大法官釋字 689 号）などを通じて、市民／独立系ジャーナリストや独立系メディアの権利を認めたことによって、ようやく「正規の」存在となった。本章では、オルタナティヴ・ジャーナリズムの活動家の奮闘によって、どのように台湾において限定的なニュース制作をおこなうサブ領域が形成されてきたのか、ということをまとめた。オルタナティヴ・ジャーナリズムには、政治・経済的な限界という制約がある。しかし、構造的な限界と個人の行動能力の双方を重視するブルデューの「場」の理論に基づいた分析を深めることで、オルタナティヴ・ジャーナリズムで働く人びとの活動を向上させる、より現実的な提言をまとめていくことができるだろう。

参照・引用文献

＜英語文献＞

Bourdieu, P. (1993) "The market of symbolic goods" in Johnson, Randal (ed.) *The field of cultural production*. Cambridge: Polity.

Downing, J. D. H. (2001) *Radical Media: Rebellious communication and social movements*. Thousand Oaks: Sage.

Handy, C. (1989) *Age of Unreason*. Boston: Harvard Business School Press.

Harcup, T. (2011) "Alternative journalism as active citizenship," *Journalism* 12(1): 15-31.

Hesmondhalgh, D. (2006) "Bourdieu, the media and cultural production," *Media, Culture & Society* 28(2): 211-231.

Hung, C. L. & Liu, C. D. (2010) "Public media, online journalism and citizen participation: The practice of alternative journalism in Taiwanese public media service," a paper presented at IAMCR, Braga, Portugal, July 18-22, 2010.

Krause, Monika (2011) "Reporting and the Transformations of the Journalistic Field: U.S. News Media, 1890-2000," *New Media and Society* 33(1): 89-104.

Rodríguez, C., Ferron, B. & Shamas, K. (2014) "Four challenges in the field of alternative, radical and citizens' media research," *Media, Culture & Society* 36(2): 150-166.

Terranova, T. (2000) "Free labor: Producing culture for the digital economy," *Social Text* 18(2): 33-58.

＜中國語文獻＞

陳湘嵐（2004）《網際網路、替代性媒介與社會運動：以《南方電子報》為例》中正大學電訊傳播研究所碩士論文。

陳順孝（2014）〈記者獨立之路：台灣獨立記者的維生策略與互助機制〉《傳播研究與實踐》4(2)：25-54。

陳宜萍（2013/4/17）〈為異鄉人發聲的報紙－四方報〉《社企流》Retrieved from http://www.seinsights.asia/story/250/795/1089

馮小非（2013/4/9）〈楊慶豪：華人世界第一位、駐韓獨立特派員〉Retrieved from http://www.indiemedia.tw/posts/769

侯惠萱、陳靖宜（2014/3/12）〈林慧貞為民發聲 揭開米粉真相〉Retrieved from http://www.vita.tw/2014/03/blog-post_12.html#.UzDvfK2SwZE

管中祥、劉昌德（2001）〈戰後媒體反對運動〉《台灣史料研究半年刊》16：22-54。

郭姵君（2010）《從組織雇員到獨立記者：三位新聞工作者的專業意理形塑與實踐》台灣大學新聞研究所碩士論文。

梁瓊丹（2013）〈四方報：一解思鄉愁的異鄉人報紙〉收錄在胡哲生等著《我們的小幸福小經濟：9個社會企業熱血追夢實戰故事》台北：新自然主義：191-213。

林昶宏（2010）《365.5 行：論營利部落客勞動階層及彈性勞動樣貌》政治大學新聞研究所碩士論文。

林麗雲（2012）〈台灣「公眾委製新聞」傳布之初探：以 weReport 為例〉《公眾委製新聞的

時代來臨— weReport 調查報導平台的意義與展望》台北：優質新聞發展協會。

林美芬（2013/2/4）〈張正辦報 幫外勞找到家的感覺〉《自由時報》。

林宜蓁（2010）《從無名到知名：知名部落客的勞動發展過程與勞動認同》台灣師範大學大眾傳播研究所碩士論文。

劉奕霆（2014/3/13）〈募資 20 萬 楊虔豪的韓半島新聞平台啟動〉Retrieved from http://newtalk.tw/news/2014/03/13/45218.html

孫窮理（2007/5/21）〈苦勞十年、請支持我們繼續走下去〉Retrieved from http://www.blackdog.idv.tw/wordpress/index.php/2007/05/21/coolloud10years/

苦勞網（2013/4）〈苦勞網大事紀〉。

苦勞網（2013/7）〈苦勞網大事紀〉。

王晴玲（2007）《公民新聞的在地實踐：公視 PeoPo 新聞平台公眾參與及〈多元報導研究〉》政治大學傳播學院在職專班碩士論文。

翁書婷（2013）〈揭開新聞另一面真相：網路獨立媒體勇敢發聲！〉《數位時代》五月號：94-103。

3 香港
「萎縮」するメディアと「闘う」メディア

山田賢一

はじめに

　香港で近年、報道の自由の「後退」が目立っている。2002 年からほぼ毎年、『世界報道自由度ランキング』を発表している「国境なき記者団」[1]の 2015 年版データによると、香港に関しては、2002 年の 18 位が 2015 年には 70 位へと大幅に低下、ここ 3 年間でみても 54 位→58 位→61 位→70 位と一貫して下降線をたどっている。その実態について筆者は 2013 年 1 月と 2015 年 3 月の 2 回にわたって現地調査をおこなっており[2]、本章ではその調査結果などを基に香港における報道の政治的自立性について考察したい。
　香港で報道の自由が後退する主な背景としては、中国との経済関係の緊密化が挙げられる。これは香港だけでなく、台湾でも同様にテレビや新聞などの主要メディアの中国報道が「中国寄り」になりつつある。財界人のメディアオーナーが中国ビジネスを優先するため、中国批判を抑えるよう編集部に指示しているのが原因と指摘されている。実際の報道内容に関しては、台湾では中国時報グループを買収した旺旺グループなどで「中国を褒めたたえる報道」が増加するなど「迎合型」といえる傾向にあるのに対し、香港では中国をあからさまに褒めたたえることはないものの、中国に批判的なニュースは控えめにする、いわば「遠慮型」のメディアが目立っている。
　本章では、まず香港メディアの歴史と現状を概観した後、近年テレビや新聞といった主要メディアになにが起きたのか、そしてそうした主要メディアの「萎縮」を受けて、新興のネットメディアがどのように台頭してきたのかを紹介し、今後の香港メディアそして香港の報道の政治的自立性の行方を展望したい。

1．香港メディアの歴史と現状

1-1．歴史的経緯

　香港は、香港島、九龍半島、新界および周辺に浮かぶ島々の総称である。1840年のアヘン戦争によって、香港島が当時の清朝政府からイギリスに割譲されたのをはじめ、1898年には九龍半島の一部や新界をイギリスが99年間租借することに合意がなされ、香港全体がイギリスの植民地となった。このため1997年に香港が中国に一括返還されてから15年あまりが経ったいまでも、主要メディアは使用言語が中国語と英語に分かれている。

　イギリス植民地下の香港では、メディアはイギリス女王を批判するのがタブーだったとはいえ、基本的に報道の自由を享受し、中国本土の政治に関する内部情報の発信基地としても機能してきた。しかし返還後は中国政府が香港駐在事務所（通称中聯弁）を通じて香港メディアに中国批判を控えるよう働きかけているとされ、メディア関係者のあいだでもこうした証言は多い。

　香港の中国返還後、報道の自由をめぐって大きな「事件」が2003年に起きた。中国政府は香港を「特別行政自治区」として中国本土とは異なる高度の自治を付与する方針を打ちだした一方、国家の安全のためとして、1997年の香港返還時から施行された香港基本法の第23条に、「反乱罪」などの条項を規定した。これに対し香港の民主派のあいだでは当初から言論の自由を侵害するものとの批判がだされていた。中国政府は2002年、香港政府に対し、香港基本法第23条に符合した法律を制定するよう要求し、これを受けて香港政府は法案を提起したが、2003年7月1日、「言論の自由擁護」を旗印にこの法案に反対する50万人規模のデモがおこなわれ、法案は棚上げされた。現在もこの法案を再度上程する動きはあるが、市民の反発が強く、親中派の関係者からも「喫緊の課題ではない」との声がでている。

1-2．香港メディアの基本構図

　香港の主要メディアでは、テレビ・ラジオ・新聞が中国語（主に香港人の母語である広東語で、一部北京語もある）と英語のメディアに分かれる。このうちテレビは、地上テレビ局が長年TVB（Television Broadcasts、電視廣播）、ATV（Asia Television、亜洲電視）の2局体制で、いずれもアナログ放送は広東語と英語各1チャンネル、デジタル放送はTVBが5チャンネル、ATVが6チャンネルだっ

た。しかし1990年代から低迷が続いたATVは2014年9月以降、従業員に対する給料の支払い遅延が相次ぐなど危機的状況となり、香港政府は2015年4月、翌年3月末でATVの放送免許を失効させる決定をした。また地上放送にくわえ、多チャンネルの有料放送として、ケーブルテレビのi-CableとIPTVのNOW Broadband TVがあり、ネット動画配信のHKTVもある。この他、主に中国本土向けに北京語で放送しているPhoenix TVがある。

表1　香港メディアの基本構図

	新聞	テレビ
親中派	・文匯報 ・大公報 ・香港商報	・Phoenix TV
やや 親中派	・東方日報 ・成報 ・香港経済日報 ・星島日報 ・South China Morning Post ・Standard ・明報 ・信報	・TVB ・ATV
中立	・明報 ・信報	・i-Cable ・Now Broadband TV ・RTHK
中国 批判派	・りんご日報	

ラジオは、アナログ放送として、公共放送のRTHK（Radio Television Hong Kong、香港電台）が7チャンネル、商業局の商業電台（Commercial Radio）と新城電台（Metro Broadcast）が各3チャンネル、またデジタル放送として、新城電台が3チャンネル、新規参入のDBCが7チャンネル、鳳凰優悦（Phoenix URadio）が2チャンネルで、それぞれ放送している。テレビ・ラジオともに全体としては大部分が広東語放送である。

一方新聞は、中国語の大手紙として東方日報、りんご日報、明報、信報、香港経済日報、星島日報、成報、大公報、文匯報、香港商報などがある。英字紙としては、South China Morning PostやStandardがある。

これらのメディアを、オーナーの出自を踏まえたうえで、筆者の判断で中国との関係を基準に分類すると、表1のようになる。このうち、信報と明報については、この2年ほどのあいだに位置づけが変化したことを示す。

中国政府が直接運営に関与しているのは文匯報、大公報、香港商報の各紙だが、Phoenix TVは人民解放軍出身の劉長楽氏がオーナーを務め、実質的に中国政府系といえる。また、業界のリーダーである東方日報やTVBは徐々に親中化が進み、TVBは内容が中国中央テレビ（CCTV）のようになったとして、

香港人のあいだでは「CCTVB」と揶揄されている。さらにここ数年、これまで中立系とされてきた South China Morning Post の親中化も指摘されだした。現在主要メディアで中国政府への批判をいとわないのは、りんご日報1社にとどまっている。

1－3．最近の香港メディアの実態

香港メディアの動向に関しては、メディア団体の香港記者協會[3]が毎年、年次報告を発表している。そのなかで、報道の自由への危機感の高まりが明確化したのは、2012年7月にだされた報告書で、表題は「香港の表現の自由が次々と挑戦を受けている」となっていた（詳細は、香港記者協會2012）。このなかで、協会が業界関係者を対象におこなった「報道の自由度」調査（香港メディアの記者やカメラマン、デスクなど1154の個人・団体を対象にアンケートを実施し、回収数は663）の結果が紹介されているので、主な内容をみていく。

まず、2005年から2012年まで行政長官を務めた曾蔭権政権[4]の下で、報道の自由がどうだったかについての質問で、「明白に後退した」が57.2％を占め、「若干後退した」と合わせると86.9％に達している。一方、「明白に進歩した」と「若干進歩した」を合わせても2.7％にすぎない。つぎに、「後退」と答えた人を対象にその理由を聞いた質問では、「香港政府が情報提供を抑え、メディアの取材を阻害」が92.7％と最も多かったが、「業界の自己規制」は71.0％、「中国政府の干渉」も67.5％あった。

メディアの自己規制に関する質問では、曾長官の就任前と比べ、「悪化した」が79.2％、一方「改善した」は2.4％である。そして記者本人による自己規制や、上司からいわれたことによる自己規制が実際にあるかという質問では、「ある」が35.9％で、「ない」の37.6％とほぼ同じ割合となっている。自己規制があると答えた人にその内容を聞いたところ、「中国政府にマイナスの情報を小さく扱う」が37.0％を占めた。

つぎに、梁振英長官就任[5]後に香港の報道の自由がどうなるかの見通しについては、改善するとの回答は合わせて4.7％にとどまったのに対し、「明確に悪化」が37.9％、「やや悪化」が21.7％と、悪化を見込む回答は合わせて59.6％に達した。また梁長官の就任後、メディアが直面する重大な問題はなにかという質問に対しては、「香港政府のメディア管理強化」が52.2％と最も多かった他、「中聯弁（中国政府の香港駐在事務所）のメディアへの圧力」が

43.5％、「政府による香港基本法第23条関連の立法」が35.9％、「自己規制の深刻化」が22.8％、「メディアの政府への帰順」が19.2％となっており、今後は過去数年の状況に輪をかけてメディア環境の悪化が進むとみていることが分かった。

1-4．中国政府の対香港メディア政策

こうした香港のメディア状況をみていくには、その背景をなす中国政府の対香港メディア政策を理解することが不可欠だが、かつて中国政府系メディアで仕事をしていた経験があり、この20年余り香港に在住しメディアへの寄稿やRTHKの番組司会者などを担当している評論家の劉鋭紹（Lau Yui Siu、Johnny）氏がこの点について詳しいので、以下に筆者が現地調査でヒアリングした劉氏の見解を紹介する。

劉氏はもともと香港の中国政府系新聞「文匯報」に在籍し、1986年から3年間、北京支局長を務めていた。ところが1989年に中国政府が民主化運動を武力で弾圧する「6.4天安門事件」が起こった際、民主化運動に同情的だった文匯報は社説を空白にするなど中国政府の対応に抗議する姿勢を示した。このため社長が当局から解任された他、劉氏も報道部から翻訳部に異動になり、仕事を取りあげられた。そして上層部から何度も反省の弁を要求され、拒否し続けると、2回賃金カットをされたうえ、2年後ついに解雇されたという。

劉氏によると、中国政府の香港メディアに対する政策は、1997年の香港返還からしばらくは柔軟なものだった、という。これは台湾に対して「一国両制」[6]のモデルを示すためだったが、2003年7月に香港で、前述の「香港基本法第23条」に基づく治安立法に反対する50万人デモが起きてから状況が変わったと劉氏は説明する。中国政府はこのデモが大規模になったのは、香港メディアが「火に油を注いだ」からと判断したのである。そして2004年から、香港メディアへの対応は管理強化に舵が切られた。その内容には、中国本土の取材に関して、事前申請した以外の突発事件の取材を認めないとか、電話取材を認めないといった直接的な規制もあるが、多くは中国報道を好意的なものに変えさせるための「ソフト」な措置だとして、劉氏は以下の4点を挙げた。

① 香港メディアの株式買い上げ：経営が悪化した放送局や新聞社に中国本土系企業が出資し、支配権を握る

②　メディアオーナーへの「工作」：財界人が多い香港のメディアオーナーたちに中国ビジネスでの便宜を図ったり、人民代表大会代表や政治協商会議委員といった中国本土における（名誉職的な）ポストを提供したりする
③　メディア幹部への「工作」：メディア幹部を中国本土に招待したり、「特ダネ」を提供したりする
④　広告出稿：中国本土系企業の広告を出稿したり、（問題が起きれば）取りやめたりする

　劉氏によると、こうした中国政府からの「干渉」は最近一層大きくなっており、2012 年の行政長官選挙の際は、成報に劉氏が寄稿した文章が編集部によって 11 か所も書きかえられたという。
　また、中国政府系のある現職のメディア関係者からも証言が得られた。この人物は、中国本土のメディアはネットを含め以前より開放的になりつつあるが、ジャスミン革命[7]の影響で、中国政府はネットを中心としたメディア管理を一層重視するようになった、と述べた。そして中国本土と香港のメディアの自由度には大きな差があるので、今後は香港のメディア管理を強めることで、双方のメディア環境が融合できると説明した。そのための具体策として中国政府は、文匯報など中国直系メディアにくわえ、星島日報、経済日報、成報など各紙のネット担当者を北京に集め、研修をおこなっている、と述べた。中国政府の対香港メディア政策は、「管理強化」が基本路線とみてよいと考えられる。

2．香港メディアの"動揺"を示す諸事件（2011〜12 年）

2-1．デジタルラジオ局「DBC」の放送停止

　本節では、近年香港メディア界を揺るがせた具体的事例をみていく。最初は、2012 年 5 月に本放送が始まったばかりの新規デジタルラジオ局 DBC（Digital Broadcasting Corporation、香港数碼電台）が、半年後の 10 月末に放送停止となった問題である。
　DBC の創設者は、歯に衣を着せない政府批判で知られる評論家の鄭経翰（Albert Cheng King-hon）氏である。鄭氏は 1995 年からラジオ局「商業電台」の朝の時事討論番組『風波裡的茶杯（Teacup in A Storm）』の司会を担当、香港の中国への返還後もしばしば香港政府を強く批判し、「午前 10 時前の行政長官」との異名をとった。1998 年には 2 人組の男に襲撃され、一時危篤状態になっ

たこともある[8]。2003年、商業電台の免許更新審査の時期に鄭氏が休暇を取ったことから、市民のあいだでは、商業電台が鄭氏の言論によって免許更新に悪影響がおよぶのを恐れて休暇を強要したとの受け止めが広がり、実際まもなく鄭氏は解雇された。鄭氏はその後2004年に立法会[9]の直接選挙枠の議員に立候補して当選したが、2008年にデジタルラジオ局（後のDBC）を設立して免許を得ると、再選を目指さずメディア界に復帰した。一方、鄭氏については2代目の行政長官を務めた曾蔭権氏と非常に親しかったことから、その立場の「政治性」を問題にする声や、番組でのコメントが一方的であるとする批判も多く、毀誉褒貶の渦巻く人物である。

　DBCは鄭氏が香港のさまざまな財界人の出資を募って設立され、2011年から試験放送を始めた。そして2012年5月には、7チャンネルでの本放送となったが、その過程で香港の政治状況には大きな変化が起きていた。2012年3月におこなわれた行政長官選挙には、曾蔭権行政長官の時代にナンバー2を務めた唐英年氏と、最高行政機構である行政会議のメンバーを十数年間にわたって務めた梁振英氏の2人が立候補した。唐氏はやや経済界寄りで、梁氏はやや貧困層寄り、中国共産党により忠実なのは梁氏とみられるが、選挙戦スタート当初は唐氏が勝利すると予想されていた。ところが選挙期間中、唐氏に自宅の違法改築疑惑[10]がもちあがり、いったん疑惑を否定したものの後になって認めた対応が批判を呼んで、梁氏の逆転勝利となった。この選挙の際、鄭氏は落選した唐氏を強く支持していた。

　選挙の後、香港の財界人のあいだでは、DBCへの追加出資を躊躇する動きが強まった。とくに最大株主で、広東省の深圳で不動産事業を広く手掛ける黄楚標氏が消極的とされ、DBCは2012年10月になると資金繰りが窮迫、同月末に放送停止を余儀なくされた。

　10月にDBCの放送継続を求める市民たちがラジオ局の前に集まって開かれた集会で、1本の録音テープの内容が「暴露」された。それはDBCの役員会での発言を、鄭氏サイドの出席者がひそかに録音したもので、鄭氏が辛口の論評で知られる女性司会者の起用を提案したのに対し、最大株主の黄氏は、「中聯弁が彼女に強い反感を持っている」と述べて却下する内容だった。

　その後、鄭氏は黄氏サイドにみずからの持ち株を売却してDBCの経営から撤退、一部の従業員を引き連れて新たに「D100」という名前のインターネットラジオ局を2012年12月に開局させた。DBCは鄭氏が去った後の2013年1

月に放送を再開した。

　この問題について、最大株主の黄氏は取材に応じなかった。一方鄭氏は筆者に対し、DBCの放送が始まってから、株主のあいだで「政府に対し友好的でない」と批判の声があがったことを明らかにし、黄氏らが中国政府や香港政府への政治的配慮から、自分を資金面で締めあげたうえでDBCから追いだしたのが実態だと主張した。そして鄭氏は香港のメディア状況について、オーナーはりんご日報以外みな中国政府とコネがある主流財界人であり、メディアが赤字でも他のビジネスで元が取れればよいと思っていると説明し、「もはや香港のメディアで政治的に独立しているのはネットのみだ」と述べた。また、鄭氏の支持者の１人は、鄭氏本人が司会をするDBCの番組の中で、長官選挙に当選した梁振英氏を批判したことが、中聯弁を怒らせたとの見方を示した。そしてDBCが資金繰り難で放送停止の危機に陥った際、DBCの前で市民による大規模な抗議集会が開かれたのに、主要メディアがあまり報道しなかったことを挙げ、中国政府を恐れる香港メディアの「保身」に他ならないと指摘した。

　DBC問題について中聯弁と香港政府はともにヒアリングに応じなかったが、香港政府は文書での質問に対し、「香港政府は一貫してDBCの独立した運営を尊重し、株主の意見の違いに対し干渉しなかった。これは政府が言論の自由を尊重していることの表れである」と回答した。一方政党関係者は、親中派の鍾樹根立法会議員が、DBCの問題は政治とは無関係の「完全に経済的な問題」であり、鄭氏が株式を売却することで問題は解決済みだと述べた。これに対し民主派の毛孟静立法会議員は、最大株主の黄氏が役員会の席上、鄭氏の提案した司会者の起用に対し「中聯弁が反感を持っている」として却下した事実を挙げ、この問題でDBCへの圧力がかかったのは明白であるとの判断を示した。また毛氏は、香港の言論・報道の自由について、梁振英行政長官のブレーンの邵善波氏が「香港の言論をコントロールする」と公言した[11]と述べ、状況の悪化に強い懸念を表明した。

2－2．高級英字紙「South China Morning Post」の「転向」

　つぎに、高級英字紙として長年高く評価されてきたSouth China Morning Post（以下サウス・チャイナ）の「転向」についてである。サウス・チャイナは英領植民地時代の1903年に創刊され、1971年に香港株式取引所に上場、1993年に不動産大手嘉里グループのオーナーでマレーシア系華人の大富豪、郭鶴年氏に

買収された。その後現在まで、中国指導部の人事情報などで「特ダネ」を取り続け、香港の英字紙では最も多い発行部数を誇っている。

　サウス・チャイナの「転向」が広く意識されたのは、2012年6月の「李旺陽事件」がきっかけだった。李旺陽氏は中国湖南省の民主活動家で、1989年の民主化運動に参加したことから「反革命宣伝煽動罪」などで計20年以上を獄中で過ごした人物である。香港のテレビ局 i-Cable が2012年6月、6.4天安門事件の記念日に合わせて李氏へのインタビューを放送したが、4日後、李氏が自宅で首をつった格好で死亡しているのがみつかった。その際に撮られた写真では李氏の足が地面に着いた状態だったことや、遺書もないのに当局が自殺と断定し、親族の了解を得ないまま火葬を強行したことなどから、香港メディアは「不可解な事案」として大きく報道、香港では中国の政府当局への抗議デモも起きた。この問題がそれほど重視されたのは、中国政府が民主派活動家と海外メディアの双方に対し、「あなたたちは、こういうことになりたくないだろう？」と警告しているとも受け取れるからである。

　ところがサウス・チャイナはこのニュースについて、100字あまりとほぼベタ記事の扱いだった。その後の報道で明らかになった実態は、以下のとおりである。

　もともと記者が書いた記事は600字あまりの内容で、学校やホテルなどに配送された第一版はこの記事が使われていた。ところがサウス・チャイナの王向偉編集長は、みずからこの記事に手を入れて、大幅に削った。外国人編集者のAlex Price 氏が王氏にメールで異論を唱えたところ、王氏は返事のなかで「これは私の決定だ。もし君が不満なら、どうすべきか分かるだろう」と答え、Price 氏が辞職する必要性を示唆したという（BBC 2012）。

　この問題に関してサウス・チャイナの王向偉編集長は取材に応じなかった。一方、香港記者協会の麦燕庭（Mak Yin Ting）会長（筆者による2013年1月のインタビュー当時）は、関係者への聞き取りを基に以下のような実態を明らかにした。

　王氏が「これは私の決定だ」と答えたメールの内容が編集部に広く知られて大問題になったため、部内の会議で釈明をすることになった。その際王氏は、「当日、夜7時の中国中央テレビ（CCTV）のメインニュースで報道されなかったので、重要なニュースでないと思った」と説明、出席者のなかには、一瞬聞き間違えたかと思った人もいたという。

また、サウス・チャイナのこうした「転向」は、編集幹部の人事からもみてとれる、と麦氏はいう。王編集長はかつて中国の政府系英字紙チャイナ・デイリーに勤めていたが、16年前からサウス・チャイナに移り、2012年2月、従来は外国人か香港人のポストであった編集長のポストに、中国本土籍の記者として初めて就任した。また王氏と同じく中国本土出身で副編集長の譚衛児氏は、中聯弁との関係が良好な人物で、英字紙での経験が少ないにもかかわらず、入社後まもなく副編集長に抜擢されたため、部下の記者たちから不満が出ているという。麦氏は、これまでサウス・チャイナの通称として使われてきた「南早」（サウス・チャイナの中国語名である「南華早報」の略）を、現在ではメディア界の人たちは「紅早」（共産党のシンボルカラーは「赤」）と呼んでいる、と述べた。
　また、かつてサウス・チャイナに勤めていた元記者は、中国の高級幹部との人脈が豊富だったサウス・チャイナのオーナーが娘に経営を譲った後、中国共産党への「遠慮」が目立つようになったと述べ、報道の「萎縮」の背景に「オーナーの世代交代」があるとの見方を示した。そのうえで、上層部からの干渉が強まるなか、不満を持つ記者たちが続々と辞職し、それを埋める形で中国本土出身の記者が増えていると指摘した。
　一方、同業者のなかには、サウス・チャイナの中核の読者層だったイギリス人植民地官僚の多くが帰国したことが、部数減の背景にあること、サウス・チャイナの重要な収入源である求人広告欄「Classified Post」に出される広告が、近年ネットに置き換えられつつあることなど、経営基盤の悪化が報道「萎縮」の背景にあるとの見方もある。

2-3. 公共放送 RTHK に対して強まる「圧力」

　2011年9月、香港政府はRTHKのトップである放送担当局長[12]に、政府官僚で労働福祉局ナンバー2の鄧忍光氏を任命した。従来は職員の内部昇格が慣例だったRTHKのトップに現職官僚が起用されるのは、過去50年あまりで初めてである。政府が放送担当局長を公募した際に内部の有力候補が応募したにもかかわらず、政府は「適当な人材が見当たらなかった」として、応募者ではなくメディアに関する経験もまったくない官僚を選出した。これに対し、RTHKの労働組合や有識者などは、「公共放送を政府の宣伝機関に貶めるもの」と強く反発した。組合では、鄧氏の初の出勤日に、オフィスの入り口に黒いじゅうたんを敷き、黒い服装に身を包んだ組合員たちが「任命を撤回せよ」などと

書かれたプラカードを掲げ抗議した。

　同年12月、歯に衣を着せぬ政府批判で人気のあった『自由風自由Phone』というラジオ番組を8年間担当してきた呉志森氏が、出演契約を解除されることが明らかになった。この決定は鄧氏がRTHKのトップについてから3か月足らずの出来事で、メディア関係者からは、政府のRTHKへのコントロールを強化する企みとの見方が出た。

　2012年9月、RTHKの人気番組『城市論壇』は、中国政府の意向を受けて香港政府が推進していた「国民教育」をテーマとする番組を放送した。「国民教育」をめぐっては、香港市民のあいだに「共産党を礼賛する愚民教育」との反発が強く、これを強行しようとする教育局長への批判が高まっていた。RTHKでは教育局長に番組への出演を要請したが、局長がなかなか応じないため、「番組中でもいつでも参加できるように」との建前で、誰も座っていない空の椅子を用意した形で番組を始めた。この措置は、実際は議論に応じない教育局長を痛烈に批判する意味があり、RTHKのトップの鄧放送担当局長は番組終了後、担当者に対し、「空の椅子を置く場合は上司の了解を取るように」と要求した。これについてRTHK番組制作人員組合の麦麗貞主席（当時）は、2013年1月に筆者のヒアリングに対し、「空の椅子の演出はめったにおこなわないが、国民教育をめぐる番組の際は、教育局長に対して代理の人でもよいといったのにどうしても出演を了解しないので、あえてこの方法を使った。こうした演出に上司の許可を要求するのは、編集権の独立に対する干渉だ」と述べた。

　2012年11月、鄧放送担当局長が局内の関係者に対し、商業放送のTVBが政府官僚をゲストに呼ぶ対談番組の『講清講楚』と同様の番組を始めるため、現在放送中の時事インタビュー番組『議事論事』を終了させる計画を明らかにした。しかし組合の麦氏によると、TVBの『講清講楚』は官僚に対して遠慮しながら質問しており、TVBの社員もやりたがらない番組だとして、RTHKの局内で鄧局長の方針への反発が噴出したという。また『議事論事』司会者の李鵬飛氏は筆者のヒアリングに対し、当時香港メディアの取材に「やれるものならやってみろ」と開き直ったコメントが報道されたところ、鄧局長はすぐに提案を撤回したという。李氏は撤回の背景として、RTHK職員の反対と、番組の視聴率の高さを挙げた。

　これら一連の事案からは、おそらくは中国政府の意向を受けた香港政府が、

RTHKに対するコントロール強化に腐心している状況がみえてくる。一般の商業メディアのようにオーナーを経済的利益で誘導することが不可能な公共放送に対しては、より直接的な政治的アプローチが試みられているのだといえよう。

3．深刻化の一途をたどる主要メディア（2013年以降）

これまでは2011〜12年の動きをみてきたが、その後この2年ほどのあいだに、香港の主要メディアをめぐる環境はさらに深刻化の一途をたどった。そこでは、香港の主要メディアの報道の自由を脅かすものとして、4つの要因がみられた。

① 暴　力

2014年2月、明報の前編集長の劉進図氏が、レストランの近くで車から降りたところ、突然後ろから背中や両足を合わせて6回切りつけられ、重傷を負った。翌月警察は広東省で容疑者2人を逮捕、その後香港でさらに9人を逮捕した。一部の容疑者は「黒社会」（やくざ組織）の関係者だった。警察当局はこの襲撃事件が劉氏の言論と関係があるかどうかについて未確認としているが、劉氏本人も一般の市民の多くも、報道の自由を脅かそうとする何者かがバックにいる「口封じ」の動きとの見方をしている。香港記者協会と8つのメディア団体は共同声明を発表し、「こうした事件は香港の報道・言論の自由への挑戦である」と憂慮を表明した。

また、取材現場での記者やカメラマンへの「暴行」もあった。2013年10月には、サウス・チャイナの女性記者が裁判所に来ていた男女のカップルを取材中に、男から突き倒されたうえ、蹴飛ばされ、カメラを壊された。この様子は周囲にいた10人以上の記者が撮影しており、証拠も十分だったが、警察は男を不起訴にし、香港記者協会が説明を要求したのに答えなかった。こうした事件が相次いだことに対し、香港のジャーナリストたちは、警察当局とその管理にあたる香港政府が、報道の自由の守護神たりえず、むしろ逆の立場に立っているのではとの疑念を深めた。

② 人　事

2014年1月、明報の劉進図編集長が突然、マレーシアの親中派メディア「南

洋商報」の編集長だった鍾天祥氏にとって代わられる人事異動が明らかになった。この人事は明報が中国政府に配慮したものとの見方が広がり、明報の社員のおよそ9割が、経営陣に対して理由の説明とともに、編集権の独立や不偏不党の報道方針に変更がないことを明言するよう求める文書に署名した。

　また信報では、2013年5月に陳景祥編集長がデジタル部門のトップに異動となり、7月には無料紙の「頭条日報」のネット版の幹部だった郭艶明氏が編集長に就任した。彼女の就任後、信報の中身は親中派の文章が多くなったとされ、10月には、北京政府の意向に忠実とされる梁振英行政長官の肩を持ちすぎるとして大手テレビ局のTVBを批判した記事が、編集長によって削られた。これに抗議して、袁耀清副編集長と3人の記者が一斉に辞職した。他にも定期的に信報に寄稿している複数のコラムニストが、原稿の内容について編集部から干渉を受けたと「暴露」した。

　2013年10月、香港政府への厳しい批判で人気を博していた、ラジオ局商業電台の番組司会者の李慧玲氏について、梁行政長官が不満を持っており、商業電台が2016年の免許更新を無事にすませたいなら、彼女をクビにするようにと求めているとの報道が流れた。半月後、李氏の番組は朝のゴールデンタイムから午後の聴取率の低い時間帯に移された。李氏は「従わなければクビにすると上層部から脅された」と抗議したが、2014年2月に正式に解雇された。

③　免　許

　2013年10月、香港政府は3社から提出されていた新規無料テレビ免許の申請に対し、ケーブルテレビ事業者であるi-Cableの子会社とIPTV事業者であるNOW Broadband TVの子会社の2社を原則的に認可することを発表、テレビ事業に最も積極的だったHKTV（旧City Telecom）のみが落選となった。当局はHKTVを落選させた理由について、「行政会議の会合内容は機密にあたる」として公表を拒んだ。無料テレビ事業の免許をめぐっては、放送事業の規制監督をおこなう放送業務管理庁（当時）が2011年に、「3社すべてへの免許交付が妥当」との提言を認めていたことから、この提言を無視した形の政府の決定に対する世論の反発が強まった。発表の翌日の段階で、Facebook上では41万人がHKTVへの免許交付を求める意向を表明、その後6万人の市民が政府庁舎まで抗議のデモをおこなった。HKTVが落選した理由について香港のメディア関係者は、HKTVのオーナーの王維基氏が、免許交付の問題で結論を先延ば

しし続ける梁長官のことを「現実を理解しておらず、彼につける薬はない」などと酷評していたことに対する梁長官もしくは中国政府の意趣返しとの見方をしている（山田 2013b）。

④ 広　告

　2013 年から 14 年にかけて、中国政府への忌憚ない批判で知られるりんご日報への大手銀行による広告出稿が一斉に姿を消した。広告がみられなくなったのは、HSBC・恒生銀行・東亜銀行などで、これによってりんご日報のページ数は一気に 6 ページほど減少した。また無料紙の「am730」についても、2013 年の第 4 四半期から、中国銀行・中国建設銀行・中信銀行など中国本土系の銀行からの広告出稿が急減した。これによって am730 の毎月の広告収入は最大で 120 万香港ドル（約 1900 万円）減少した。

　こうした香港の主要メディアの現状についてジャーナリストの麦燕庭氏は、中国によるコントロール強化が進み、各メディアの自己規制がひどくなるなど、環境が一層悪化したとの評価を示した。麦氏はまず、2012 年の香港の行政長官選挙の際、当初有力視されていた前政権のナンバー 2 の唐英年氏でなく、より共産党に忠実と見なされていた梁振英氏を中国政府が推薦し、強い圧力をかけて梁氏を行政長官の座に押し上げた「逆転劇」を指摘した。梁氏の長官就任がメディア環境の悪化を促進したとの見立てである。その後麦氏は、主要メディアの状況を個別に説明した。

　まずテレビ局最大手の TVB について麦氏は、親中派政党「民建聯」の前幹事長の陸漢徳氏が 2015 年 3 月に TVB 報道部の編集主任（Managing Director）に就任した事実を指摘した。麦氏によると、TVB は既に 4 年前から、民主派の学者を取材しない方針を打ちだしていたが、いまでは毎日最高幹部が編集会議の内容について北京語で電話による報告をおこなっているとのことで、麦氏は報告の相手が中国政府の関係者であることを示唆した（香港人同士は広東語で会話をする）。また 2014 年秋の「雨傘民主化運動」[13] では、深夜に起きた警察による「暴力」の映像を当初は生中継で報じていたのに、朝になって編集幹部が出社したら関連の映像がカットされ、さらにこの措置に反対した記者数十人が署名活動をしたところ「懲罰的」に調査部門に異動させられた、と述べた。

　さらに HKTV について麦氏は、香港政府がテレビ免許の認可権を利用して

表2　ネットメディアと主要メディアの関係

1　主要メディア出身		2　新規参入	
1-1　主要メディアから転身	1-2　主要メディアから進出	2-1　社会運動	2-2　ビジネス重視
☆ 852郵報 ☆ D100	☆りんご日報	☆ SocREC ☆ MyRadio	☆謎米 ☆ Ragazine

統制を図っていることは明白で、HKTV はテレビドラマで良い内容の作品を作っているものの、コンテンツの提供媒体がネット動画サイトにとどまれば収支を合わせるのは困難だ、と指摘した。

この他、RTHK・信報・明報さらには民主派のりんご日報もそれぞれ自己規制が進んでいるとして、麦氏は、いまとなってはネットメディアが言論・報道の自由のための「唯一の活路」との見方を示した。

4．「代替機能」への期待高まるネットメディア

香港の主要メディアをめぐる環境悪化の実態をみてきたが、ここからはそのジャーナリズム機能を代わりに担うものとして期待が高まるネットメディアの現状を紹介したい。ネットメディアは親中化が進む主要メディアへのアンチテーゼとして台頭した側面があるため、その基本的な立場は「親中派」の対極にある「民主派」であることがほとんどだが、各メディアの出自や主な目的などから、いくつかのタイプに分類することができる。本章では、2015年3月に調査をおこなったネットメディアについて、主要メディアとの関係の有無を主な基準に、表2のように分類した。以下、順に各メディアについて、取材対象者へのインタビューをもとに紹介する。

4-1．主要メディアからの転身型
★852郵報　袁耀清編集長

袁耀清（Yuen Yiu Ching）氏はもともと 2005～13 年にかけて、信報の副編集長を務めた人物である。信報の編集長が代わった後、「自由の空間がなくなった」と感じ、政治・時事担当の記者数人とともに辞職、2014年1月から 852郵報というネットメディアをスタートさせた。ニュース・ニュース分析・評論など

を手掛けており、現在は編集部がデスク1人と記者3人の4人、社員全体で8人の体制である。ネットサイトへのアクセスは1日のページビューが20～30万で、ビジターは10万強だが、雨傘民主化運動の時は、最大でページビューが100万、ビジターが30万に上ったという。運営コストは月30万香港ドル（約480万円）かかり、現在は主に寄付金に頼っている他、民主派の立法会議員から寄付を受けたネクタイをオークションで売るなどの工夫もしていると袁氏は説明した。

　今後の方針として袁氏は、2015年4月からサイトを大規模に改革し、以下の4つのプラットフォームで運営する考えを示した。すなわち、ⅰ 最新ニュース、ⅱ ニュース分析、ⅲ ネットラジオ、ⅳ マルチメディアである。

　そして袁氏は、このうちⅲとⅳについて、収入源として重要になるとの見通しを示した。というのは、雨傘民主化運動以降、多くの広告主が852郵報への広告出稿を保留するようになったからで、袁氏はこれが中国政府による香港のビジネス界への圧力の結果とみている。これに対しネットラジオは、文化、娯楽、生活など政治と直接関係のない分野を扱うことにしており、より広告が入りやすいというわけである。コンテンツは自社サイトだけでなくマルチメディア化でYouTubeに展開することで、動画を好む若者を中心により多くの視聴者を獲得できる、と袁氏はみている（ネットラジオ局の多くは、スタジオの映像を送信している）。

　既存メディアの報道内容の問題について袁氏は、中国本土から粉ミルクや化粧品の大量の買いだしに来る「運び屋」[14]のニュースの事例を挙げた。運び屋の存在によって香港市民が粉ミルクを買えなくなるなど生活に悪影響が出ると反対するデモ隊と、デモ隊と運び屋の衝突に備える警察が対峙する状況を伝える際に、デモ隊側の悪いところを選んで報道しようとしているという。袁氏は2014年秋の雨傘民主化運動の際はもっとバランスが取れていたとして、運動の後期から強まった当局の圧力の影響と分析している。

　852郵報の今後の課題について袁氏は、「主要メディアと比べると資源も資金もライブラリーもないが、資金の問題が最大だ」と述べ、収入源の確保を最優先する方針を示した。だいたい収入が少なければ、取材記者の頭数も確保できないわけで、袁氏はネットメディアの弱点が取材力不足、評論偏重の傾向にあることを理解している。また、言論・報道の自由の問題について袁氏は、852郵報についてはいまのところハッカーを別として政治圧力の問題はないが、

香港政府や中国政府がほとんどの記者会見の際にネットメディアの記者を締めだし差別している、と不満を述べた。これはネットメディアが既存メディアと比べてコントロールしにくいのが原因、と袁氏はみている。今後政府当局がネットメディアへの規制を強化するかどうかについては、「できるかどうかは別問題だが、きっとやろうとする。もしどうしても香港で活動できなくなった場合は、台北に行って852郵報を続ける」と述べ、言論・報道の自由のために尽力し続ける気概をみせた。

★ D100　鄭経翰創業者

　鄭経翰氏については先述したが、鄭氏によるとD100は暫定的な開局から既に2年余りが経ち、通常のネットラジオと違って毎日24時間番組を送信しており、従業員は50人弱、フリーの司会者を含めれば100人近くになるとしている。また聴取者は合わせて50万人を超え、このうち3分の1がライブで番組を聞いており、鄭氏はいまではD100は「世界最大のネットラジオ局の1つ」になった、と述べた。

　鄭氏はD100の性格について「非営利の社会事業」としており、旗艦チャンネルである「香港チャンネル」（年間200ドル（約2万5000円）の課金制で、会員は2万人）の会員が5万人に達すれば、寄付収入と合わせて収支が均衡するという。

　最近の香港における重大ニュースへの評価を鄭氏に聞くと、雨傘民主化運動については、「素晴らしいことで、かれらは秩序あるデモをした」と基本的に肯定する一方、香港社会を2つに分裂させたことは問題だ、と指摘した。また「運び屋」の問題については、「残念なことに商店がみな粉ミルクや薬などを売るようになり、パン屋が姿を消した。反対派の住民は本来運び屋に暴力をふるうのではなく、政府への批判をすべきなのだが、かれらを責めることはしない」と反対派住民にやや同情的な意見だった。

　政治的な圧力については852郵報の袁氏と同様、ハッカーによる攻撃を指摘しただけで、「既存のラジオ局と違って当局から免許をもらう必要がない。かれらより編集権が独立していて内容も創造的でより良いので、有料会員がつく」と述べ、自信を示した。

4−2．主要メディアからの進出型
★りんご日報　張剣虹副社主

　既存の主要メディアのほとんどは既にネットに進出しているが、ネットに掲載する内容が新聞紙面などと同様にある種の「萎縮」をしているとみられるメディアはここでは取りあげない。主要メディアからの進出で最も注目されるのは、中国政府への批判と香港の民主化支持の論調が一貫している大手紙「りんご日報」のケースである。りんご日報は既に触れたように、ここ１～２年で新聞の広告収入が激減するピンチに立たされているが、一方で媒体のネットへの移行も急ピッチで進んでいる。

　張剣虹（Cheung Kim Hung）氏は2011年4月～14年12月までりんご日報の編集長を務め、その後ネット担当の副社主（英語でAssociate Publisher）となったが、ネット広告はこの２年間で毎年数十パーセントの伸びをみせ、2014年度（2014年４月～15年３月）のネット広告収入は3.3億香港ドル（約53億円）で、新聞広告収入の3.43億香港ドル（約55億円）にほぼ並んだ。またネット広告は価格が安いため、前途も有望と張氏はみている。こうした高成長の背景には当然のことながらサイトへのアクセスの拡大がある。りんご日報本社の入り口を入ってすぐのところに、前日の総アクセス数などが表示されているが、訪問日の前日である３月11日の総アクセス数は3064万あまり、ビジター数は257万あまりと、たとえば852郵報と比べてもケタ違いの多さである。

　張氏によると、ネット上のコンテンツは当初、新聞に掲載する内容をそのままもってきていたが、数年前から取り組んだ「動新聞」[15]という映像化の取り組みが好評を博した他、2011年頃からはニュースを速報で配信する「即時新聞」のサービスを開始、新聞とは異なるタイプのサービスに進化を遂げた。いまではアクセスの半分が「即時新聞」、つまり速報をみるものだという。張氏は当初、新聞の読者には新聞を読み続けてほしいと考えていたが、最近は「ネットこそわれわれの前途だ」と考えを改めた。現在の部数は14万6000部と、全盛期の半分以下にすぎないが、ネットの伸長がアクセス・収入の両面で新聞を補っているという。

　他の主要メディアと比べたりんご日報の論調の特徴に関して張氏は、雨傘民主化運動に対する賛成の立場を明確にしていたことを挙げる。りんご日報は偏っているという批判があることに対しては、「他のメディアは明確に賛成している人物の声を載せないので、うちが載せた。一方反対の人物はうちの取材

を受け付けないために載せられない面がある」と述べ、りんご日報しかできない役割をはたしていることを強調した。

　また、張氏は他のネットメディアについて、「百花斉放の状態だが、われわれとは人員規模が違い、現状は評論メディアの役割にとどまっている。成功させるのは大変だろう」との見方を示した。その一方で張氏は、24時間体制でネットの「即時新聞」を出そうとすると、デスクもつねに必要になるなど負担が大幅に増えるが、新聞の広告収入が減少するなかで従業員数は400人あまりの記者を含め800人程度から増やしていないため、「取材後にお茶を飲みに行く暇もなくなった」として、取材現場の疲弊に対する懸念も表明した。

　りんご日報の今後に関しては、これまで強烈な個性で会社を牽引してきたオーナーの黎智英（Jimmy Lai）氏（66）が、2014年12月に親会社である壹傳媒（Next Media）のトップの座を降りたため、従来のような「戦闘性・批判性」を維持できるのか疑問視する声もでている。これに対して張氏は、「りんご日報の新社長は、よりバランスを取ることを重視してはいるが、『民主』と『政府への監視』という理念は変わらず、『方向転換』することはない」と断言した。

4-3．新規参入・社会運動型

　ここからは既存の大手メディアとは直接関係を持たない、新規参入のケースを紹介する。まず社会運動型だが、このタイプは経営上の採算性よりも政治的・社会的な目標のためにボランティアで活動している側面が強い。

★ SocREC　梁日明設立者

　SocRECは、Social Record Channel（社会記録チャンネル）の略称で、本業はトラック運転手をしている梁日明（Paul Y.M. Leung）氏が2010年8月に設立した社会記録協会（Social Record Association）が提供している、社会事件の記録映像サイトである。梁氏によると、登録している記者は主婦や学生など約15人だが、いずれもボランティアで給料もオフィスもないため、支出は年間4～5万香港ドル（約64～80万円）で済み、広告を取らずに費用の全額を寄付で賄えるという。そしてこうした映像はSocRECのサイトに加え、尺の長いものはYouTubeに、短いものはFacebookにアップし、アクセスは多いもので100万以上に達する、と梁氏は述べた。

　そもそもなぜこのような活動をしようと思ったのかだが、梁氏は主要メディ

アが報道する内容と、日頃自身が目にする現実のあいだに「かい離」があったことを指摘する。たとえば、2005年にWTO（世界貿易機関）の閣僚級会合が香港で開かれた際、世界各地から貿易自由化に反対するグループが集結して抗議活動をおこなったが、梁氏によるとその際に香港のテレビ局は韓国の農民たちを「暴徒」と表現した。ところが梁氏が現場でみたのは、極めて平和的に抗議をしている韓国の農民たちと、香港市民がかれらに果物を配っている光景であった。衝突が起きたのはわずか20秒ほどのあいだだったが、テレビはこの映像のみを強調して報道したというのである。そのうえで梁氏は、こうした「映像編集」が起きる背景には、以下の2点があると結論づけた。

  i　香港メディアの収入が広告に依存し、刺激的で「絵になる」映像が視聴率を上げるために好まれる
  ii　主な広告主は財閥であるため、政府のコントロールの下にあり、政府に有利な情報が報じられがちとなる

そこで梁氏は、香港市民が加工されていない状態の情報を入手できるプラットフォームが必要だとしてSocRECを立ちあげることにした。その基本はつぎの2点である。

  i　活字は主観が入るがビデオは主観が入らないので、ビデオで起きたことの一部始終を撮影し、編集を加えずにアップする
  ii　SocRECがアップした映像は、すべてのメディアが無料で自由に利用できる

具体的にどのようなテーマを取材するかだが、娯楽は扱わないと決めているため、社会性のある事件・事故が見当たらない日は、取材ゼロということもある。発足から現在に至るまでの主だった案件として、梁氏は以下の2つを挙げた。

  i　雨傘民主化運動
  ii　反「運び屋」デモ

このうち雨傘民主化運動（以下、雨傘）については、運動初期の学生たちのストが始まった時から現場におり、期間中は夜も現場で寝泊まりしたため、包

括的な映像取材ができたという。もっとも雨傘の取材のために2か月間、仕事を休むことになり、妻からいつも「いつ終わるの？」と聞かれたと梁氏は苦笑した。

2015年3月に現場での衝突も起きた反「運び屋」デモについては、梁氏は問題の背景を説明してその重要性を強調した。実際に中国からの買い出し客の増加によって、ここ数年で粉ミルクの価格は100香港ドル（約1600円）から300香港ドル（約4800円）に値上がり、店舗の家賃に至っては月5万香港ドル（約80万円）から30万香港ドル（約480万円）に暴騰したという。食堂の家賃が上がることで食堂の食事も値上がりし、朝食は18香港ドル（約290円）が35香港ドル（約540円）になった。若い人が小さな部屋を借りる場合、1500香港ドル（約2万4000円）から4000香港ドル（約6万4000円）に値上がりしたため借りられなくなり、部屋をさらに小さく仕切って貸しだすようになったという。また小規模な商店は閉店して化粧品販売店に衣替えするなど、さまざまな形で香港人の生活が影響を受けた。ところが既存メディアの夜のニュースでは30分の枠のなかでこの問題を取りあげる時間はせいぜい5分、梁氏はこれでは問題の複雑な背景はなにも分からないと指摘し、SocRECのように時間制限のない報道の重要性を訴えた。

こうした映像取材をする際、政府当局からメディアとして認知されているのかが気になるが、梁氏によると、メディア団体である香港記者協会は、加入の条件として取材者の収入の50％以上がメディア業務から来ることとされているため、SocRECはこうした団体には加盟できない。そこで政府の許可はないまま、スタッフ用のプレスカードをみずから作って各記者に携帯してもらっているが、これまでの実績から警察当局などもしだいにSocRECを認識するようになり、いまでは身元の確認後は規制区域に入れるようになったという。

既存メディアとの違いについて梁氏は、たとえばデモ現場の撮影をする際、TVBは2～3人だけをアップで写すことが多いが、SocRECでは全体状況がより正確に分かるよう、大画面の映像を多用するという。警察が何人いて、デモ隊が何人いるといった状況は、大画面の方がよく把握できるというわけである。また、他のネットメディアとの違いについては、「ネットラジオの大部分はわれわれの材料を基に評論しているが、個人的な意見が多くあまり真実とはいえない面がある。ただわれわれはメディアという『料理人』が料理する材料の大根を掘る『農民』に徹したい」とその役割を規定した。

梁氏は最後に、「埋もれてしまいかねないニュースをみずから発掘するのは大変なことだが、うちが出せば他のメディアも追いかけてくれる面がある。SocRECのこうした活動は、全世界にニュースを伝えることで、香港の報道の自由を後押しする」と述べ、苦しいがやりがいのある仕事であることを強調した。

★ MyRadio　黄毓民創設者

　MyRadioの創設は2007年と、ネットメディアでは古株のネットラジオ局である。「本土（この「本土」は香港を指す）・民主・反共」をスローガンとし、香港は中国共産党政権の影響を受けず、香港人が主体となって運営していくべきとの基本理念をもっている。創設後、正規のラジオ局免許の申請もおこなったが、香港政府に却下された。2014年3月から、ネットメディア「熱血時報」と共同で午前8～10時の時間帯に『大香港早晨』という番組のナマ送信をおこなっている。

　MyRadio共同創設者の1人である黄毓民（Raymond Wong Yuk-man）氏は、1993年からATVの番組『龍門陣』の司会で人気を博し、「流氓教授」（ごろつき教授）などの異名をとった。その後ラジオ局「商業電台」の司会をしていたが、2005年に解雇されてからは政界に進出、「社会民主連線」や「人民力量」などの急進民主派政党を経て、現在は無所属の立法会議員を務めている。MyRadioでは、『大香港早晨』に加え、毎週月・木の夜の『毓民踩場』の司会をしている。

　黄氏によると、MyRadioを創設した動機は、香港の主要メディアが、かれが当時所属した政党「社会民主連線」の主張を報道してくれなかったためだった。少数派の政治勢力がみずからの主張を伝えるプラットフォームとしてネットラジオを作ったわけだが、当初は資金繰りに四苦八苦だったという。黄氏は言論の独立性を守るため広告を取らない方針なので、収入源は寄付金が30％、Tシャツや書籍などの販売が70％を占める。社員はフルタイムが3人でパートが4～5人、1か月の収入と支出は15～20万香港ドル（約240～320万円）だ、と黄氏は説明した。

　番組の内容は政治評論を中心に映画やサッカーの話題も取りあげ、1日2～3時間分を制作する。『大香港早晨』や『毓民踩場』など主要な番組はナマ送信だが、携帯電話などにアプリケーションソフトをダウンロードすれば、ラジオスタジオの映像付きでナマでもVODでも視聴できる。また、収入よりも聴

取者を増やすことが目的なので、YouTube にも番組をアップしている。番組の聴取者は、ナマの場合で1〜2万人、ダウンロードは1週間で20万件強だという。

　黄氏は MyRadio の特徴について、「テレビ局やラジオ局は当局の免許が必要なので、いいたくてもいえないことがある。うちは下品な言葉も含めてタブーはない」と述べた。またハッカー攻撃はよくあるが、MyRadio のサイトがダウンしても YouTube があるので大きな支障はないという。一方で、政府当局によるネット統制強化については、「いまはできないが、将来香港政府が法律を作って統制を強化することはありえる」と警戒感を示した。

4-4. 新規参入・ビジネス重視型

　新規参入型のうち、政治・社会運動の色彩が強いタイプのほかに、よりビジネスとしての永続性を重視するものもある。具体的にはネットラジオ局の謎米（memehk.com）や、Ragazine などがあるが、本章では詳細は省略する。こうしたネットメディアは、課金制をとったり、他のネットラジオ局にスタジオを貸しだしたりして、収入源の安定化を図っている。

5. ネットメディアへの関係者の評価

　このように政府への批判的な言論が多い香港のネットメディアについて、親中派の鍾樹根議員はやや否定的な見方をしている。鍾氏によると、既存の主要メディアには法律の枠があり、報道ガイドラインもあるので過激な言論は少ないが、ネットメディアにはそうした枠組みがなく、訓練を受けていない人が発言するため、とくに若者が「偏った」議論に陥りがちだという。鍾氏は、雨傘民主化運動（以下、雨傘）の際、道路を占拠した学生たちは MyRadio や D100 など特定のメディアにアクセスし、自分たちはすべての香港人を代表していると思っていたが、実際は多くの人が学生の行動に反対していたと主張した。鍾氏は、政治色の強いネットメディアの声は香港人の声の一部にすぎず、こうしたネットメディアが社会的な事件を利用して憎しみを煽るのはよくないと訴えた。

　ただ鍾氏は同時に、ネットメディアに規制をかけることには賛成しないともいう。従来は一面的な内容が多かったものの、雨傘の際に学生たちの道路占拠

が市民生活にひどい影響をあたえたので、Facebookなどでも理性的な声が増えてきたとの判断があり、今後少しずつ状況が改善されるとの期待を示した。

　また、主要メディアに報道の自由がなくなってきたからネットメディアに流れるのではないかとの質問に対しては、「そうは思わない。りんご日報が誤報を出しても罰せられることはない。イギリス領時代は放送局に免許をださないこともあった」などと述べ、香港が中国に返還されてから報道の自由が縮小したとの見方を否定した。

　一方、民主派の胡志偉議員は、ネットメディアの発展は既存メディアの状態にかかわらず必然的に起きるものとしたうえで、香港の主要メディアの「萎縮」がそのスピードを速めている面はあると指摘した。胡氏によるとネットメディアは若い世代の追求する価値観と符合しており、この20年間で全世界において「権威」の排除という現象が起きたという。また、ネット上は「黒」か「白」の世界で、「灰色」は好まれないという特性を指摘、こうした言論の「偏り」はアメリカや日本でもあることで、やむをえないと胡氏は主張する。対策としては、学校教育のなかで多様な情報に接するよう指導していくしかないという。

　胡氏からすれば、MyRadioやD100は、主要メディアにない討論のプラットフォームを提供しているので、言論・報道の自由の一部である。その一方で胡氏は、ネット上にはいいかげんな情報が多いことなどを挙げて注意を喚起した。

　ジャーナリストの麦燕庭氏は、ネットメディアを言論の自由のための「唯一の活路」と評価しているが、同時にその問題点も少なからず指摘している。論調が偏っているメディアが多いこと、自前で取材したニュースが少ないこと、広告収入が限られ、資金面で困難を抱えていることなどである。論調が偏ったメディアばかりになれば社会の分裂が進む恐れがある、と麦氏はいう。また自前で取材したニュースが少ないのは資金繰りが苦しいことが大きな原因だが、麦氏にいわせれば、主要メディアのニュースを加工するにしても、素材となる主要メディアの原稿が自己規制によって書かれた記事であれば問題は大して改善しないのである。また麦氏は、香港政府がネットメディアに非友好的だとされる点についても触れ、政府当局を強く批判した。

　ネットメディアの今後について麦氏は、台湾を例に挙げ、規模が大きく香港よりうまくやっていると述べるとともに、特定のテーマで寄付を募っておこなう台湾の調査報道メディア「weReport」のような取り組みが香港でも普及することに期待を示した。

香港記者協会の岑倚蘭会長は、香港のネットメディアについて、全体に規模が小さく財務が不安定で、社会企業・非営利企業の色彩が強いと述べるとともに、レベルはまちまちで宣伝色も強く、既存の主要メディアに置き換わるには相当時間がかかるとの見方を示した。その一方で岑氏は、ネットメディアの存在は記者協会が一貫して主張している「多元化」の価値を体現するものだと評価した。香港政府によるネットメディアへの統制強化の可能性については、「ネットが大きくなれば必ずコントロール強化を図る」と警戒感を示した。

おわりに

　香港の主要メディアがますます「萎縮」を余儀なくされるなか、ネットメディアは着実な発展の道をたどっており、それがある程度は香港の報道・言論の自由と多様性の確保に寄与していることも疑いない。ただ、香港のネットメディアは報道が少なく評論が中心で、その評論はややもすると、特定の政治的立場を反映したプロパガンダに陥りがちである。つまり、一部のネットメディアについては、客観・公正を旨とするジャーナリズム機能を持つメディアというよりは、社会運動・政治運動の一部という側面があることを認識しておく必要がある。また、小規模なメディアが多いことは、多様化・多元化の実現には役立っているが、香港の世論への影響力という点では限界がある。この点に関しては、新聞という既存メディアからネットに進出したりんご日報が、1日3000万アクセスという圧倒的な存在感をみせてはいるが、中国政府や香港政府の批判を辞さないメディアで実質的に大きな影響力を持つのがりんご日報1社のみだとすると、りんご日報のオーナーが高齢化してトップの座を降りたこととも合わせて、香港のメディアのジャーナリズム機能が全体として脆弱化しているといわざるをえない。

　また、今後の大きな課題として、2つの点が指摘できる。1つは、ネットメディアの経営の安定性をどう確保するかである。MyRadioやD100、852郵報は財源を寄付に依存する比率が高く、期待したほど寄付が集まらないと、途中で送信停止の憂き目をみかねない（D100の一部チャンネルで現実に起きた）。また852郵報のネットニュースに広告が入りにくくなったことなど、広告依存モデルでは中国政府に批判的な記事が書きにくくなる恐れがある点で、既存の主要メディアと同じ問題を抱えることになる。

もう1つは、かりに今後ネットメディアが順調に成長し、世論への影響力を増していった場合、中国政府や香港政府がネットメディアへの介入を強めるのではないかという危惧である。香港が1997年に中華人民共和国の一部となり、しかも中国政府が2003年頃から一貫して香港の報道・言論へのコントロールを強化しているなかで、この問題を根本から解決するには、中国本土の民主化が欠かせない。しかし現実には中国本土では2004年頃からメディア規制の強化が続き、とくに習近平政権成立後のメディア統制は厳しくなる一方である（美根2014）。現在の香港で、MyRadioやD100がその主張を代弁している「急進民主派」もしくは「香港本土派」の勢力が強まったのは、中国本土の民主化に対する香港人の期待の剝落が背景にあると考えられる。たとえば2008年に中国の四川省で大地震があった際、香港では救援のための義捐金の呼びかけが盛んにおこなわれ、実際に多額の資金が集まった。ところがこうした義捐金の行き先が明らかにならず、中国紅十字会をめぐる金銭スキャンダルも表面化したことなどから、2013年4月に四川省雅安地区で起きた地震の際、梁振英行政長官が被災地支援のため1億香港ドル（約16億円）の予算計上を求めたところ、サウス・チャイナの世論調査で賛成が1％、条件付き賛成が7％だったのに対し、反対が92％を占めた（李2013：214-217）。つまりいまの香港人は、中国本土に対するある種の絶望から、「せめて香港の自由と法治だけでも守りたい」、さらには「香港と中国は別の存在」との考えが強くなってきているのである。そのことは、2014年9月から2か月余りにわたって、これまで「ノンポリ」で知られた香港の人びとが、直接選挙を要求して繁華街の道路を長期間占拠した歴史的な「事件」＝雨傘民主化運動にも現れている。しかし、香港人のなかで中国からの「離脱」志向が表面化したことは、中国政府に対してみずからの香港政策を自省させることにはならず、むしろこうした離脱志向が「外国勢力の陰謀」であるとして、メディアを含む香港へのコントロールの一層の強化に向かう悪循環を招いているのは皮肉である。では、たとえば香港の親中派勢力が、中国政府と香港住民の調停役を務めることは可能だろうか。親中派の鍾議員がネットメディアを批判しつつも「ネットへの規制には賛成しない」と発言したことは、鍾氏が直接選挙で選出された議員であり、香港人の民意を尊重せざるをえないことが背景にある。しかし親中派議員の多くは職能別選挙で選出されており、香港人の民意を十分反映できるという保障はない。
　香港と中国本土の関係はますます複雑になり、その中で香港のネットメディ

アの行く末も翻弄されざるをえず、香港ネットメディアの唯一の頼りは世論の支持という状態である。その将来見通しには脆弱性がついて回り、香港のメディア環境悪化を食い止める切り札になりうるかは微妙である。

1） 言論の自由の擁護を目的としたジャーナリストによる非政府組織で、パリに本部を置く。世界報道自由度ランキング作成には、18の団体と150人の特派員、ジャーナリストらが各国のレベルを評価するため、メディアの独立性・自己規制の有無・透明性などの点に関する質問に回答する形式で指標を作っている。詳細は（Reporters Without Borders 2015）参照。
2） 現地調査の結果報告は山田（2013a；2013b；2015）を参照。
3） 1968年に設立されたジャーナリスト団体で、報道の自由の確保を掲げ、メディアに関わる問題が起きた際に声明を発表する他、メディア従業者への研修等もおこなっている。
4） 曾蔭権（Donald Tsang）氏はイギリス植民地時代の1967年から香港政府の官僚で、2001年には行政長官に次ぐポストの政務司司長に就任、2005年に当時の董建華行政長官が健康面を理由に辞任した後、補欠選挙での無投票当選を通じて行政長官に就任した。選挙運動の際に公共放送のRTHKについて、「娯楽事業に関わるより、政府の政策の説明などに重点を置くべき」とし競馬中継の実施に反対を表明、その後RTHKが実際に競馬中継を中止したことから、公共放送の放送内容への干渉とする批判もでた。また、2006年に曾長官が公共放送改革検討委員会を設置し、委員会が翌年、RTHKとは別に新規の公共放送機構を設立することを提言した際は、市民のあいだから「編集権の独立したRTHKを廃止し、政府直営の放送局にする企み」などと強い反対運動が起き、結局RTHKの現状維持が決まった。
5） 梁氏の長官就任は2012年7月1日だが、このアンケート調査はそれ以前の同年4月から5月にかけて実施されている。
6） 中国が台湾を統一するための方策として鄧小平が提起したもので、その後香港返還にともない香港で先行的に実施された。「1つの国に2つの制度」という意味で、香港は「特別行政区」と位置づけて中国本土の社会主義制度を持ち込まず、資本主義の制度を50年間変えないとしている。
7） 北アフリカのチュニジアで2010年12月、一青年が抗議の焼身自殺を断行したことがきっかけで反政府デモが全土に拡大、軍部も離反したためベン・アリ大統領がサウジアラビアに亡命し、23年間続いた政権が崩壊した事件。ジャスミンがチュニジアを代表する花であることからこの名称がついた。この民主化運動はエジプトなど他のアラブ諸国にも広がり、数々の政変を引き起こした他、中国でも2011年2月にネットで民衆の集会を呼びかける動きが各地で起きた。
8） この事件の容疑者はいまだに逮捕されておらず、背景は不明だが、事件の直前に鄭氏が「株式市場における風説の流布」を強く批判していたことから、悪徳ブローカーによる「口封じ」との見方がでていた。

9)　香港の立法会は、すべての住民の直接選挙によって選出される議員 35 人と、金融、教育、農水、医学などの職能別に割り当てられた議席から選出される議員 35 人の計 70 人で構成されている。
10)　2012 年 2 月、唐英年氏が自宅に広大な地下室を無届で作っていたことを新聞が相次いで報じた問題。香港では自宅の改築にあたっては細かいことまで申請を要することから、面倒だとして無届のまま改築をおこなうケースが多い。
11)　香港政府中央政策グループ首席顧問の邵氏は、2012 年 11 月 17 日の TVB のインタビューで、中央政策グループは政府の政治的道具であるだけでなく、「世論を操作する武器」だと述べている。詳細は（桑 2012）参照。
12)　RTHK は、編集権の独立が協定書で保障された公共放送だが、組織的には香港政府の放送担当局（中国語で廣播處）に属し、放送担当局長（廣播處長）が RTHK のトップを務める。
13)　2014 年 9 月下旬から 79 日間にわたっておこなわれた、香港の行政長官選出をめぐる「真の直接選挙」実施を要求する学生中心の運動。同年 8 月 31 日に中国の全国人民代表大会（国会）常務委員会が、香港の行政長官候補は指名委員会の過半数の支持が必要であり、候補は 2～3 人に限定すると決定したことから、香港の学生団体などが「指名委員会の多数は親中派で占められ、中国政府の意に沿わない人物の立候補は事実上排除される」と反発し、完全な自由選挙の実施を求めて起こした。運動では銅鑼湾、金鐘、旺角といった香港の繁華街の道路を占拠し、ピーク時には約 20 万人が参加したとされる。中国政府が一切譲歩する姿勢をみせないなかで、市民生活に多大な影響をおよぼす市街地の占拠には批判もでて、およそ 2 か月後から警察が順次占拠者の排除に取り組み、大きな流血もなく終息した。
14)　中国本土では、粉ミルクに工業用材料のメラミンが添加され、粉ミルクを飲んだ乳児の多くが腎臓結石となって死者もでるという事件が 2008 年に起きるなど、国産の粉ミルクに対する不信感が人びとのあいだで強い。このため海外産の粉ミルクを香港で仕入れて隣接する深圳など中国本土に持ち込み、売りさばく「運び屋」が 2012 年頃から話題になっていた。対象の商品は化粧品や携帯電話、カメラ、タバコ、豚肉などにおよび、香港住民のあいだでは、こうした商品がすぐ売り切れになって買えないとか、香港の商店が粉ミルクのように運び屋の買う商品ばかりを置くようになり、他の商品が買えないなどの苦情が絶えなかった。運び屋をしているのは中国本土の住民と香港人の両方とされるが、この問題が深刻化したのは、深圳の住民が 1 回のビザの発行で 1 日に何回も中国本土と香港のあいだを行き来できる「一簽多行」という香港政府の政策の副作用によるもので、政府は 2015 年 4 月から、深圳の住民が香港に入れるのは週 1 回に制限する「一週一行」に政策を変更した。
15)　「動新聞」（Animated News）は、実際に起きた事件などのニュースで、映像が取れていない情報について CG による動画を作成して再現するもので、りんご日報が 2003 年に進出した台湾で、ネット版での試験的なサービスを 2009 年から始めた。ニュースを分かりやすく伝える手段として国際的にも評判を呼んだが、台湾のメディア NGO や人権団体から、「ニュースの対象が犯罪や事故などの社会ニュースに偏り、その細部を描

くことで被害者・加害者双方の人権を侵害する」などといった批判が噴出、りんご日報がテレビ事業に進出しようとして設立した壹テレビ（Next TV）のチャンネル免許が長期間にわたって承認されない事態となった。このため壹テレビは「性・暴力・裸体に関するCGは作成しない」などの自主規制を発表することでようやく免許を取得した。詳細は山田（2011）参照。

引用文献

香港記者協會（2012）《2012年 言論自由年報》。Retrieved from http://www.hkja.org.hk/site/portal/Site.aspx?id=A1-1005&lang=zh-TW

桑普（2012）〈習近平將怎樣治港？〉開放網（2012-12-09）。Retrieved from http://www4.dongtaiwang.com/do/Q_aZ/oooL0kgYLx0hLzT/content.php?id=1085

美根慶樹編著（2014）『習近平政権の言論統制』蒼蒼社。

山田賢一（2011）「自由化による過当競争が招く事業免許紛争」『放送研究と調査』2011年9月号。

山田賢一（2013a）「中国への「配慮」強まる台湾・香港メディア（下）」『放送研究と調査』2013年6月号。

山田賢一（2013b）「迷走する香港の『無料テレビ』新規免許問題」『放送研究と調査』2013年8月号。

山田賢一（2015）「『百花繚乱』香港・台湾のネットメディア（上）」『放送研究と調査』2015年9月号。

李怡（2013）《香港思潮 本土意識的興起與爭議》廣宇出版社。

BBC（2012）《南華早報》被指自我審查淡化李旺陽報道。Retrieved from http://www.bbc.co.uk/zhongwen/trad/chinese_news/2012/06/120620_southchina_morningpost.shtml

HKJA (The Hong Kong Journalists Association) (2014) *Press Freedom Under Siege: Grave threats of freedom of expression in Hong Kong (2014 Annual Report)*. Retrieved from http://www.hkja.org.hk/site/Host/hkja/UserFiles/file/annual_report_2014_Final.pdf

Reporters Without Borders (2015) *World Press Freedom Index 2015*. en.rsf.org

4 エジプト
2つの革命と公共テレビ報道

ディナ・ファルーク・アブ・ゼイド

はじめに

　エジプトの公共テレビは、アラブ世界で最古の公共テレビである。エジプトでの公共テレビの放送開始は1960年のことである。エジプトでは公共テレビを政府系テレビと呼んでいる。公共テレビ局は国民の利益のためではなく、政府の利益に奉仕するものと考えているためである。公共テレビ局はエジプト政府によって所有・運営され、大統領、政府、体制を公的に代弁する機能をはたしてきた。テレビ局の会長は情報担当相によって任命される。エジプト情報省がテレビ局を運営し、統治者側の利益に沿ってその方針を決定する。しかし、エジプトのテレビは2011年のムバラク大統領（Hosni Mubarak）に対する革命と2013年のムルシー大統領（Mohamed Morsi）に対する革命という2つの革命に立ち会った。2つの革命が求めたのは生活全般における民主主義と自由であり、そこには公共テレビの報道も含まれる。それでは、エジプトの公共テレビ放送は2011年と2013年の革命をどう報道したのだろうか。テレビは体制側と革命側のどちらを支持していたのか。テレビは国民の声を伝えたのか、それとも統治者の代弁者であったのか。2011年と2013年の革命のあいだにテレビ報道における違いはあったのか。本章では、エジプトのキャスターおよびディレクター100人を対象におこなった調査を通じて、これらの問題を考えてみたい。

1．エジプトの公共テレビ

　前述のように、エジプトにおいて公共テレビ放送が始まったのは、1960年のことである（Learman 2003）。エジプトの公共放送は情報省の管轄下にあり、

政府が所有し管理するエジプト・ラジオ・テレビ協会（Egyptian Radio and Television Union、ERTU）に所属する。現在でも多くのテレビ局がERTUに属している。ERTUは、いくつかのネットワークに分けてテレビチャンネルを管理している。テレビ・ネットワークには、チャンネル1、チャンネル2とアル・マスラヤ（Al Masraya）局がある。これらは一般視聴者向けの国営チャンネルである。アル・マロッサ（Al Mahrosa）ネットワークはエジプト各県の地方放送局を管轄する。地方放送局には、カイロ局、カナル局、アレクサンドリア局、デルタ局、アッパー局、テーベ局がある。専門テレビチャンネルを管轄するのはナイル・ネットワーク（Nile Television Network、NTN）である。同ネットワークには、映画、ドラマ、スポーツ、コメディ、カルチャー、ファミリー、ライフスタイル、いくつかの教育チャンネルがある。ニュース部門は、アクバル・マス（Akbar Masr）、外国語放送のナイルテレビ（Nile TV）、ソト・アル・シャーブ（Sout al Shaab）を管轄する（ERTU 2014）。衛星放送局部門もあったが、最近廃部となった。ERTUが管轄するチャンネルは地上波放送であっても、衛星放送局のナイル衛星放送（Nile Sat）で視聴可能である。なお、エジプトの公共テレビ局は、エジプト・テレビ・ネットワークに属していなくても、エジプト・テレビと呼ばれる。

2．ERTUの規定

ERTUの運営は1979年ERTU法第13号に基づく。同法は、1989年法律第223号によって修正が加えられた。1979年法律第13号は、ERTUがエジプトにおける視聴覚メディアおよび放送サービスに関わる任務と義務にあらゆる責任を負う公共機関である、と定義している。ERTUが法人格を有していることや、本部をカイロに置くことも定められている。当該法は、視聴覚メディアと放送サービスがエジプトの文化、伝統、価値観、憲法をめぐる国家的利益の実現に寄与すべきであることを規定している。またERTUは、価値観、社会の統合、社会の平和、人間の尊厳、家族の安定および自由を奨励し向上させ、知識の浸透に努めなければならない。それぞれの階層の国民が発展していくために、多種多様な分野に関する番組を制作しなければならない。法律第13号は、ERTUが世論、政治の動向、国会、地方議会における議論を紹介しなければならないと定めている。また、エジプト政府の要請に応えて、政府の公式発表や

その政策や指針を発表し放送しなければならないと規定している。さらに、ERTU は放送サービスを発展、向上させなければならない。評議委員会、常務委員会、総会を開催することも定められている（ERTU Law No 13 of 1979 2014）。

　第3項では、ERTU が財政的に政府から独立するための多くのオプションが示されている。たとえば、ERTU は特定の領域や分野に投資することができる。会社を設立し、国内あるいは国際レベルにおける合資や提携をおこなうことも可能である。宣伝や広告サービスの提供をする他、ラジオやテレビ番組のコンテンツを制作、販売できる。出版物、定期刊行物、雑誌の出版と発売もできる。ERTU は、コピーライトや出版物の所有、放送した番組や開発した製品のトレードマークといった知的所有権をもつ。また、政府によって認定された信用貸しの範囲内で、投資事業に出資するために預金や融資の優遇を得ることが可能である。その必要性と要求に基づき、収益を得てそれをやりくりすることもできる（Al Qunoun Raqam 13 2014）。

　しかし、第17項に目を向けると、ERTU が政府や体制に、経済的に依存していることが明らかである。当該条項は、ERTU の原資がエジプト大統領によって定められるとしている。財務相は、ERTU の借り入れに加えて、その固定資産や債務を監督する委員会を組織する。その委員会は、ERTU の負債を ERTU の原資に対する政府による寄附とみなすことができる。委員会の勧告は、財務相によって確認・批准される。第24項において、政府はエジプト中央銀行に ERTU への補助金を毎年預金するとされている（Al Mawsoa Al Alamaya 2014）。

　1998年法律第223号によって施された修正のうち最も重要なことは、情報相と評議委員会の役割に関するものである。その法律によれば、ERTU はエジプトにおいて、聴覚的・視覚的放送局を設立し保有することができる唯一の機関である。また、ERTU は ERTU 自身とその子会社が制作する番組に対しておこなわれる統制や検閲に関して、ガイドラインと規則を作成する。情報相には ERTU の運営状況を監督する権限があたえられている。情報相は、ERTU の目標と事業、そして政府の統治方針、社会的平和、国家的な統合のあいだのバランスを維持しなければならない。評議委員会の決定は、その決定に異議を唱えることができる情報相によって確認される。情報相より異議が呈された場合、評議委員会はそれを見直し再検討しなければならない（ERTU Law No 13 of 1979 2014）。

3. 情報担当相

　情報省は 1952 年 7 月 23 日の革命後に発足した。1986 年の決定第 310 号は情報省の役割と責任について定めている。その決定によれば、情報省は国家のメディアに関わる計画や政策を定める。その計画や政策は、国家の基本方針の枠組みに沿って社会的な目標の実現に貢献し、発展という目標を達成し、民主主義を強化するものでなければならない。情報省は、メディアのあらゆる分野において、他国との協力関係を発展させる。また、メディアからのメッセージを一本化するため各種の宣伝手段を調整する。情報省は、国民の権利や国家の現状についてエジプト国民の意識を喚起する。エジプトに関する情報やデータを世界に発信し、反エジプト的なプロパガンダに対処する。さらに、情報省はメディアに関する報告書を政府に提出する。情報省は、国家の祝典や政治指導者と市民との会談を宣伝する。情報省は、エジプトや海外の出版物が国内で出版される前に、出版に関する法律や規範に照らし合わせることに責任を負う。そして、ラジオやテレビの番組が法の定めに沿っているか否かを監督する。情報省は、メディア関係者へのトレーニングプログラムを実施し、メディアや通信テクノロジーを向上させる。当該法規は、情報省がラジオとテレビを管轄することを保障している（Ministry of Information 2014）。

4. 2011 年のエジプト革命

　1 月 25 日革命とも呼ばれる 2011 年のエジプト革命は、30 年にわたるホスニー・ムバラクによる支配とその体制を終わらせた。エジプトの各都市で抗議行動、暴動、デモ行進、ストライキや市民の反抗的行為が発生し、ムバラクが辞職したのは 18 日目のことであった。2011 年 2 月 11 日、オマル・スレイマン副大統領はテレビ演説をおこない、ムバラクが辞任しエジプト軍最高評議会に指揮権を受け渡したことを発表した。革命の主な要因としては、ザイン・アービディン・アリ大統領を失脚に導いたチュニジア革命の影響に加えて、ムバラク政権が長期におよんだこと、ホスニー・ムバラクの下の息子であるガマル・ムバラクが政治的に力をつけつつあり、かれに大統領の地位が継承される恐れがあったこと、経済的・政治的問題や汚職などがあげられる。「パン、自由、社会的正義を」が重要なスローガンとなっていたことからも分かるように、革

命は自由、民主主義、経済的・政治的改革を要求するものであった（Sowers and Toensing 2012）。

5．2013年のエジプト革命

　2013年のエジプト革命では、ムスリム同胞団に属するムハンマド・ムルシー大統領の辞任を求めて、エジプト各都市で数百万人規模の抗議行動がおこなわれ、政権の崩壊に繋がった。当日6月30日は、ムルシーが大統領に就任してちょうど1年目に当たっていた。革命は、ムルシーとムスリム同胞団の権威主義体制に反対するものであった。大統領とムスリム同胞団は、反対勢力を無視し、大統領に完全な行政権をあたえる暫定憲法を公布した。大半のエジプト人の反対にもかかわらず、ムスリム同胞団のイデオロギーに沿ったイスラーム州を建設しようとした。さらに、ムスリム同胞団は自身の利益ばかりを考え、政府の重要人事にムスリム同胞団のメンバーを登用していった。かれらには国家運営の経験がなく、経済・社会的、政治的問題を解決することもできなかった（Mourad 2013）。

6．調　査

調査対象：
　調査対象は、エジプトの公共テレビの各局、各部門からまんべんなく抽出した、100人の司会者とディレクターから構成される。

結果：
(1)　エジプトのテレビにあるタブーに対する認識
　調査対象の大半（89％）は、ERTUの法規や規範を読んでいなかった。
　調査対象者は、テレビのタブーや重要事項をつぎのような経緯から学んでいた。局の上層部やディレクター、あるいは直接の指示やガイドラインをあたえる部門との公式会議（93％）。とくに単純なミスが起こった際に、局の上層部やディレクター、（管轄）部門とおこなった非公式の話し合い（90％）。同僚が内部調査を受けた原因（51％）。ERTUのトレーニングへの参加（50％）。大学学部在学中の課程（27％）。ERTUの法律や倫理規定への個人的な興味（11％）。

(2) 2011年の革命以前

　調査対象のキャスターとディレクターは全員、自分の番組において、ムバラク大統領およびその家族について批判したことはないと述べた。

　調査対象の大多数は、以下に対する批判を避けていた。情報担当相（90％）、首相（85％）、各大臣（71％）、各知事（65％）。

　調査対象の大半（76％）が、自分の番組において、エジプトの抱える問題や重大局面について話したものの、これらの問題や危機を引き起こした責任がある政府高官の名前には触れなかったと述べた。

(3) 民間の衛星放送局のエジプトの公共テレビに対する影響

　調査対象となったキャスターとディレクター全員が、民間の衛星放送やその討論番組が人気となり、その内容も自由だったことにより、2011年以前から、エジプトのテレビが変わり始めていたと回答していた。エジプトのテレビは、視聴者が民間の衛星放送、とくにアラビア語やエジプト語の衛星放送チャンネルを好むようになったことで、多くの視聴者を失った。

　その他にも、民間の衛星放送がエジプトの公共テレビにあたえた影響が指摘されている。調査対象の多数（85％）が、2011年革命の数年前から、自分たちの番組で情報担当相を除くすべての大臣を批判するようになったと答えた。また、63％がエジプトのテレビ番組の内容、形態、制作、スタッフについての批判をおこなったことがあると述べた。番組内で首相が批判されたと回答した人も51％に上った。

　多くの調査対象者（77％）によれば、野党の政治家も番組に出演するようになったが、発言できる限度やテレビ界のタブーを理解している政治家に限られていたという。これは、かれらはあらゆることやあらゆる人物を批判することができたが、ムバラクとその家族はこうした批判の対象から除外されていた、ということを示している。

　調査対象の大多数（86％）は、番組ディレクターの指示にしたがって、番組内での自由をあたえられていた、と確認した。これが意味するところは、体制の方針としてエジプトに自由があることを示す必要があった、ということである。

　半数以上の人が、メディアがムバラクのイメージを戦争の英雄や国父として、そして健康、強い、親切、ユーモアがある、賢いというように描いていたと答

えた。番組では、問題や危機は大臣の失敗によって引き起こされ、こうした問題を解決することができるのはムバラクしかいないと、エジプト人たちを納得させようとしてきた。しかし、革命の数年前には、エジプトのメディアは孫息子の死を悲しむ弱々しいムバラクの姿を報じていた。また、ムバラクがドイツで手術を受けた際の写真を放映し、自分の病気についても話すようになっていた。過去にはかれの健康問題に触れることは禁じられていた。

2011年の革命の数か月前、抗議行動やストライキが議会前やエジプトの内閣府の前でおこなわれた。エジプトのテレビ局は、これらの出来事について触れないわけにはいかなかった。民間の衛星放送チャンネルによって、これらの出来事が注目を集め重点的に報じられた後は、とくに抗議運動は活性化した。しかし、56％の人が、エジプトのテレビ番組ではその問題と危機の責任は大臣にあり、これらの出来事が大臣の失敗によって引き起こされたと報じようとしていた、と答えた。

7．2011年の革命

調査対象のほとんど（96％）が、自分たちの仕事に悪影響がおよぶことを恐れていたうえ、政治的な役割を担うことに関心がなかったため革命に参加していなかった。かれらは、公共テレビで働いていることから、自分たちが体制や政府側に属していると感じていた。タハリール広場に赴き革命に参加したのはたった4人であった。その4人は革命参加者たちと数時間をともに過ごした。しかし、それもムバラク政権が終焉に向かっていることが感じられた後のことであった。

大多数（83％）は、1月25日、26日も通常通りにテレビ局に出勤した。街頭には、抗議参加者と警察官が溢れていた、という。テレビ局周辺も不穏な状況にあり、秩序は乱れ危険であった。

外が非常に危険だったので、とくに女性の調査対象者のほとんど（98％）は、生放送番組を担当していてもテレビ局へは出勤しなかった。

局の上層部から、ムバラクを支持する抗議参加者を取材するように頼まれたと答えたのはたった3％であった。こうした抗議参加者の多くはセレブリティであり、俳優、女優、歌手、サッカー選手であった。かれらは、モハンデシーン地区のムスタファ・マフムード広場に集結していた。記者たちは、この任務

を引き受けこうした抗議参加者を取材したのは、万が一体制が崩壊しなかったときのことを考えて拒否することを恐れたためであった、と述べた。また、局の上層部は体制を擁護する役目を担うことを望んでいたという。というのも、ムバラク体制は強固であり、崩壊しないだろうと考えられていたためである。回答者の1人によれば、局の上層部は与党の重要メンバーであったという。

エジプトでは、1月28日にインターネットおよび携帯電話サービスが止められたが、そのとき回答者たちは自分たちのテレビ局と連絡を取らなかった。1月29日、夜間外出禁止令がだされると、かれらは自宅、街頭、地域を守るのに忙しくなった。警官がいなくなり、こうしたカオスのなかから利益を得ようとして、泥棒、略奪、強盗が発生するようになっていたためである。

調査対象者のほとんど（95％）が、革命をめぐる報道には関わりたくなかったと述べていた。そのことで、新しい体制が成立した時に、マイナスの影響がでることを恐れたためである。

大多数のディレクターやテレビ司会者（91％）は、公共テレビの報道を信用せず、革命を支持しムバラクを批判していたアル・ジャジーラやその他の民間の衛星放送を視聴していた。当初、エジプトのいくつかの衛星放送局は、抗議参加者を批判しムバラクを支持していた。そのうちの1つの局では、オーナーが与党のメンバーだった。しかし最終的には、すべてのチャンネルが革命を支持するようになった。

テレビ局に入ることを許されたのもわずかであった。すべての局は放送を停止したが、例外だったのはチャンネル1の報道である。街頭に抗議参加者がいないような印象をあたえるために、毎晩、テレビには誰もいない橋の映像が映しだされた。しかし、タハリール広場は抗議者で溢れかえっていた。エジプトの公共テレビは、映画スターやサッカー選手に体制やムバラクについての好ましい話をさせ、世論によい影響をおよぼし、それによってムバラク体制を支持し擁護しようとしていた。体制側の政治家や与党のメンバーはまったく姿をみせなかった。かれらは1人として、革命の期間中にテレビには出演しなかった。

ムバラクが辞任した2011年2月11日、テレビはニュース部門の上層部が取り仕切っていた。

ある回答者は、ニュース部門に属して革命期間も働いていた。彼女は、革命を取材するために、ニュース部門内でエジプトの公共テレビと体制に対して忠誠的であると考えられていた数人とともに選抜された、という。選抜された人

材は上層部からの信頼も厚かった。かれらは上司から指示を受けていた。革命期間中も働いていた1人は、自分たちがエジプトの利益と安定のために働いていると信じており、エジプト人が安全と思えるようにしたかった、と述べた。エジプトの公共テレビは、公式の声明や会議を放送していた。エジプトのセレブリティもテレビに出演し、ムバラクを擁護し抗議参加者を批判した。しばらくすると、エジプトの公共テレビはこうした不安定で安全ではない状況下におけるエジプト人の不満や問題を取りあげるようになった。女性は自宅でレイプされたと、電話で泣きながら語った。家、車、商店、モールや銀行が強奪されたと叫んでいた人もいた。ムバラクの辞任が発表された時は、セレブリティもタハリール広場にいた。他方、報道スタジオやコントロール・ルームでは泣いている人もいた。かれらはムバラクをそれほど嫌っていたわけではなかった。しかしそれ以上に、自分たちが18日間にわたってムバラクを擁護しタハリール広場や抗議参加者の前に姿をみせなかったことで、みずからの将来を不安に思っていたのであった。

8. 2011年の革命以降

89％の回答者が2011年の革命後、職場に復帰した際には、以前とは異なる見解、思想、姿勢をもつようになっていた、と答えた。テレビを管理する情報担当相はいなくなったものの、エジプト軍最高評議会によって新しいERTUの幹部が任命された。70％の人が、新しい幹部は大学教授であり、テレビ局の側に立っていなかった、と感じていた。

半分以上の回答者が、エジプトの公共テレビで働いている人には、みずからの経済的、職業的問題を解決するよう政府に求めるという権利を活用する度胸があった、と答えた。かれらは、2011年の革命直後から悪用されるようになっていた抗議、暴動、ストライキの威力を認識していたという。こうした手段は、各部門や局の新しい上層部を攻撃したり、あたえられた指示や命令を批判したりするために乱用された。

ムバラク体制下における局の方針や、革命期間中の報道ぶりのために、エジプトの公共テレビはタハリール広場の革命指導者や抗議参加者から批判を浴びることになった。公共テレビ局で働いていた人は、ムバラクの政治的プロパガンダの道具であったとみなされた。ほぼ半分の人が、このことが革命後に自分

たちにとっての大問題になった、と回答した。その結果として、自分たちが革命側に立っていることを番組のなかで証明しようとした。ムバラク時代の苦難を語り、自分たちも革命に参加していたと話したという。

多くの調査対象者（69％）は、ムバラク時代に公共テレビから閉めだされていた政治家や革命指導者が、毎日のように番組にゲスト参加するようになった、と回答した。加えて93％が、キャスターが革命を賛美するようになった、と答えていた。調査に参加したキャスターとディレクターは全員、ムバラクの政策を厳しく批判していた。

半分以上の回答者は、制限されることのない言論の自由を渇望していたが、過ちも犯した、と述べた。かれらの報道には偏りがあった。たとえば、噂を本当の出来事であるかのように報道したり、ニュースを報道する際に個人的な見解を挟んだりした。政治家を誹謗中傷することが表現の自由であると考えていたという。

回答者のほとんど（95％）が、首相、大臣、政治家を厳しく批判したことがあった。番組のなかで、市民にはあらゆる政治的問題や人物について、自由に議論する機会があたえられたという。43％の人が、エジプトを統治する軍最高評議会の方針を批判したことがあったが、評議会のメンバーの名前にまで言及することはなかった、と答えた。

回答者の多く（94％）が、テレビ局は、抗議や暴動を避けるという過ちを犯した者であっても、滅多に処分することはなかった、と述べた。

少なからぬ人（44％）が、ムバラク時代の公共テレビの幹部たちが裁判にかけられたり、汚職を理由に投獄されたりしたことを適切とは考えていなかった、と回答した。

多数（57％）が、ムバラク後に権力を持つようになった者、たとえば2011年の軍最高評議会のメンバーや2012年のムスリム同胞団などの批判を、無意識のうちに避けようとしていたことを認めた。

2011年の革命以前、女性キャスターたちは、テレビ出演の際にヴェールを着用することは認められていなかったが、革命後には解禁された。

2012年の大統領選挙について、89％の人が、自分たちの報道振りは非常に中立的であり、すべての候補者に同等の機会をあたえられるようにしていた、と答えた。選挙について、公共テレビ側がみずからの意見や選択をテレビで話すことは無かった。一方、民間の衛星放送のキャスターはおおっぴらに特定の

候補者たちを支持した。これらの民間の衛星放送チャンネルは公共テレビよりも人気があり、その大統領選挙の報道振りは多くの視聴者を集めた。

9. ムルシー大統領の時代

　回答者の多く（86％）が前大統領の政策に不満を持っていた。かれらの見方によれば、ムルシー体制を支持していたのはムバラク体制を支持していた同僚であったという。

　ムルシー政権下で情報担当相を務めたモハメッド・アブデル・マクスード（Mohamed Abdel Maksoud）は、ムスリム同胞団のメンバーであった。76％の回答者が、かれについて否定的な意見をもっていた。マクスードがジャーナリストであったことから、テレビの立場に立っていなかった、と答えた。また、かれがジャーナリストとして大した業績もなく成功もしていなかった、と考えていた。しかし、テレビ業界にはムスリム同胞団のメンバーがほとんどいなかったため、マクスードがムスリム同胞団にテレビ出演の道を開いたことや、情報相としてメディアを完全に掌握し、それをムルシーとムスリム同胞団を支えるために活用しようとしていたことはたしかである、と答えた。

　多くの人（82％）がムルシーに投票しておらず、そのイデオロギーを快く思っていなかった。回答者は、自分自身がリベラルであり保守ではない、と考えていた。

　番組上にもたらされた変化について、半数以上の人が、ムルシーが大統領になってから、多くのムスリム同胞団のメンバーやイスラーム主義者がテレビ出演するようになった、と回答していた。かれらが権力の座にあったために、職場ではかれらとコネを作ろうとしていた者もいたという。ムスリム同胞団やイスラーム主義者がテレビに出演するようになったのは、かれらが国内的な影響力をもっていたためでもあった。ムスリム同胞団とイスラーム主義者は議会の過半数を占め、最も重要なポストや大臣の座を独占するようになっていた。さらにかれらをテレビ出演させることは、大臣からの指示でもあった。89％の人は、番組のなかで、かつてムバラクが大統領であった時のようにはムルシーを賞賛しなかった、と答えた。しかし、失職や処分を恐れて、番組で直接的にあるいは名前をだしてムルシー批判をすることはなかった、と回答した人も81％に上った。直接にムルシーやその政策を批判し処分されたのは10％であ

る。たとえば、2人のキャスターがテレビ出演を禁じられた。革命指導者のなかにはテレビ局に勤務していた者もいたが、かれらはテレビ局で多くの人が反対の立場を取り始めるようになる前から、FacebookやTwitterで、堂々と臆することなくムルシーに対する反対姿勢を表明していた。こうした態度は、以前には決してみられなかったものである。ムルシーと政府の政策は厳しく激しく批判されていた。キャスターたちは話をする際に画期的な方法をとっていた。かれらは、国内にある否定的側面、問題、危機、失敗や災難が注目を集めるように仕向けた。キャスターたちは、ムスリム同胞団が密かに画策していたアジェンダや計画について、直接的ではないやり方で人びとの注意を喚起しようとしていたのだった。かれらは、ムルシーに反対する動きやイベントにも関心を向けていた。

　エジプトの公共テレビ部門、専門チャンネル部門（NTN）およびエジプト衛星放送の幹部が辞任したことは、ムスリム同胞団の方針に原因があった。

　多数の人（76％）が、情報相にはメディアの問題を解決する能力がなかった、と答えていた。情報相はエジプトのメディアを発展させることに関心をもっていなかった、と考えていた。かれが目指していたことは、ムスリム同胞団による体制とそのアジェンダをサポートすることだけであった。エジプトの公共テレビで働く人の多くが、ムルシー体制に対して怒っていた。政治的なイベントに参加したことがない者までも、6月30日に革命に参加することを待ち望んでいたほどであった。

10. 2013年の革命の間

　多くの調査対象（71％）によれば、エジプトの公共テレビは、2011年の革命の時に犯した重大な過ちを、2013年の時には犯さないようにしていたという。タハリール広場や大統領宮殿に集まった抗議参加者が無視されることはなかった。エジプトの公共テレビは、こうした抗議について避けることなく言及した。これらの抗議行動の映像はテレビで放映された。キャスターたちもムルシーを賛美しなかった。

　革命期間中に働いていた調査対象者のうち2人が、中立的であろうとし、政治的状況を両面からみせようとしていた、と答えた。かれらによれば、公共テレビは、ムルシー支持者とそれに反対していた人のどちらにも、それぞれ意見

を表明する機会を等しくあたえていた、という。しかし実際には、テレビはその両方の側から偏っていると批判されていた。

　革命期間中に働いていなかった調査対象者の多くが、ニュース部門の報道には、ムスリム同胞団である情報相の影響力が感じられた、と答えた。情報相は大統領やムスリム同胞団を擁護しようとしていた。各ネットワーク、各チャンネル、各部署の責任者は大臣によって任命されるため、かれらは情報相の命令や指示にしたがっていた。責任者は革命が成功するかどうかについて確信が持てなかったのである。2013年6月30日、各局は金曜日の番組を通常通り放映した。テレビの画面では2つのワイプが音声なしで抗議行動を映していた。テレビは、カイロ以外の都市における抗議行動についてはほとんど触れなかった。ニュースがムスリム同胞団のメンバーやムルシー支持者について割いた時間は、反対勢力に割いた時間よりも長かった。テレビは、反ムルシーの抗議参加者たちの実際の数やインパクトを伝えなかった。政治状況についても、詳しいことはニュースや番組内で報じられなかった。ラバー・モスクに集まったムルシー支持者の数は、反ムルシー派とは比べものにならないほど少なかったが、テレビ報道はそこに集中していた。ニュースは、ムルシー支持者と反対派の数や力が拮抗しているように報じていた。ラバー・モスクへ赴いたテレビのミニバンは、ムルシー支持者の模様を放送しようとしたアル・ジャジーラに盗まれた。こうした出来事が分析、説明されることはなかった。公共テレビは、解説するよりもニュースを伝えようとしていた。キャスターたちが自身の見解を述べることはまったくなかった。エジプトの公共テレビは、通常通り、軍や大統領府の公式の発表や演説を伝える場となっていた。

　一方、民間の衛星放送チャンネルは革命を支持しており、革命が成功するためにはたした役割は大きかった。これらのチャンネルは、エジプト人のあいだでムルシーやムスリム同胞団への反対の気運が高まるよう支援した。こうしたチャンネルを通じて、人びとはムスリム同胞団が犯したあらゆる失敗や隠れたアジェンダを広く認識するようになっていった。ムルシーは、かれを批判した民間の衛星放送チャンネルの有名なキャスター陣を投獄しようとしていた、といわれている。2011年革命では、FacebookやTwitterといったソーシャル・メディアが重要なインパクトをもっていたが、2013年革命では民間の衛星放送における討論番組のキャスターたちが著しい影響力を発揮した。

　調査対象の多数（62％）が、エジプトの視聴者が民間の衛星放送チャンネル

を好み、公共テレビは2011年の革命以降その視聴者の多くを失ってきた、と考えていた。しかし、エジプト人は、重大局面や革命となると、政府の方針や発表を知るために政府系テレビを好んで視聴していた。

　公共テレビが、革命に関するニュース、映像や人物を報道する割合は、徐々に多くなっていった。2013年6月3日、軍がムルシーに反対する大多数のエジプト人への支持を表明した以降は、とくにそうであった。

　回答者の多く（64％）が、2011年革命と比べて、2013年革命はもっとリラックスした雰囲気で安全だった、と感じていた。かれらは以前に同様の経験をしていた。同時に、エジプト市民と抗議参加者が警察や軍によって保護され支持を受けていた、と感じていた。ムルシー失脚後、反ムルシー派がテレビに出演するようになった。こうした政治家や活動家はインタビューのなかで、革命の動機や理由、ムルシーがエジプトを治めるうえで犯した失敗を語った。かれらは将来について語り、今後の計画についての見解を述べようとした。

　回答者の多く（53％）は、エジプトの現状について、変革期にありテロとの戦争状態にあると考えている。かれらは依然として、エジプトをムスリム同胞団から守ろうとしている。

おわりに

　キャスターとディレクターは全員、政治的安定と同時に、2014年に新たに選出された大統領によってエジプトの公共テレビにおける変革がなされること、そして、2014年に公布された新憲法のなかにある多くのメディア関連規定が適用されるようになることを心待ちにしている。

　2014年憲法第70条において、新聞、視聴覚、デジタルメディアを所有、発行、創設、流通させる権利が認められた。ただし、これらの過程を定める法律を遵守しなければならない。第71条は検閲や押収、そしてあらゆるメディアに対する操業停止の強要を禁止している。第72条はあらゆるメディアの独立を保障している。第76条は連合や組合を設立する権利を認めている。構成メンバーの権利を保護し、そのスキルを向上させ、メンバーの利益を守り自由な活動をおこなわせるために、連合や組合は独立したものであるべきである。ERTUの構成員が組合を設立しようとしたこともあったが、体制や政府はこれに反対してきた。第211条は、国家レベルにおいてメディア諮問委員会を設立し、ラジ

オ・テレビ、活字メディア、デジタルメディアを管理するべきであるとしている。諮問委員会は、技術上、財政上、行政上の独立を有すると定められている（Constitution of The Arab Republic of Egypt 2014）。

　公共テレビで働いている人びとは企業組合を必要としている。かれらは、エジプトの視聴者を取り戻し、予算をかけて番組を制作したいと思っている。従業員、番組、チャンネルがあまりにも多すぎることが、公共テレビを発展させるうえでの障害となっているというのが、かれらの意見である。みな、エジプトの公共テレビのパイオニアになるという夢を描いている。そして、BBCを公共サービス放送の最良の事例と考えている。

　2011年と2013年、エジプト人は2回の革命を経験した。しかし、エジプトの公共テレビが政府のプロパガンダの道具とされないようになるためには、抜本的な改革が必要であることに変わりはない。

引用文献

Al Mawsoa Al Alamaya (2014) Cairo: Ministry of Information.

Al Qanoun Raqam 13 (2014) Retrieved from http://www.ug-law.com/index.php?, 2 March 2014.

Constitution of The Arab Republic of Egypt 2014 (2014) Retrieved from http://www.sis.gov.eg/Newvr/Dustor-en001.pdf, 2 July 2014.

ERTU (2014) Retrieved from http://ertu.org/1/sectors.asp, 20 February 2014.

ERTU Law No 13 of 1979 (2014) Retrieved from http://www.law-democracy.org/wpcontent/uploads/2010/07/Law.ERTU_.No-13-of-1979.pdf, 11 January 2014.

ERTU Law No 13 of 1979 (2014) Retrieved from http://www.law-democracy.org/wpcontent/uploads/2010/07/Law-ERTU-Amend-223-of-1989.pdf, 15 May 2014.

Learman, Oliver (2003) *Encyclopedia of Middle Eastern and North African Film*. London: Routledge.

Ministry of Information (2014) Retrieved from affairshttp://www.moinfo.gov.eg/page.php?ID=2, 4 May 2014.

Mourad, Mary (2013) "Revolution part 2: The fall of Mohamed Morsi," *ahramonline* (3 July 2013). Retrieved from http://english.ahram.org.eg/NewsContent/1/64/75614/Egypt/Politics-/Revolution-part--The-fall-of-Mohamed-Morsi.aspx, 18 May 2014.

Sowers, Jeannie, and Toensing, Chris (2012) *The Journey to Tahrir: Revolution, Protest, and Social Change in Egypt*. London: Verso Books.

COLUMN　アジアのメディア状況
——「政治圧力」の下での苦闘——
山田賢一

◆多様なメディア環境

　アジアは非常に多様であり、そのメディア状況を概括することは難しいのだが、ごく大雑把にまとめると、以下の3つに分類できると思われる。
1．一党独裁体制で、メディアが当局のコントロール下にある国・地域
2．当局の規制・圧力が強いが、ある程度メディアの自由化・多様化もみられる国・地域
3．メディアの自由が基本的に存在するが、現在も政治からの一定の圧力が加わる国・地域

◆一党独裁体制でのメディア

　まず1．のケースだが、北朝鮮が典型的で、統制が最も強力におこなわれている。メディアは基本的にすべて国営で、政権党の朝鮮労働党の指導の下で運営されており、当局への批判的な言論は皆無である。

　これに続くのが中国・ベトナム・カンボジア・ラオス等だが、このうち中国について若干説明する。中国はたしかに北朝鮮と同様、一党独裁体制の下にあるが、メディアの機能は少なくとも現在は、北朝鮮とは異なる。中国のメディアが北朝鮮と質的に同じだったのは、毛沢東が最高指導者として君臨していた1970年代までで、1978年末に改革・開放政策が始まるとメディアは少しずつ変化していく。それまでメディアの運営経費はすべて国家予算で賄われていたのだが、改革・開放政策によって、テレビ・ラジオ・新聞等のメディアが広告を取るようになる。そしてメディアの収入に占める広告の割合は一貫して上昇を続け、むしろ政府に上納金を納めるようになっていく。メディアの収入源として広告が重要になってくると、メディアは共産党からいわれたとおりに報道するだけでは済まなくなってくる。広告はテレビやラジオでいえば視聴率、新聞でいえば販売部数に比例して価格が決まるので、広告収入を増やすには、視聴率や部数のアップが欠かせなくなる。そのためには、一般市民のニーズを把握し、それに応えることが必要になってくるので、「マルクス・レーニン主義・毛沢東思想」という古典的な教条主義にしたがっていては、お客がつかないのである。

　たとえば新聞のケースでいうと、中国の新聞は従来、『人民日報』をはじめとする中央と地方の党・政府機関紙が主流で、各職場で定期購読していた。しかし改革・開放後は、市民生活に密着した情報を伝える『北京晩報』や上海の『新民晩報』などの街頭のスタンドで売られる夕刊紙が台頭した。さらに1990年代以降は各地方の主要都市に「都

市報』が登場、広東省の『南方都市報』や四川省の『華西都市報』が人気を集めた。主に指導者の動静を伝える党機関紙と比べ新興の新聞は、事件・芸能・娯楽等の情報を重視、街頭のスタンド売りでは完全に党機関紙を駆逐した。つまり、『人民日報』のような党機関紙は各職場に実質上の「割り当て」があるため、中身は魅力がなくても別に構わないのだが、一般市民がみずからお金をだして買う新聞の場合、「読みたい」と思う魅力が備わっていることが不可欠なのである。しかし、激しい販売競争のなかで、都市報が政治批判の分野に踏み込むことに対する共産党の警戒心が高まり、2000年代に入るととくにジャーナリスティックなメディアへの圧力が強まっていった。2004年には、『中国青年報』の盧躍剛ニュースセンター副主任が、上部機関である中国共産主義青年団の高級幹部の講話に公然と反対する文書をネット上で発表したことから、配置転換を余儀なくされた。また2005年には、『新京報』の編集責任者3人が一挙に更迭される人事が明らかになり、怒った記者らが事実上のストに突入、3人のうち2人を職場に復帰させる形で妥協が図られる「新京報事件」が起きた。さらに2006年には、中国の歴史教科書が「義和団の乱」について「正義の戦い」といった一面的な評価をしていることに異を唱えた学者の論文を掲載した『氷点週刊』が停刊処分に遭い、編集主幹が解任される「氷点週刊事件」が起きた。また、中国でインターネットの普及が加速すると、テレビ・ラジオ・新聞などの既存メディアへの当局の統制が強まるなか、記者が取材したものの上司から掲載許可が下りなかった記事について、ネットの個人ブログで発信するケースが多発した。2012年に発足した習近平政権はこうした状況に危機感を強め、ネットを含めたメディアへの全面的な統制強化をおこなった。政権に批判的なジャーナリストや評論家が次つぎと拘束され、中国のメディア環境は「厳冬の時代」に入った。中国のケースは、一部の先進的なメディアが先導して1. から2. への移行を目指したものの、政治の圧力によって当面は失敗を余儀なくされたものといえよう。

　この他、シンガポールは1. と2. のあいだに位置するが、野党の存在感が極めて薄いことや、放送事業をMediaCorp 1社が牛耳っていることなどを考えると、どちらかといえば1. に近いといえるだろう。

◆「自由化」と「暴力的抑圧」の綱引き
　つぎに2. のケースだが、典型的なのはミャンマーであろう。長期間にわたって軍政が続いたミャンマーは、2011年に民政への移管を果たし、その後テイン・セイン大統領の下でアウンサンスーチー氏の政治活動の容認や、政治犯の釈放、メディアの自由化などの改革に乗りだした。たとえば国営のラジオテレビ局であるMRTVについて、「公共放送化」の方針を打ちだし、これまで政府の情報省から来る原稿を読みあげるだけだったニュースを改革しようと新たにニュース部門を設置したほか、イギリスのBBCやオー

ストラリアのABCから職員の派遣を受け、「公共放送とは何か」について理解の促進を図っている。また商業局についても、2008年にラジオ「シュエFM」の設置許可を得て、完全な民間企業として初めて放送に参入したシュエ・タン・ルイン社が、2010年にはミャンマーで初めての衛星放送プラットフォーム事業SKY NETをスタートさせ、海外の番組を含めて130～140チャンネルの有料サービスをおこなっている。

　ミャンマーと比べ自由選挙のシステムは根付いているものの、メディアに対する政権の強圧的な対応や、ジャーナリストへの攻撃が目立つ国・地域は少なくない。たとえばバングラデシュの場合、メディア統制で評判の悪かったBNP（バングラデシュ民族主義者党）が2006年に退陣し、選挙管理内閣を経て2009年にアワミ連盟が政権に復帰したが、強権的なメディア政策は変わらなかった。国営放送の公共放送への移行は掛け声だけで、Channel-1やGiganta TV、Islamic TVなど野党と関わりが強い商業衛星テレビ局は次つぎと放送停止に追い込まれた。

　また、パキスタンでは、2014年4月、最も評価の高いニュースチャンネルGeo Newsの看板キャスターで、政治家や軍への厳しい批判で有名なハミド・ミール氏が何者かに銃撃されて重傷を負った。ミール氏がかねてから身内などに、軍の諜報機関ISIに狙われていると話していたことから、ISIを非難し責任者の処分を求めるデモが各地で起きたが、国防省はこれに対し、軍を中傷したとしてGeoの放送免許はく奪を求める要求書を規制機関のPEMRA（電子メディア規制庁）に提出した。その結果、Geoは15日間放送免許停止の処分を受けた他、処分期間の終了後も軍の圧力を背景にケーブルテレビがGeoの全チャンネルの配信を拒否し続けるなど、放送の自由を揺るがす出来事が続いている。

　さらにタイでは、インラック政権への反政府活動にともなう政治や社会の混乱を収拾するためとして、2014年5月に陸軍総司令官のプラユット大将を中心とするNCPO（国家平和秩序評議会）がクーデターを敢行、一時すべてのテレビ・ラジオの放送が停止された。その後、ほとんどの放送局は再開されたものの、政治的な立場を鮮明にしていた反タクシン派のNews1やタクシン支持派のPeace TVについては、政治的偏向の是正と局名の変更などを条件に、8月下旬にようやく放送が再開されるなど、タイではクーデターを機にメディアの自由度はむしろ悪化している。

　この他、マレーシアやインドネシア、フィリピンは2.と3.の間に位置するが、フィリピンはマレーシアより報道の自由度自体は高い一方、記者に対する暴力事件は多いなど、それぞれ一長一短の面がある。

◆「ソフトな圧力」に対抗する「ネットメディア」

　3．のケースの典型としては、まず韓国が挙げられる。韓国は1980年代に民主化を遂げ、政権に批判的な野党の存在が公認されるようになった。その一方でテレビ局については、時の政権からの政治圧力が強いといわれる。2012年には大手のMBCで、大統領に近いとされる社長の退陣を要求する170日間の大規模ストが起きた。これは労働組合所属の記者やカメラマン、ディレクターなどが、経営陣による政権寄りの不公正な報道の強要によって、放送の公正性と信頼性が損なわれたとして起こしたもので、労組はストの期間中に、社長の公金流用疑惑などを独自にネットで報道し、市民に支持を訴えた。記者らがニュース番組の取材・制作を拒否したことで、通常は50分間放送する看板ニュース番組『ニュースデスク』が15分間の放送となった他、他のニュースも時間短縮や放送中止の事態に陥った。これに対し経営側は労組幹部の解雇などで対抗した。また3月に入るとKBSの新労組「全国言論労働組合KBS本部」の組合員やニュース専門チャンネルYTNの組合員も同様の要求を掲げて次つぎとストライキに入った。MBCではストがいったん収束したあともキム・ジェチョル（金在哲）社長が留任したが、キム氏がMBCの大株主である放送文化振興会と事前協議をおこなわないまま18の地方系列会社の役員人事を発表したことから、党派を超えた責任追及の声があがり、放送文化振興会の理事会で与党推薦理事の一部も賛成に回ることでキム社長の解任が決定した。一方、KBSでは2014年、300人を超える死者・行方不明者を出した旅客船セウォル号の沈没事故に関して、大統領府から政府の対応のまずさについての批判を抑えるよう要請を受けた社長が、報道現場に圧力をかけたとされる疑惑が明らかになり、KBSの最高議決機関である理事会は6月、与党から推薦された理事の一部も賛成に回って、社長の解任案を可決した。

　またこれまで3．のケースとみられてきたが、近年2．に移行しつつあるようにみえる、つまりメディアの自由度が「後退」している事例として、香港が挙げられる。詳細については本書3章を参照されたいが、香港では、1997年にイギリスの植民地から中国への返還がおこなわれ、その後少しずつ中国政府の影響力が強まった。国境なき記者団が毎年発表している世界の報道自由度ランキングで、2002年に18位だった香港は、2015年には70位にまで落ち込んでいる。その背景としては、中国と香港の経済関係の密接化がある。香港のメディアオーナーは、中国で不動産事業などを手がけているケースが多く、中国事業の利益を確保するため、中国政府に批判的な言論を抑えようとする傾向があるのである。

　同様の問題は台湾でもみられ、中国で広く事業を展開している食品事業者の旺旺グループが、2008年にメディア大手の中国時報グループ（中国時報、工商時報、中国テレビ、中天テレビなど）を買収すると、傘下のメディアの中国報道が急速に「親中化」

した。そして旺旺はその後ケーブルテレビ事業最大手の中嘉網路、大手新聞のりんご日報の買収にも乗りだし、市民のあいだでは、親中派財界人が台湾のメディアを「独占」することへの不安が一挙に高まった。中嘉網路とりんご日報の買収は、市民たちの強力な反対運動によって頓挫したが、大手のテレビ局や新聞が中国批判におよび腰になっているさまは、香港と台湾でよく似た状態にある。

その一方、香港と台湾の双方で最近みられるのは、ネットメディアの台頭である。両地域で既存メディアの「萎縮」が目立つなか、ネットメディアが報道・言論の自由という機能を「代行」している面が強い。香港の状況は本書3章で詳述したとおりである。台湾では、現在大きく分けて「ジャーナリズム型」と「社会運動型」のネットメディアが林立している。このうちジャーナリズム型には、10人以上の記者を抱え、あらゆる話題を追いかける『新頭殻』（Newtalk）や『風傳媒』、取材陣が手薄なため評論や国際ニュースを中心に扱う『関鍵評論網』（The News Lens）、募金をもとに個別の事案の調査報道をおこなう『weReport』などがある。また社会運動型としては、幅広い分野を扱う『苦勞網』、『焦点事件』や、農業や食品安全の分野に特化した『上下游』、台北以外のニュースをほとんど扱わない既存の大手メディアの隙間を埋めようとする『地方公民新聞』などがあり、こうしたネットメディアが「特ダネ」を連発して、既存メディアに後追いをさせる形となっている。したがって、香港や台湾に関しては、既存メディアに限っていうとメディア環境が悪化しているのに対し、ネットメディアを含めて考えればそうでもないという、複雑な状況が生まれている。

第Ⅱ部

ジャーナリズムと統制

5 モロッコ
国家主導による公共サービス放送

ブージアン・ザイド

はじめに

　本章では、民主主義の過渡期におけるメディア改革の複雑なプロセスを検証する。モロッコでは、1990年代後半に政治的自由化と民主化の波が起こり、とくに放送部門では大規模なメディア改革が断行されることになった。2002年には、視聴覚通信最高評議会（Haut Autorité de la Communication Audiovisuelle、HACA）が設立された。HACAには、視聴覚部門を自由化するための法的枠組みを確立し、公共サービス放送（PSB）部門を監督する権限が賦与された。2004年11月、議会は視聴覚通信法（Audio visual Communication Law）を採択し、国家による放送業界の独占状況を終わらせた。それまで国営テレビおよびラジオ局を運営していたのはモロッコ・ラジオ・テレビ局（Radiodiffusion et Television Marocaine）であった。モロッコ・ラジオ・テレビ局は通信省の下部機関であったが、2005年4月に全国ラジオ・テレビ会社（la Societe Nationale de Radiodiffusion et de Television、SNRT）になった。SNRTは公開企業であり独立機関であり、公共のラジオ局やテレビ局を管理している。また、SNRTは、通信省による財務管理・監督の対象ではなくなった。SNRTはモロッコ最大の放送会社であり、それまで国家によって所有されていたテレビ9局、ラジオ6局を監督している。法律の定めるところにより、アル・オウラ（Al Oula）[1]、ツーエム（2M）[2]とメディ1 TV（Medi1TV）[3]の3つの全国公共テレビ局は、公共サービスとしての義務を負うことになっている。これらのテレビ局は独立しているとはいえ、国家がその株式の大部分を保有している。

　このように、モロッコにおける放送メディアの構造は再定義された。監督機関が設置され、公共放送も再編された。民間放送に向けての枠組みも創られた。

問題は、こうした改革がどの程度、過去を断絶することができるか、国家の民主化への意欲と提携していくことができるか、というところにある。こうした改革は、国家が伝統的な国家対大衆といった線引きを越えて、放送を国家への奉仕を目的とするものから大衆へ奉仕するための機関にしていく、ということを示唆している。ところが、法的枠組みと制度的構造を検証してみると、きわめて根源的な対立構造が浮き彫りになった。というのも、一方では、改革は放送を直接的な政治支配から解き放とうとするものであったが、他方ではその結果、統治の現状が不安定化してしまうのではないかという恐れから、国家がそれを制限するシステムが作りあげられてしまったためである。それゆえ、国家は依然として抑圧的な法律と真の独立を欠いた監督機関を通じて、メディアの内容に対する直接的な管理に携わっている。モロッコでは放送分野の自由化という公約は未だ実現にはいたっておらず、プロパガンダや政治的支配をおこなう手段としてのメディアという歴史から脱却できていない。このことは、国家と大衆、歴史と現在のニーズという2つの領域のあいだに、きわめて深刻な境界線があるということを示唆している。

　本章では、モロッコのメディア改革における対立の本質はモロッコの政治体制の本質によってもたらされている、ということを議論していきたい。筆者は、現在のモロッコの政治体制を、過渡期の民主主義というよりも、むしろ競争的権威主義的な（competitive authoritarian）政権であると考えている。競争的権威主義政権では、反対勢力を押さえ込み継続的な支配を確実なものとするために、民主主義的な要素が利用される。この概念についてまとめたレヴィッツキィとウェイ（Levitsky & Way 2002）は、競争的権威主義とはつぎのような文民統制であると考えている。「正式な民主主義制度は、権力を得るための主要な手段であると考えられている。しかし、そこでは詐欺的行為、市民的自由の侵害、国家とメディアによる資源の濫用がおこなわれていることから、その土壌は非常に歪められており、民主的とは言い難い」ような政権は、競争的であるといえる（Levitsky & Way 2002）。なぜならば、民主的な機構は実在しており、「反対勢力は、権力をもとめて法的手段を利用することも可能である（時にはその競争に勝利することもある）。しかし、その政権は権威主義的でもある。闘いの土俵は非常に不公平で、時には危険ですらある。そのことは反対勢力にとってハンディキャップとなる。すなわち競争は現実に存在しているが、不公平な競争なのである」（Levitsky & Way 2002）。

このように競争的権威主義政権は、民主的制度および民主的慣習（選挙・複数政党制、そしてモロッコのケースでは独立していると自称するメディア監督機関）を備えたハイブリッド的な権威主義体制であるといえよう。レヴィッツキィとウェイは、ポスト冷戦期について書いた論文において、「民主主義的なバイアス」に挑戦するための枠組みを紹介してきた。ハイブリッド体制は一般的には欠陥があり、不完全なものとして分類される。たとえば、「進化途上の民主主義」、「初期の民主主義」、「現在進行中の民主主義」、「民主主義になろうとしている」ものとして、過渡的なものであると説明される。「変革」が進んでいない国については、「時間のかかる」、「長引いた」、「欠陥のある」民主主義といった表現が典型的に使用される。レヴィッツキィとウェイは、そのような分類は誤解を呼ぶと主張している。というのは、こうした表現によってハイブリッド政権が民主主義的な政府という形態を目指している、あるいはその方向へ進んでいくべきであるということを前提としているかのように思われてしまうためである。しかし現実には、多くの政権が権威主義のまま安定し、あるいは事実上権威主義を強化している。ギジェルモ・オドンネル（Guillermo O'Donnell 1996）やトマス・カロザース（Thomas Carothers 2002）は、そのようなケースについては過渡的な民主主義として取り扱うことをやめるべきである、と提唱している。むしろ、それらを非民主主義的な体制の独特の形態として概念化する必要があるとした。

　筆者は、モロッコにおけるメディア改革も、支配についてのこうした考え方に沿ったものである、と考えている。すなわち、モロッコという国家は、反対勢力との競争の場として民主主義的な機構を設立しつつ、不公平な土俵を作りあげることで、堅固な統治を維持している。本章では、放送についての認識は従来のものを踏襲している。新しいデジタルおよびマルチプラットフォーム配信システムのインパクトについての議論（Lowe et al. 2008; Brown & Goodwin 2010; Jackson 2010; Lowe et al. 2012）もまた、収益をめぐって競争が激化していることや視聴者の細分化が進んでいるといった、PSBが政治的な軋轢の下で抱える困難や不安定な将来を強調している。しかしながら、モロッコではラジオとテレビは依然として確固とした力をもったメディアである。識字率が低いことやオンライン・メディアへのアクセスが全体的に低いことから、放送会社はこれまで自身のメディア組織を変革する必要がなかった。PSBのテレビ局は国家からの助成に加えて、広告収入も得ている。放送といえばアナログの地上波およびデジタルの衛星放送がメインであり、オンラインの存在は新しい配信シス

テムというよりも、そのアナログシステムの延長と考えられている。

1．モロッコ放送業界の政治経済

　メディアにおける制作やパフォーマンスについての研究は、メディア業界に影響をあたえる経済的・政治的勢力に焦点をあてている（たとえば、Adorno & Horkheimer 1972; Herman & Chomsky 1988; Schiller 2000; Altschull 1995; Schiller 1976; Williams 1974; Curran 2002）。政治経済理論と呼ばれるこのアプローチは、各社会における民主的な文化を育もうとするものである。こうした研究においては、メディアの内容が社会秩序の再生産を管理する道具であるということを検証しながら、政治的・経済的な制約がどのようにコンテンツの制作と配信を制限し歪めているかということを調査している。そのなかでも政治的な制約とは、政府がニュース内容をコントロールしたりメディアの運営に法的な制限を課したりする傾向を指す。経済的な制約としては、メディアの所有構造や収益を上げるという動機がどのようにメディアのコンテンツに影響をあたえるか、という点が強調される。

　PSBモデルにおいては、民間の活字メディアとは異なり、基本的に国家は放送が機能する仕組みに対して多大な影響力をもっている。PSBの本来の意図が国民への説明責任を保証することにあったとしても、国家の影響力はヨーロッパにおけるPSBの歴史からも明らかである。PSBが開始された当初、とくにこれが数少ない公的なリソースであると考えられていた早い段階では、国家がさまざまな問題を管理する必要があった。放送が認可されるということは、真の公共サービスを提供する義務を負うことを意味していた（Christians et al. 2009）。放送の管理にあたっては、国家のコントロールがある程度必要とされていたが、そのコントロールはコンテンツにまでおよぶものではなかった。しかし、この点について考える場合に問題となるのは、国家が放送業界に対して権力を行使しているかどうかということよりも、どの程度どのような種類の力を行使しているか、ということである。成熟した民主主義においても、認可をあたえるかどうかや政策や規制を制定する際に、国家は権力を行使している。（局や企業、監督機関における）執行管理者を指名することは、その典型である。とはいえ、成熟した民主主義では、国家がコンテンツに関与することはない。そこでは、編集の独立性がきわめて重要な特権であると考えられているためで

ある。ただし、暴力、ヌード、人種差別、ヘイトスピーチなどの「不適切な」内容は明らかな例外とされる。しかし、モロッコでは、放送に対する影響が認可や政策方針だけでなく、編集上の決定にまでおよんでいるのである。国家の干渉を受けずに、市民への情報提供や教育をおこなうという任務をはたすための権限を、国家は未だメディア機関に賦与していない。

　本章ではまず方法論を説明する。そこではつぎのような仮説から始めることにしたい。すなわち、モロッコの放送業界におよんでいる影響力は、構造的に、抑圧されたメディアという文化や競争的権威主義政権と形容することができる遺物と密接に結びついている、というものである。そして、モロッコにおける放送の歴史や政治・経済を分析し、論証する。メディア政策やHACAの構造を分析すれば、国家権力がどのような作用をおよぼしているのかということや、モロッコの民主化への取り組みが実際は民主化の実現に向けた動きではなく、競争的権威主義によるものであるということの根拠を示すことができるだろう。また本章では、PSBが国家にとって有利、つまり民間にとっては不公平な土俵となっている理由についても言及する。現在PBSは、世界各地で国営放送という過去の遺産によって押し付けられた限界を越えようと奮闘している。その限界の形態は多様であり、異なる特性をもっている。本章ではモロッコの事例を扱うが、その実態や意図はこうしたその他の諸国とも明らかな共通項がある。

2．方法論

　この研究はマルチ・メソッド・アプローチを採用し、文書解析とHACAの監視部門の担当者への定性的で詳細なインタビューを組み合わせておこなっている。HACAの監視部門は、ラジオ局・テレビ局の放送内容が視聴覚関連の法律や規制に準拠したものとなるようモニタリングを実施する義務がある。また、ラジオ局・テレビ局が認可を受けた場合に発生する義務を定めた文書（LODs）は、公共サービスを提供することを義務づけているが、その義務をはたしているかどうかについてもモニタリングをおこなっている。筆者のおこなったインタビューはそれほど形式張ったものではなかった。つまり、一定のトピックをカバーする質問リストは作ったが、質問の順序を変更したり使用言語のレベルや種類を調節したりする余地は残した。これは、そうでなければ見逃されてしまうかもしれない関連情報を得るためであった（Berg 2005）。インタビューは、

インタビューを受けた人の好みかその人が話す言語によって、フランス語あるいはダーリヤ語（Darija）でおこなった。

　サンプルは目的に沿って集めた（Patton 2002）。インタビュー対象者は、個人の専門知識や議論に対する意欲に基づいて選抜した。インタビューは2013年10月から12月にかけて、それぞれ1時間ほどの時間をかけた。被インタビュー者の数は計14名である。うち4名は各分野におけるマネージャーのレベルにあり、10名はそれなりに経験を積んだレベルの被雇用者であった。監視部門のメンバーに対しては、2013年10月と12月の2回に分けて、研修の形式をとり集中的なインタビューをおこなった。参加者は20名であった。インタビューを受けた人びとには、HACAがおこなう放送内容のモニタリングについて議論する際に秘密を遵守することを約束した。リラックスして議論できるようにするためである。仕事を失う恐れもあることから、匿名性が求められた。

　形式張らないインタビューを成果として一般化することはできないが、回答者の専門性やHACA内におけるメディアコンテンツをめぐる政策決定への関わりに鑑みれば、そこから得られた情報の質はかなり高いものであった。このことは、調査結果全般について非常に重要な意義をあたえている。問題は、HACAがどのようにコンテンツに干渉しているのか、というところにあった。このことが、国家統制と公共サービスのあいだに本質的な違いをもたらしている。

3．1997年以前の政治状況およびメディア環境

　モロッコは、1912年から1956年までフランスの保護領であった。フランスは植民地支配の道具としてメディア・システムを作りあげ、モロッコはそれを継承した。政府所有の放送システムという母国の経験に基づいて、1950年代後半、フランスは個人の経営者ではなく独立したばかりのモロッコ政府に、メディア・システムを引き継いだのだった（Rugh 2004）。植民地から独立をはたしたばかりの他の諸国と同様、モロッコ政府はメディアの役割を国家建設のためのプロジェクトとして認識していた（Mowlana 1985）。これは、モロッコにかぎったことではなかった。実際、西ヨーロッパ諸国においても、国家建設はPSBの目的の1つとされていた（Jauert & Lowe 2005）。こうした新興独立諸国におけるPSBの特徴は、「社会的責任」や「公共サービス」といった規範的原則

の重要性が、二次的なものとみなされていたというところにあった。冷戦期に植民地から脱却したばかりの国では、相反するイデオロギーが政治的パワーと大衆の支持を求めて争う戦場となった。これらの国では、政治的安定と公共の秩序を確保するために、国家が情報の流れを制御する必要がある、と信じられていた。西側諸国は、人権を保障するという公約をこれらの国に守らせることよりも、東あるいは西における同盟関係により関心を寄せていた（Thussu 2004）。

モロッコのメディア・システムは国家の統制下に置かれた。経済を近代化するという役割や、教育や社会変革のための手段という役割を課された（Ibahrine 2007）。民間所有のメディアは利益の追求ということが動機となるため、教育的で価値のある情報が盛り込まれたコンテンツを国民に提供することはできないだろうと考えられていた（Rugh 2004）。たとえば、ハッサン 2 世国王（在位 1961-1999 年）は、1960 年代にモロッコ初の総選挙や 1962 年の憲法制定をめぐる国民投票への準備など、政治意識の向上や教育を目的としてラジオやテレビを活用した。ハッサン 2 世国王政権は、一般的なカフェに無料のテレビを設置することで、大衆を憲法に関する情報に触れさせたり、投票に動員したりしようとした（Ibahrine 2007）。しかし全体としてみれば、人権侵害や汚職、政治システムに対する信頼の失墜が特徴的な政治状況にあった。

ここで、ドリス・バスリ（Driss Basri）の任命について論じておくことは、重要である。警察庁長官であったバスリは、1979 年にハッサン 2 世によって内務省および情報省[4]のトップに指名された。つまり、1 人の人物によってメディアと国家の安全部隊双方の責任が担われることになったのである。このような矛盾を正当化することができるのは、権威主義的政権だけである。たとえば、テレビカメラの使用をめぐって、それがジャーナリスティックな目的のために使われているのか、あるいは監視の目的のために使われているのか、区別することは難しかった。それから 30 年ものあいだ、視聴者への情報提供と警察機関への情報提供との線引きは曖昧なまま残された。1962 年から 1999 年のあいだは、純粋に権威主義的だったのである。メディアに従事する人びとは恐怖のなかで働いていた。ドリス・バスリの時代には、国営メディアのジャーナリスト、経営陣、スタッフは、自分たちを内務省の被雇用者であると考えていた。1999 年 7 月に父親の地位を継承したモハメッド 6 世国王は、直ちにバスリをその職務から外した。このことは、より民主的で自由なモロッコへと進展した

象徴であり、希望の兆しでもあった。

　しかしながら、1990年代半ばまで、モロッコのメディア文化は権威主義的、管理主義的、かつパルチザン的であった。放送メディアは最も強力なメディアであると考えられていたが、国家はその財政、規制、制作、配信を統制していた。他方、活字メディアでは、モロッコ民族主義者が出版事業に従事するという特徴があった。そもそもモロッコでの新聞は、フランスからの解放と独立のための闘争手段であった。独立後も新聞は（フランスにおける伝統に則り）各政党を代弁するために利用されてきた。活字メディアは、野党指導者が反対を表明したり、政治的な煽動をおこなったりするための重要な武器として活用されてきた。というのも、政権に対する抗議を表明するためには、それしか方法がなかったのである。しかし、モロッコにおける識字率の低さから、活字メディアは政権にとってそれほどの脅威とはみなされていなかった。ところが、1997年に野党であった社会党が政権を奪取すると、政権とマスメディアのあいだの相互依存関係は抜本的に異なる転機を迎えた。

4．1997年以後の競争的権威主義とメディア環境

　1997年に新たに発足した政府の使命は、人権、市民的自由、開かれた多元的メディアの促進、法の支配の確立を目指して、政治改革を断行することにあった。モハメッド6世の統治下、人権擁護をめぐって最初におこなわれた主要な政策は、2003年の公正と和解のためのフォーラムに関する勅令（Royal Decree of the Forum for Equity and Reconciliation、FER）の発布であった。これは、過去に遡って人権の侵害を調査し、真理の確立を目指すものであった。2004年には、一連の公開フォーラムが和解調査委員会によって開催された。そこでは人権侵害の被害者が旧体制下における痛みや苦しみを訴えた。これらのフォーラムはテレビで生放送された。モロッコのテレビ史上、転機となる出来事であった。委員会は、モロッコ人が近年来のわだかまりをなくすことができるよう模索していた。他の主要な政策として、Moudawana（身分法）とも呼ばれる家族の地位に関する法律があげられる。これは、2003年に女性の権利を守るための法令として布告された。フリーダム・ハウス社の研究はこの取り組みを賞賛し、これがモロッコでの女性の地位の向上とその権利の尊重に繋がったとしている。また、モハメッド6世国王は、アマジグ語（Amazigh）および文化の保護と奨

励を目的として、王立アマジグ文化研究所（IRCAM）を設立した。アマジグ人は、大規模な民族グループであるが、長年その文化は虐げられてきた。ハッサン2世国王政権下においては、政治的な観点からアラブ文化が重要視されていたのである。

　こうした改革は新国王に政治的な資源をもたらし、その正統性を強化する前向きな改革であった。それにもかかわらず、なぜメディアをめぐる改革は真に意義深い改革とならなかったのであろうか。この問いに答えるうえで、競争的権威主義の概念を考えることは有用である。前述の通り、競争的権威主義政権には民主的な機構や民主的な慣習が存在するといった特徴がある。しかし、こうした競争的権威主義政権では、民主主義のルールといった原則が守られないため、結局民主主義という目的をはたすことはできない（Levitsky & Way 2002）。とはいうものの、有意義な権力論争も許されないような覇権的権威主義とは異なり、競争的権威主義においては民主的な機構が脆弱であるとはいえ、反対勢力にもみずからの地位を固める機会があたえられている（Howard & Roessler 2006）。

　競争的権威主義の特徴は、(1)選挙 (2)立法 (3)司法 (4)メディアという4つの政治的論争の場において発現する（Letvitsky & Way 2002: 54）。たとえば、選挙制度に欠陥があるとはいえ、選挙で野党も支持を得て、権威主義的な当局に圧力をかける機会があたえられる。立法と司法は政治的論争の重要な場となっている。しかし、この2つの場は政権によってしっかりと管理されている。それゆえ、メディアが論争を闘わせるうえで必要不可欠の場となっている。競争的権威主義体制においては、民間メディアと公共メディアが共存している。事実上、二重のシステムが敷かれているのである。政党や反対勢力は、多様なチャンネルやプラットフォームへのアクセスを有している。とくに、デジタルメディアに対するアクセス権を有している。しかし、権威主義政権は「通信手段・メディアコンテンツやメディア消費を制限」することで、市民が政権によって提供されるものとは異なる情報や考え方に触れることを阻止しようとする（Schedler 2009）。情報の流れを止めるという戦略的目標を達成するために、放送を制限するという規制を含む弾圧的な法律から、インターネット・コンテンツのブロック、フィルタリングやジャーナリストの投獄にいたるまで、数多くの利用可能な選択肢がある。

　FER、Moudawana、アマジグ文化の認知といった前向きな改革が進んでいる

が、こうした改革がモロッコの現状を脅かすような深刻な機会をもたらすことはない。一方、メディアは、反対勢力にコンテンツの制作や普及に関与する機会を提供している。視聴覚通信法では、メディアを民間で所有するための法的枠組みが定められている。この法律に基づけば、反対勢力はみずからテレビ局やラジオ局を保有することができる。それを通じて大衆側にアクセスすることができ、その活動を活発に展開することができるのである。しかしながら、国家は PSB システムを作りあげ、規制的な構造を通じてこれをコントロールしている。そのため、メディアという土俵は国家側に有利に傾くことになる。以下の節では、モロッコにおいて重要なメカニズムのいくつかを検証していきたい。

5．憲　法

　モロッコの憲法の歴史は、独立の余波が残るなかで始まった、君主制とそれに反対する政治政党とのあいだの闘争に起源をもつ。1962 年、1970 年、1972 年、1992 年、1996 年、そして 2011 年に起草された一連の憲法は、モロッコの君主制を維持し、それを強化するものであった。それゆえ、多くの法律の専門家はこれらの時期をたんなる憲法の「改訂」と呼んでいる。

　2011 年憲法については、当初、それまでとは異なるものになるかもしれないといった希望的観測がもたれていた。2011 年 2 月 20 日に起こった、いわゆるアラブの春の最初のデモから 2 週間後[5]、こうした状況へ対応するためにモハメッド 6 世国王は憲法を新たに改正することを宣言した。その改正によって、選挙によって選出された政府と議会の長に、国王の幅広い権限の一部を移譲することを約束した。こうした動きが、国王もチュニジアやエジプトの大統領と同じ運命をたどることになるかもしれないという恐れによってもたらされていたことは間違いない。現にベン・アリーとムバラクの 2 人は、革命によって失脚させられていた。

　この 2011 年の改革案には、司法に大きな独立性をあたえる規定や、市民の自由の拡大する規定が盛り込まれていた。このような国王の提案は、投票率が 84％にのぼった 7 月 1 日の国民投票で、98.5％の賛成を得て承認された。新憲法の新しい内容が公になったのは、6 月 17 日のことであった。しかしながら、3 月 9 日の国王の演説での公約がはたされることはなかった。国王は、依然と

して「政治的、憲法的活動の中心」であった（Madani et al. 2012: 4）。3月9日の演説で国王は、説明責任の概念を主張したが、それとは裏腹に国王は国民への説明責任をはたすことなく、新しい憲法の下においても行政権を維持している（Madani et al. 2012: 50）。

　2011年憲法では、司法が、政府とは異なる別個の部門として強化された。しかし、それでもモロッコの司法は独立からは程遠い状態にある。国王は、司法権をめぐる高等評議会の議長を務めており、そのメンバーを任命するのも国王である。そのために、裁判所は公正で公平な判決を下すことができない。その判決は治安部隊からの助言に基づいて下されることが多い（Madani et al. 2012）。司法の独立は、民主主義のために必要不可欠なものである。それは、メディアが公共の利益のために行動する自由を維持するためにもきわめて重要である。モロッコ国民は、裁判所の公平性や独立性に自信をもてるようにならなければいけないのである。

6．プレス・コード

　プレス・コードは、モロッコにおける活字媒体を規定するものである。「コード」と呼ばれているが、実際には法律のことである。そこには、ジャーナリストを投獄する規定も含まれている。プレス・コードは、第一義的には活字媒体に関するものである。ただし、第38条ではあらゆる形態の通信とメディアに適用すると規定しているため、放送やインターネットにも等しく適用される。最初のプレス・コードは、1959年に作られた。これは、1912年から1956年の保護領時代から引き継いだフランス法の枠組みに基づいていた。ハッサン2世国王は、1963年と1973年にプレス・コードを制定し、すでに抑圧的だった法律を一層強化した。公共の秩序を保障し国家の安全を確保するために、新聞に罰金を科したり、それを発行停止や廃刊に追い込んだりすることもできるようになった。ジャーナリストの自由も脅かされる可能性があった。

　モハメッド6世が王位を継承して以来、改革の波が起きるなかで、プレスに関連する法律にも抜本的な改革がなされることになるだろうという希望が生まれた。しかし、そのような願いは完全には実現されていない。2002年のプレス・コードは、ジャーナリストに対する実刑判決を許容するものであった。また、「イスラーム教、君主制、領土保全、公の秩序を害する」と判断された出版物を発

禁処分にする権限を政府に賦与している。第41条は、これらの制度に違反した者には3年から5年の実刑、あるいは1万から10万モロッコ・ディルハム（およそ800米ドルから8000米ドル）の罰金が科される、と規定している。出版物は、3か月以内の発行停止もしくは廃刊に処される可能性がある。プレス・コードは、抑圧的性質を有しているのみならず、文言も曖昧であり判断するうえで幅広い解釈の余地が残されている。たとえば、「侵害」、「違反」、「公的秩序」といった単語や表現をめぐっては、さまざまな解釈が可能である。

　法律では、印刷業者や流通業者もコンテンツに対して法的責任を負うことが定められており、業者がみずからの判断に基づいて印刷したり流通させたりすることを拒否できるとしている。こうした権威主義的な法律は、事前検閲のような慣習を強化することになる。つまり、流通業者や印刷業者も編集責任者に仕立て上げられてしまう。こうした規定はオンライン通信にも適用される。5月16日にカサブランカで起こったテロ攻撃[6]の後に反テロ法が制定された。この法律によって、政府には「脅迫、力、暴力、恐怖、テロ行為によって公共の秩序を破壊する」[7]と判断されるオンライン上のコンテンツを制御する法的権限があたえられた。反テロ法は、一見するとテロに対抗することを目的としているように映る。しかし、「国家安全」や「公的秩序」といった曖昧な用語を定義するにあたっては、当局に幅広い自由裁量権があるため悪用される可能性もある。反テロ法によれば、コンテンツに関する法的責任は、著者、サイト、インターネット・サービス・プロバイダー（ISPs）にある。それゆえISPsには、これに違反するようなコンテンツをスクリーニングし、フィルターをかけ、ブロックする義務がある。つまり、ISPsは、それを使用しているインターネットサイトと共同の責任を負っており、掲示されたコンテンツのフィルタリングやスクリーニングをおこなわなければならない。この法律の最も重要な影響は、ウェブサイトの所有者やISPsが、事実上国家検閲をおこなっている、ということである。かれらは法的責任にかこつけて、不適切と判断された情報を消去する。このように、権威主義的な法律は事前制御を実践し強化しているのである。

7．視聴覚通信最高評議会（HACA）

　HACAは、モロッコの視聴覚通信分野における規制を管轄する行政機関と

して、2002年8月31日に設立された。HACAは政府から独立していると自称している。しかし、この組織を注意深く観察すれば、それは疑わしいことである。HACAには、視聴覚通信高等評議会（Higher Council of the Audio-Visual Communication）が含まれている。評議会には9名のメンバーがいて、そのうち議長を含む5名は国王による任命である。そして、首相が2名を任命し、残りの2名は両院議会の各議長によって指名される。

HACAの法的権威は、独立しているという仮定のうえに成り立っている。しかし、視聴覚通信高等評議会の任命過程やメンバーを指名する基準には欠陥がある。評議会は、HACA内の最高権威である。認可などすべての法的措置について最終決定を下す機関である。任命プロセスをみれば、HACA内の最終的な意思決定において、国家があらゆる権限を握っていることは明らかである。

8. 視聴覚通信法

HACAが設立されてから2年後の2004年11月に、モロッコ議会は視聴覚通信法を採択した。これによって、国家が放送を一括して管理するという独占状態に終止符が打たれた。視聴覚通信法は、モロッコのラジオとテレビについて規定している。他国での政策と同様、この法律によれば、放送は国民に対する責任を負っている。また、民主主義の理想を推進し、自国の視聴覚通信分野での制作を奨励しなければならない。国の文化遺産の保護にも寄与しなければならない。この法律によって導入された最も前向きな進展は、メディアの民間所有のための法的枠組みが確立されたことである。この法律ができる以前、モロッコの放送は、法的な間隙を縫って活動をおこなっていた。なぜならば、ラジオ局、テレビ局は、勅令を通じてしか設立することができないためであった。つまり、国王自身が納得しなければ、設立は承認されなかったのである。

プレス・コード同様、視聴覚通信法によっても、表現の自由に対する制限をかけることができる。第9条は、テレビ・ラジオ番組は、モロッコの教義、イスラーム教、君主制、西サハラ問題に関して、疑問を呈するものであってはならないと定めている。視聴覚通信法には、違反行為をおこなえば投獄されるというような規定はないが、プレス・コードにこうした規定が含まれているので必要ではない。所有権については、第21条がいかなる放送会社や株主も、その他の放送会社の株式を最大30％まで保有できると定めている。これは、い

かなる個人もしくは企業も、複数のメディアの発信手段をコントロールできないようにするための規定である。国家だけが、複数のメディアをコントロールすることができるようになっている。

　視聴覚通信法は矛盾する性質を抱えている。この法律は、メディアが多元化し多様化することに扉を開いているが、同時に国家の取締り機関にもコンテンツをめぐる意思決定をおこなう権限をあたえており、編集に干渉することができるようになっている。競争的権威主義政権であるモロッコ政府は、そのメディア・システムの改革にあたり、民主主義的な制度を活用しようとしている。しかし、こうした民主主義的な制度は、権威主義的な法律によって雁字搦めにされている。その結果、民主化が進んでいるような印象をあたえながらも、現状維持が続いているのである。

9．放送──政治的論争のための不公平な土俵

　モロッコにおける放送の法的および規制の枠組みは、民間部門による投資を促進するために作られた。そのため、独立した放送局の出現が奨励されている。しかしながら、現在の規制慣行では、メディアの所有をめぐる多元化が実現するまでにはいたっていない。メディアへの認可が集中したのは、第一波が2006年、第二波が2009年のことであった。この時、HACAは、政府系テレビ局のみに認可をあたえた。ラジオ局については、政府系と民放の双方が認可を受けた（後者は18局であった）。メディアを所有できるかどうかは、政権の権力構造への接近度による（Majdi & Zaid 2008）。所有者のリストに連なっているのは、親政府系活字メディア組織の所有者、保守（親君主制）政党のメンバー、政府系テレビ局やラジオ局の元従業員などである。2009年の第二の認可の波において、HACAは「広告市場の状況悪化」や「公共および民間事業者の安定性ならびに経済性を維持」する必要性を理由に、民放テレビ5局の認可申請を却下した。HACAは、これらの決定をもっぱら経済的な理由に基づいて正当化した。

　インタビューを受けたHACAの3人はみな、監視部門のマネージャーを務めていたが、広告市場の「悪化」は実際にはこうした決定と何の関係もなかったと確信していた。そもそもテレビ局やラジオ局の経済的成功を保証することは、HACAの職務ではない。テレビ局の認可を申請した5件のうち2件は有

力者からの申請であったが、HACA はすぐに2件を却下した。1件は国王のアドバイザーであるフーアド・アリ・エル・ヒマ（Fouad Ali El Himma）から申請されたものであり、もう1件はモロッコ第二の富豪オスマン・ベンジェルーン（Othman Benjelloun）からのものだった。インタビューを受けた1人が述べたところによれば、この2件にテレビ局の認可をあたえれば、その他の国民にも認可を受ける扉を開く前例となり、国家にとってのリスクとなる可能性があったという。別のインタビューでも、これらの新しいテレビ局が成功した場合、これら2つのテレビ局は視聴者の数や広告収入をめぐって競争することになり、国営テレビ局であるアル・オウラと2Mの2局の活動を妨げることになるだろう、と指摘されていた。

　ラジオ局の認可については多少の進展がみられ、多元化と多様性が進んできた。それにもかかわらず、認可が集中した2年目の割り当てをみれば限界があることが分かる。モロッコの法律や規制の枠組みは、政府からの干渉にしたがわなければならないため、放送メディアの多元化の促進に寄与するものではほとんどない。政府は、ラジオ・テレビがあまりにも重要であるため、民間の手に委ねることはできない、と考えているのである。

10. コンテンツと編集の独立性

　健全な民主主義には、クオリティの高い情報はもちろん、反対意見を述べたり議論をおこなったりすることができる政治文化がなければならない。PSB は、市民に情報へのアクセスを提供し、それぞれのアイディアを議論し世論の形成を助長するプラットフォームとなることが義務づけられている。抑制され管理されたメカニズムのなかにあるさまざまな要素によって、放送の利用は実際にはその逆の成果を生みだしているようにみえる。モロッコにおける2つの PSB 局のニュース配信は、視聴覚分野の自由化によっても変化しなかった。民放ラジオ局が開かれた政治討論の場を提供しようとしても、HACA がこのような取り組みを潰すために、その編集の独立性は干渉されている。

　インタビューのなかで頻繁に言及されていたことに、王族の活動の「神聖さ」と、公共サービスチャンネルの放送時間のなかでそれが占める割合は、PSB がその義務をはたすにあたって明らかな妨害となっている、という事実であった。2002年の設立当初から HACA で働いていた1人は、「それらに対して警鐘を

鳴らすことは不可能である。仕事を失うリスクを冒すことになるためである」と語っていた。別の人間も、アル・オウラが放送したニュースから1つの例を取りあげた。2008年4月26日土曜朝、カサブランカの郊外のイサスファにあるマットレス工場で火災が発生し、従業員55人が死亡、10人以上が負傷した。アル・オウラは、20時というゴールデンタイムのニュースでこれを報道したものの、それは王族の活動が重点的に報道された後のことであった。火事のニュースは、ヘッドラインの項目にさえもならなかった。その日のニュースはつぎのようなものであった。すなわち、国王は契約締結式典のホストを務めた後、伯母であるララ・アミナ王女の国際スペシャルオリンピックス委員会顧問の就任を祝うために会見。その後、メクネス市の地元当局と会談し、復興計画を話し合った。国王に関する最後のニュースとして、火災の被害者家族へのお悔やみの言葉が紹介され、この悲劇の原因を調査するよう当局に指示した、ということが報道された。こうした報道に割かれた時間は24分であった。火災については10分で、そのなかで目撃者、消防士、生存者による証言に基づく事件の詳細が報道された。その報道のほとんどは、悲劇の原因と消防士の英雄的な役割に関するものであった。内務大臣が現場を訪れたことも報道された。

　被インタビュー者によれば、この国家規模の惨劇をめぐる報道ぶりについて、民間や政治政党紙からは厳しい批判の声があがっていたという。HACAには、こうした報道に介入するだけの十分な理由があったが、そうしなかった。公共テレビがこのような甚大な悲劇的事件よりも儀礼的なイベントを優先させたことを受けて、活字メディアはHACAの従業員をも含む一般的なモロッコ人が羞恥を覚えた、と述べていた。HACAは、どのような批判にも反応しなかった。

　インタビューを受けた全員が、2Mとアル・オウラのニュース番組は、実際のところ視聴覚通信法やLODsで規定されている公共サービスとしての義務を遂行していない、と考えていた。同時に、王室の話題の神聖さを揺るがすことは不可能であるとも一様に述べていた。かれらによれば、HACAの経営陣は、王室の話題の神聖さが揺るがされるようなことになれば、HACA自体やその経営陣のキャリアに政治的・経済的負担がかかることになるということを理解している。そのために、HACAは王族活動の報道に干渉することを控えているのである。最近の例としては、ハッサン2世の崩御から16年目にあたる2015年1月30日、アル・オウラのゴールデンタイムの報道番組は関連ニュースを47分間流したのに対し、国内外のその他の出来事やスポーツ、天気予報

には19分しか割かれなかった。

　HACA が本領を発揮しているのは、民放ラジオ局における政治討論の監視である。監視部門は、2010年3月、非政治的なスポーツ音楽専門局であるラジオ・マース (Radio Mars) のトーク番組におけるある映画監督の発言に対して警告をだした。映画監督は、理想の仕事について質問された際、モロッコが共和制になることがあれば初代モロッコ大統領になりたいと答えていた。HACA はすぐさま、局に48時間の放送停止を命じ（6月3日木曜日から6月5日土曜日）、5万7000モロッコ・ディルハム（6500米ドル）の罰金を科した。さらに公の謝罪を要求した。こうした制裁はあまりにも極端であり、その事件に見合ったものではなかった。商業的ラジオ局が48時間ものあいだ放送を停止すれば、その局が被る経済的影響は深刻である。どのような場合に、放送内容が君主制、領土保全、イスラーム教に対する「損害や危害、あるいは中傷」にあたることになるのか、すなわち視聴覚通信法第9条を解釈することは難しい。処罰の対象とされた文言が、どのような危害をもたらしたのか、あるいは、それが誹謗中傷にあたるのかどうか。これらを判断するのは、実に困難なことなのである。

　映画監督の発言に対して警告をだしたという人物はインタビューのなかで、警告をだすようにという上司の反応は想定外であった、と述べていた。なぜならば、それはエンターテイメント専門のラジオ局における発言であり、「インタビューはカジュアルなもので、政治性はなかった」からである。「どのような形」であれ、ラジオ・テレビ上で君主制に疑問を呈するような言説があれば警告するように指示された、という。この人物によれば、モロッコのアイデンティティを共和制と結びつけるような表現は、非常に危険なものと考えられているという。

おわりに──競争的権威主義の罠

　デニス・マクウェール (McQuail 1994) によれば、メディアは存在している社会の歴史の産物であり、それを反映するものである。モロッコの PSB に、国家の自由化や民主化を真に志向する政治的な意思がないことは明らかである。モロッコは、競争的権威主義の精神に基づいて一連の改革を打ちだすことで、アラブの春のような難しい状況を切り抜けてきた。君主制は多少の譲歩をしな

がらも、その独裁的権力を維持することに成功してきた。2011年憲法についても、いくつかの点について改正が施されたものの、国王の権力が削減されるということはなかったのである。

　本章で議論したように、モロッコでは、放送を国家の管轄から公共サービスへと転換しようとしてきたが、こうした動きが競争的権威主義によって滞っている。モロッコは放送部門の自由化に失敗してしまった。メディアは依然として、プロパガンダや政治的支配の道具である国営放送として機能し続けている。歴史的・政治的な限界は根深く残っている。法的枠組みと制度的な構造は、公共サービス実現のための前提条件となるものを提示している。しかしその実践を保証するものではない。モロッコの非民主的文化という特性が、公共サービスを実施するうえでの障害となってしまっているのである。非民主主義国家におけるPSBを研究するにあたっては、政治・経済的観点から、その政治体制の特質を検証する必要がある。そうすることで、権力の集まる場所や放送をめぐる国家の管理能力の程度を理解することができるのである。

　モロッコでは、完全に民主化された場合に効果的な公共放送を確保することができる制度が、国家によって作られている。その意味において、モロッコのシステムには希望がもてる。しかしながら、国家は競争的権威主義政権であるがために、民主的制度を活用してメディア・システムを改革するどころか、権威主義的法律を通じてこうした制度を雁字搦めにしてしまっている。モロッコでは、民主化のプロセスが進行しているという印象をあたえながらも、現状はなにも変わっていない。政治的階層の最高レベルにおいて、政治的決断がなされないかぎり、真の公共システムの実現は不可能なのである。結局のところ、そのような決断がないために、権威主義による管理が緩くなったり厳しくなったりするだけの偽りのシステムにすぎない状態が継続している。

1) 1962年3月3日に設立されたアル・オウラ（当初RTMと呼ばれていた）は、1989年に2Mが設立されるまで、モロッコ国民にとって唯一のテレビ局であった。国有であり、国家の管理下にあった。
2) 2Mは1989年3月に民間テレビ局として設立されたが、経済的困難のために1996年1月、国家がその株式の72%を取得した。現在は国有である。
3) 2005年に設立されたMedi1TVは国有である。提携するラジオ局は1981年に、銀行や主要企業が提携するモロッコとフランス2か国のパートナーシップの一環として設立された。

4） 情報省は1995年2月に通信省と名称を変えた。
5） 2.20運動では、民主的改革、議会制君主主義、社会正義の実現、独裁政治の終焉、汚職の廃止をもとめて、国中でデモ行動がおこなわれた。モロッコの公的機関、とくに公共放送にはびこる汚職をターゲットとしたスローガンのかかれたポスターも掲げられた。
6） 2003年5月16日、モロッコは、国家史上、最悪となるテロ攻撃を受けた。モロッコ最大の都市、カサブランカでは、自爆攻撃によって30分おきに5回の爆発が起こり、43人が死亡、100人以上が負傷した。モロッコは、アメリカと強固な同盟関係を結んできた。自爆攻撃をおこなった14人は全員、カサブランカ郊外の貧しい地域の出身であった。
7） オープン・ネット・イニシアティブ「モロッコにおけるインターネットフィルタリング2009」（英語）は以下のアドレスにてアクセス可能である。
http://opennet.net/sites/opennet.net/files/ONI_Morocco_2009.pdf（2013年2月20日アクセス）

参照・引用文献

Adorno, Theodor W. & Horkheimer, Max (1972) *The Dialectic of the Enlightenment*. New York: Herder and Herder.
Allen, R. C. & Hill, A. (eds.) (2004) *The Television Studies Reader*. New York: Routledge.
Altschull, J. H. (1995) *Agents of Power: The Media and Public Policy*. New York: Longman.
Ayish, M. (2003) *Arab World Television in the World of Globalization*. Hamburg: Ubersee Institute.
Ben Ashour, A. (1992) *Mass Media in Morocco*. Master's Thesis, Institut Supérieur de Journalisme, Rabat, Morocco.
Benjamin, L. (1998) "Working it out together: Radio policy from Hoover to the Radio Act of 1927," *Journal of Broadcasting & Electronic Media* 42(2): 221-237.
Berelson, B. (1952) *Content Analysis in Communication Research*. New York: Hafner.
Berg, B. L. (2005) *Qualitative Research Methods for the Social Sciences*. Boston: Allyn & Bacon.
Berger, A. A. (2007) *Media and Communication Research Methods: An Introduction to Qualitative and Quantitative Approaches*. Thousand Oaks, CA: Sage.
Brown, Charles & Goodwin, Peter (2010) "Constructing public service media at the BBC," in Lowe, G. F. (ed.) (2010) *The Public in Public Service Media: RIPE@2009*. Göteborg: Nordicom: 119-132.
Brownlee, J. (2009) "Portents of pluralism: How hybrid regimes affect democratization," *American Journal of Political Science* 53(3): 515-532.
Carothers, Thomas (2002) "The End of the Transition Paradigm," *Journal of Democracy* 13(1): 5-21.
Christians, C., Glasser, T., McQuail, D., Nordenstreng, K. & White, R. (2009) *Normative Theories of the Media Journalism in Democratic Societies*. Urbana: University of Illinois Press.
Croteau, D. & Hoynes, W. (2003) *Media Society: Industries, Images, and Audiences*. Thousand

Oaks: Pine Forge Press.
Curran, J. (2002) *Media and Power*. New York: Routledge.
D'Acci, J. (2004) "Television, representation, and gender," in Allen, R. C. & Hill, A. (eds.) *The Television Studies Reader*. New York: Routledge.
Denzin, N. & Lincoln, Y. (eds.) (1994) *Handbook of Qualitative Research*. Thousand Oaks: SAGE Publications.
Diamond, L. (2002) "Elections without democracy: Thinking about hybrid regimes," *Journal of Democracy* 13(2): 21-35.
El Kobbi, M. (1992) *L'Etat et la Presse au Maroc*. Paris: L'auteur.
Giersdorf, S. & Croissant, A. (2011) "Civil Society and Competitive Authoritarianism in Malaysia," *Journal of Civil Society* 7(1) : 1-21.
Haute Autorité de la Communication Audiovisuelle. *Loi Relative à la Communication Audiovisuelle*. Retrieved from http://www.haca.ma/pdf/commaudiovisuelle.pdf, 2 March 2014.
HACA (2009) *Rapport sur l'Attribution de Nouvelles Licences*. Retrieved from http://www.haca.ma/pdf/Rapport%20G2%20MEP.pdf, 2 March 2014.
Herman, Edward S. & Chomsky, Noam (1988) *Manufacturing Consent: The Political Economy of the Mass Media*. New York: Pantheon Books.
Hidass, A. (1992) "Liberté et Communication au Maroc," in *L'Information au Maghreb*. Tunis: Ceres Production.
Howard, M. & Roessler, P. (2006) "Liberalizing electoral outcomes in competitive authoritarian regimes," *American Journal of Political Science* 50(2): 365-381.
Ibahrine, M. (2007) *The Internet and Politics in Morocco: The Political Use of the Internet by Islam Oriented Political Movements*. Berlin: VDM Verlag.
Jackson, Lizzie (2010) "Facilitating Participatory Audiences: Sociable Media Theory and Public Service Media," in Lowe, G. F. (ed.) (2010) *The Public in Public Service Media: RIPE@2009*. Göteborg: Nordicom.
Jauert, P. & Lowe, G. F. (2005) "Public service broadcasting for social and cultural citizenship: Renewing the enlightenment mission," in Lowe, G. F. & Jauert, P. (eds.) *Cultural Dilemmas in Public Service Broadcasting: RIPE@2005*. Göteborg: Nordicom: 13-36.
Levitsky, S. & Way, L. (2002) "Elections without democracy: The rise of competitive authoritarianism," *Journal of Democracy* 13(2): 51-65.
Levitsky, S. & Way, L. (2010) *Competitive Authoritarianism: Hybrid Regimes after the Cold War*. Cambridge: Cambridge University Press.
Lowe, G. F., Jauert, P. & Bardoel, J. (eds.) (2008) *From Public Service Broadcasting to Public Service Media: RIPE@2007*. Göteborg: Nordicom.
Lowe, G. F. (ed.) (2010) *The Public in Public Service Media: RIPE@2009*. Göteborg: Nordicom.
Lowe, G. F., Jauert, P. & Steemers, J. (eds.) (2012) *Regaining the Initiative for Public Service Media: RIPE@2011*. Göteborg: Nordicom.
Madani, Mohamed, Magraoui, Driss, and Zerhouni, Saloua (2012) *The 2011 Moroccan*

Constitution: A Critical Analysis. Stockholm: International Institute for Democracy and Electoral Assistance.

Majdi, Y. & Zaid, B. (2008) *Media Ownership in Morocco*. Unpublished thesis.

Melody, W. H. (1990) "Communication Policy in the Global Information Economy: Whither the Public Interest?" in Ferguson, M. (ed.) *Public Communication. The New Imperatives: Future Directions for Media Research*. London: Sage: 16-39.

Ministry of Communication (2003) *Le Domaine de la Communication au Maroc*. Rabat: Al Anbaa.

McQuail, D. (1992) *Media Performance: Mass Communication and the Public Interest*. London: Sage.

McQuail, D. (1994) *Mass Communication Theory: An Introduction*. London: Sage.

Mowlana, H. (1985) *International Flow of Information: A Global Report and Analysis*. Paris: UNESCO.

Napoli, P. (2001) *Foundations of Communication Policy: Principles and Process in the Regulation of Electronic Media*. Cresskill: Hampton Press.

O'Donnell, G. & Schmitter, P. (1986) *Transition from Authoritarian Rule: Tentative Conclusions about Uncertain Democracies*. Baltimore: John Hopkins University Press.

O'Donnell, Guillermo (1996) "Illusions about consolidation," *Journal of Democracy* 7(2): 34-51.

Patton, Michael Quinn (2002) *Qualitative Research & Evaluation Methods*. Thousand Oaks: SAGE Publications.

Reporters Sans Frontiers (2009) *Country Report Morocco*. Retrieved from http://en.rsf.org/report morocco,160.html

Rugh, W. (2004) *Arab Mass Media: Newspapers, Radio, and Television in Arab Politics*. Westport: Praeger Publishers.

Scannell, P. (1986) *Broadcast Talk*. London: Sage.

Schedler, A. (2009) "The new institutionalism in the study of authoritarian regimes," *Totalitarianism and Democracy* 6(2): 327-344.

Schiller, D. (2000) *Digital Capitalism*. Cambridge: MIT Press.

Schiller, H. (1976) *Communication and Cultural Domination*. New York: International Arts and Sciences Press.

Smith, A. (1989) "The Public Interest," *Intermedia* 17(2): 10-24.

Sterling, C. (2009) *Encyclopedia of Journalism*. London: Sage.

Stacey, M. (1998) *The Decline and Fall of Public Service Broadcasting*. Oxford: Oxford University Press.

Thussu, D. K. (2004) *International Communication: Continuity and Change*. London: Arnold Publishers.

UNESCO (2006) *Innovative Literacy and Post-literacy Project: Means of Socio Economic Empowerment and Integration for Women in Morocco*. Retrieved from http://www.unesco.org/uil/litbase/?menu=12&programme=68, 31 July 2014.

Waisbord, S. (2004) "McTV: Understanding the global popularity of television formats," *Television

and New Media 5(4): 359-383.
Williams, Raymond (1974) *Television: Technology and Cultural Form*. London: Fontana.
Zaid, Bouziane (2010) *Public Service Television Policy and National Development in Morocco: Contents, Production, and Audiences*. Saarbrück: VDM Verlag.
Zaid, Bouziane & Ibrahrine, Mohamed (2011) *Mapping Digital Media: Morocco*. London: The Open Society Foundation. Retrieved from http://www.soros.org/initiatives/media/articles_ publications/publications/mapping-digital-media-morocco-20110617/OSF-Media-Report-Morocco-06-14-2011-final-WEB.pdf, 30 January 2015.

6 ナイジェリア
メディアの透明性と情報公開請求

バルキス・サイドゥ

はじめに

　ナイジェリアの公共サービス・メディア（PSM）は、何十年にもわたって厳しい検閲の対象とされてきた。なかでも、いわゆる「敏感な」ニュースや事件の報道は厳しく検閲されてきた。そのため、2011年に情報公開請求法が批准されたことで、ナイジェリアのPSMが透明性をもつ新しい時代への足がかりになるだろうと喧伝された。情報公開は突如、法の下において確実に行使できる権利として、新たに認識されることになったのである。しかし、同法の制定から4年経った現在でも、PSMのジャーナリストに対する当局の検閲は、依然として根深く定着したままである。こうした検閲の実施は、情報公開請求法が目指すコンセプトから大幅に逸脱しているにもかかわらず、システム全体に広がっている。そして、そのことに対する怒りと失望が生じている。検閲やPSMのジャーナリストへの情報不足といった事柄は、少なくとも1966年の軍事クーデター以降、ナイジェリアでは事あるごとに訴えられてきた（Donald 1969）。しかし、こうしたことが情報公開請求法の時代になっても続いていることで、多くの疑問が提起され、それに対する答えが希求されることになった。なにがPSMの報道に対する検閲の原因になっているのか。調査報道の実現あるいは挫折は、PSMに対する検閲の強化と、どれほど、また、どのように関連しているのか。メディア全体を見渡してみると、検閲の実施状況に差がみられるが、それはなぜか。そして、どのようにすれば、検閲を削減・撲滅させることができるのか。

　これらの問いに取り組むにあたって、本章では3つの重要な仮説を設けた。第一の仮説は、PSMをめぐる検閲の強化は、ナイジェリアにおける調査報道

の活発さと反比例しているということである。この仮説は、なぜ同国の調査報道が斜陽となり始めたのと軌を一にするかのように検閲が厳しくなっていったのかということを検証する必要がある、という単純な観察に基づいている。つまり、これらの出来事はそれぞれに独立した動きではないかもしれないのである。すなわち、調査報道における、客観性とあら探しのあいだの落しどころをどこに求めるのか、という気も遠くなるような難しさ（Glasser and Ettema 1989）。表現の自由が理論的にも現実問題としても不動の概念として定着していないこと（Patterson 1984）。この事実に関連して、調査報道が規律されるべき理念をめぐって、ジャーナリストのあいだにコンセンサスがないということ（Waisbord 2002；Ettema and Glasser 1984）。そしてそのコンセンサスのなさは、とくに革新的なプライバシー政策によってもたらされているということ（Dienes 1999）。これらすべての要素が、調査報道という仕事を格段に難しく、批判しやすいものにしている。

　本章では、PSMや民間のメディアの調査報道が発展しようとするにともない、国家があらゆる手段を動員して、積極的な行動を解除、鎮静、コントロールしようとしてきたと論じる。こうした手段のなかでも、とくに検閲に頼ってきたということを立証する。その他にも、国家によって用いられ、ジャーナリストの志気と熱意に深刻な影響をおよぼしてきたメカニズムがある。こうしたメカニズムとしては、過激なジャーナリストの政府への取り込み、協力的でないジャーナリストの解雇、または暴力、あるいは解雇と暴力の同時行使、そしてPSMのさまざまな部門への予算配分の縮小等があげられる。第二の仮説は、こうした国家の戦略が成功してしまう要因の1つとして、PSM自体に内部矛盾があった、というものである。とくに、国内にある各種の社会的勢力の影響がおよんだ結果、調査報道が内部崩壊してしまったという仮説である。そして、プロフェッショナリズムの腐敗や価値の危機、加えて、日和見主義者の方が機会を得やすいという報酬システムによって、PSMがロジックや道理を失い、そのなかで強欲さがはびこるようになっていった、というのが第三の仮説である。

　本章では、これら3つの仮説を検証する。そして、2011年の情報公開請求法の批准が、未だメディアによる情報への制限のないアクセスに結びつかない要因について、納得できる答えを提示したい。そのために本章では、検閲に先駆けて起こった出来事を調査する。そしてこうした前触れを、ナイジェリアの

長い歴史や現代の力学のなかで分析することを通じて、その背後にある主要な利害関係を特定する。さらに、ナイジェリアでのPSMの透明性を向上させる可能性を秘めているので、情報公開という考え方が有する意義についても考えてみたい。

1．データ収集の方法と資料について

本調査では、法律に関わるものについては、学説の質的検証および実証的方法を採用した。つまり一次および二次資料を利用した。一次資料のデータは、仔細にわたるインタビューや簡単なインタビューに基づいている。二次資料のデータは、発表された文献や統計を元にしている。本調査の対象地であるナイジェリアは、アフリカ大陸54か国のうちの1つで西アフリカ地方に位置している。英国の植民地であったが、1960年10月1日に独立した。文化・宗教がさまざまに異なる約1億7000万人が居住している。

通常、ナイジェリアでデータを入手したり収集したりしようとする場合には制限がある。こうした制限の度合いは、報道の自由に対する弾圧や、情報へのアクセス権の制約に関わる事件を明らかにしようとするような調査において高くなる。そもそもそのような事案に関する記録されたデータはない。そのため本章は、引退した経験豊富なジャーナリストや現役のジャーナリストから集めた一次資料に依拠している。かれらはいずれも、ナイジェリアン・テレビジョン・オーソリティ（Nigerian Television Authority、NTA）、ナイジェリア通信社（News Agency of Nigeria、NAN）、ナイジェリア連邦ラジオ社（Federal Radio Corporation of Nigeria、FRCN）の主要公共メディア3社で働いていた。加えて、データ入手にあたっては以下の機関を利用した。ナイジェリア放送委員会（National Broadcasting Commission、NBC）、ナイジェリア放送協会（Broadcasting Organization of Nigeria、BON）、ナイジェリア報道評議会（Nigerian Press Council、NPC）、ナイジェリア通信委員会（Nigerian Communications Commission、NCC）、ナイジェリアジャーナリスト組合（Nigeria Union of Journalist、NUJ）、情報省（Federal Ministry of Information）、ウォーレ・ソインカ調査報道センター（Wole Soyinka Centre for Investigative Journalism、WSCIJ）、ジョス市にあるテレビ大学（Television College）。またインタビュー調査も実施した。正規のインタビューは、その指針として用意した簡単な質問表に沿っておこなった。簡単なインタビューは、テレビ・ラジオおよび新聞記者

や法律専門家との非公式の場における議論という形式をとっている。ほとんどのインタビューは対面方式であったが、正規のインタビューを含め、いくつかのインタビューは電話で実施した。入手したデータは記述的および推論的分析方法によって分析した。

2．理論的枠組み

本章は社会的責任理論（social responsibility theory）に依拠している。この考えは、報道の自由委員会（一般的にハッチンス委員会として知られている）が1947年に公刊した報告書の産物であり、報道の自由にともなう権利やメディアの社会的責任を提唱している。報道の自由委員会が発足したのは、1942年12月のことであった。シカゴ大学総長であったロバート・メイナード・ハッチンス（Robert Maynard Hutchins）のリーダーシップによって1943年にメンバーが集められると、委員会は社会的責任理論を組み立てていった。社会的責任理論は、もしメディアが社会における責任をはたすことができなければ、その自由は多少なりとも失われる可能性がある、と仮定している。そのうえで、公共の利益を生みだすために、メディアにはジャーナリスティックな決定をおこなうに際して社会全般のニーズを考慮する道徳的義務がある、と結論づけている。報告書の最後では、自由で責任あるメディアの5つの必須条件がまとめられている。これらが社会的責任理論の骨子となっている。5つの条件とは、以下の通りである。

1．メディアは、出来事に意義をあたえるという文脈のなかで、事実に基づく包括的で知的な報告をおこなわなければならない。
2．メディアは、評論と批判が応酬されるための公開討論の場でなければならない。
3．メディアは、社会を構成しているグループの構図を反映するものでなければならない。
4．メディアは、社会の目標と価値を謳い、それらを明確に説明しなければならない。
5．メディアは、その時々の情報への全面的なアクセスを提供しなければならない。

本章におけるデータの評価は、社会的責任理論が前提とする考え方に沿っている。本章の分析には、ナイジェリアのPSMにおけるジャーナリストの仕事に対する肯定と否定の両側面の評価が含まれている。

　ナイジェリアのPSMには、アフリカ諸国、とりわけ近隣の西アフリカ諸国と少なからず似通った特色がある。しかし本章では、ナイジェリアにおける透明性・情報公開・検閲および調査報道との関連で浮かびあがる問題のみを考察している。その他のアフリカ諸国のPSMについての分析は、この研究には含まない。

3．先行研究

　自由な民主主義社会において、表現の自由は不可欠なものである。しかし、表現の自由というコンセプトは、理論的にも実践的にも、依然として不安定なものである（Patterson 1984: 3）。また検閲、とくに国内外の敵に対する恐れから実施される政治的検閲も、新しい現象というわけではない。英国では、1695年から1760年にかけて広く政治上の検閲がおこなわれていた（Dienes 1999）。現在の民主主義においてさえも、検閲が実施された形跡が散見される。検閲という事象やPSMのジャーナリストへ情報があたえられないといった状況は、ナイジェリアだけでなくその他の場所でも起こってきた。しかし、ナイジェリアでは情報公開請求法の時代になっても、こうしたことが政府によって公然とおこなわれ続けている。この事態からは、PSMのジャーナリストが生産的な結果をもたらすために利用可能なはずの手段を使用できないのではないかという疑念を払拭できない。PSMのジャーナリストも、メディアは支配階層のイデオロギーを宣伝するための機関にすぎないという通念に飲み込まれてしまうのだろうか。

　デヴィッド・ホームズ（Holmes 2005）は、メディアにおける現代のマルクス主義的視点について論じた著作のなかで、メディアとは、その影響力をもって社会関係の広がりに寄与するものであるとの議論を提示している。この観点は、本質的にメディアとはイデオロギー的に取り込まれることによって、イデオロギーの宣伝の道具として利用されるものであるということを前提としている。この点について、マルクスとエンゲルスは『ドイツ・イデオロギー』においてつぎのように述べている。

支配階級の思想は、いつの時代においても、支配的な思想である。というのは、社会において、物質的な支配力において優位にある階級は、同時に知的な支配力においても優位に立っているからである。物質を生産する手段を自由にできる階級は、同時に、観念的なものを生産する手段をも支配している。それによって、一般的に、生産の手段を有していない人びとの考えは、支配階級のそれにしたがうことになるのである（Marx and Engels 1970 in David 2005: 27）。

　しかしホームズは、ある階級が観念的・物質的な生産手段を独占しても、その階級がみずからの思想を押し付けることができるようになると保証されるわけではない、としている。かれによれば、こうした思想はむしろ、特定の階級による支配が受け入れられるように交渉するための手段になる、という。その支配が受容されるか否かは、通常こうした支配によってもたらされるコストと利益が体系的に調べあげられた結果に基づいて決定されることになる。ところが、政府が積極的にメディアを所有したり運営したりしている場合には、例外なく大衆がその政治的な洗脳のターゲットとされている。政府の逸脱行為をチェックすることがメディアには期待されているが、政府がメディアに介入すれば真実は隠されてしまうことなる。結果として、メディアは政府の望みをかなえるために使われる政治的手段になってしまうのである。

　セオドア・グラッサーとジェームズ・エッテマは、「調査報道と道徳的秩序」（Glasser & Ettema 1989）という論文において、調査報道には客観性と批判主義のあいだでせめぎ合いがあるが、その落しどころを探る難しさについて検証している。かれらは、調査報道に携わるジャーナリストが、コミュニティにおける道徳的秩序の形成、言い換えれば基準の「具体化」に貢献することを奨励している。大衆は、そのような基準に基づいて道徳的判断を下すからである。そのうえで、グラッサーとエッテマは、調査報道が長期的に存続してきたり支配的な道徳的価値を強化したり、それを改めて正当化したりすると同時に、こうした価値が定義され発展していくことになるのか、それとも価値がなくなり消滅していくことになるのか、ということを決定するものとなる可能性がある、と結論づけている。シルヴィオ・ウェイスボード（Waisbord 2002: 377）は、多くの国で調査報道が浸透している理由について詳述している。その理由として「民主主義的政府の強化、政治をめぐる仲裁、メディア・エコノミクスの変化、権利侵害の具体的事例の告発に取り組む出版物の存在、報道機関と政府のあいだの対立」が指摘されている。他方、ウエイスボードによれば、調査報道の発展

には程度の差がみられるという。報道メディアにおける編集様式の変化や業界内部の変化、そして国内の政治状況の変化によって、特定の国における調査報道の発展や変遷にはシーソーのような動きが発生するのである。

調査報道についての一般的な理解は、西洋の民主主義において、とくに1960年代と70年代の米国と英国において、ある種のジャーナリズムが英雄的な働きをしたという記憶に基づいている。この種のジャーナリズムは、個人や組織のスキャンダルや過失を暴くことによって、ジャーナリズムの民主主義的な役割をはたしてきた（Tong 2011: 11）。調査報道は、番犬ジャーナリズムとも呼ばれ、ジャーナリズムの特定のジャンルとなっている。調査報道には、「真実」を公にするという重要なスタイルがあり、一貫してジャーナリズムにおける支配的な領域となってきた。「調査報道」は、どのように定義されるだろうか。それは、メディアの報道によって隠された真実を明らかにすることであるのか（de Burgh 2008）、「怒りのジャーナリズム」なのか（Ettema & Glasser 1998; Protess 1992）、あるいはスキャンダルを暴露することであるのか。このような定義に基づけば、ナイジェリアのPSMのジャーナリストが、ジャーナリズムの調査報道という分野でどれほど成功しているのか、ということを検証できるだろう。また、PSMに対する検閲が厳しくなっているということは、メディアにおける健全な調査報道が欠落していることによるのではないのか、という点も議論される必要がある。

4．ナイジェリアにおけるPSMの経緯

PSMの概念には、明確な定義がない（PSMはPublic Service Broadcasting〈公共サービス放送、PSB〉と呼ばれることもある）。ハルヴァルド・モーは、PSBを定義しようと試みる一方、その概念にはつかみどころがなく「変化し続けている」と述べている（Moe 2008: 2）。PSMの概念は通常、規範的特徴とその機能を考慮して検討されている。その規範的な特徴と機能は2つの重要な言葉によって表されている。それは、「公共（Public）」と「サービス（Service）」である。前者は、政府と関係している事柄や社会における一般大衆全般をさす。後者は、大衆が必要としているなにかを提供するということを意味している。他方、メディアには、ラジオ、テレビ、インターネット、その他の電子メディアが含まれる。これらは、情報やプログラムを普及させたり放送したりするために使われてい

る。

　ナイジェリアにおけるマスメディアを統制する政策は、それまで主に州政府によって管轄されていたが、1975年7月、「連邦政府は、ナイジェリアの放送メディアおよび新聞のニュー・ナイジェリアン（New Nigerian）グループの所有権を握った。また、デイリー・タイムズ（Daily Times）の株式を60％取得した」（Mgbejume 1991: 49）。連邦政府がメディアを掌握したのは、以下のことを確実に実行するためであった。

 a. 新聞が、その評論において、建設的な（constructive）批判をおこなうこと。そこでは、国益のためには批判は建設的でなければならないということを、新聞が理解するよう期待されていた。同様に、新聞やその他のナイジェリアの報道メディアが、ルポルタージュや解説を実施するうえで、同国のコミュニティが敏感であることを考慮するよう期待されていた。
 b. メディア・ネットワークが拡散しないように、税金を投入してまとめあげる。そして、実質的に国営メディアに組み込み、これを使って一般大衆を教育するという重要なプログラムを遂行する（Mgbejume 1991: 49）。

　連邦政府は政令第24号を公布し、1977年までにすべてのローカル・テレビ局を掌握した。それらをその他の放送局と統合し、ナイジェリア・テレビジョン（Nigerian Television、NTV。現ナイジェリア・テレビ局〔Nigerian Television Authority、NTA〕）を設立した。NTVには、西ナイジェリア・テレビジョン（Western Nigerian Television、WNTV）、東ナイジェリア・テレビジョン（Eastern Nigerian Television、ENTV）、ラジオ・カドゥナ・テレビジョン（Radio Kaduna Television、RKTV）、ナイジェリア放送協会（Nigerian Broadcasting Corporation、NBC）、中西部テレビ（Mid-West Television）、ベヌエ-プラトゥ・テレビジョン（Banue-Plateau Television Corporation、BPTV）といったテレビ局が統合された。また、ナイジェリア放送協会（1956年の国会制定法第39号により設立）は、北ナイジェリア放送（Broadcasting Company of Northern Nigeria、BCNN）と合併し、1979年の政令第8号に基づいて、ナイジェリア連邦ラジオ・コーポレーション（Federal Radio Corporation of Nigeria、FRSC）となった。当該法令は、遡及的に1978年4月1日より効力を持つとされた。1976年5月10日には、ナイジェリアの国営ニュース通信機関であるナイジェリア通信社（News Agency of Nigeria、NAN）が設立された。NANの主要業務は、ニュースの収集とプロセス、およびナイジェリア

についてのニュースを国内外の報道機関に配信することである。これら3つの組織が、ナイジェリアの主要な PSM となっている。

5．情報公開請求・報道の自由 vs 検閲

　法律用語として、自由という言葉は適切（*just*）かつ必要な（*necessary*）法律や社会生活の義務に該当する場合を除き、抑制・禁止されないことを意味する。他方、報道の自由とは、「政府の干渉を受けずに、印刷・出版する権利」のことである（Garner 2009: 736）。また、「情報」について 2011 年に制定された情報公開請求法第 31 条は、「書面・電子データ・視覚的イメージ・音・音声録音など、いかなる形態であれ、保存された記録・文書および情報すべて」であると定義している。

　独立以来、歴代のナイジェリア憲法は、表現の自由および報道の自由について明確に言及してきた。1963 年憲法第 25 条は、表現の自由を権利として保障している。1979 年憲法第 36 条も、表現の自由と報道の自由を権利として定めている。同様の権利は、（改正された）ナイジェリア連邦共和国憲法第 39 条にも定められている。またナイジェリアは、1966 年の市民的および政治的権利に関する国際規約（International Covenant on Civil and Political Rights、ICCPR）と人および人民の権利に関するアフリカ憲章（African Charter on Human and Peoples' Rights）の署名国であり、これらは同国で批准されている。さらに、2011 年には情報公開請求法が制定された。情報公開請求法は第 1 条 1 項において、書面であるか否かを問わず、公務員・公的機関・組織が保管・所有する情報にアクセスする権利あるいは公開を要求する権利を認めている。情報を請求する際、それをどのような利益のために利用するのかということを説明することは、義務づけられていない。情報公開請求法は、情報を申請者にあたえることを不当に拒否すれば、例外なく違法行為にあたると定めている。有罪となれば、要求された情報へのアクセスを拒否した人物には、50 万ナイラ（3080 米ドル相当）[1] の罰金が科される可能性がある。

　情報公開請求法第 12 条では、情報へのアクセス権が認められない場合が列記されている（2011 年情報公開請求法第 12 条）。以下のような項目を含む情報へのアクセスは、認められない。

a. 公共機関が行政上の執行手続きのために作成した記録、および法執行機関や矯正機関が法の執行あるいは公共機関の内部事務のために作成した記録は、つぎのような場合開示されない。
    i. 法執行機関や矯正機関によって、ペンディングとされる場合。あるいは実際的かつ適切に考慮された法執行手続きによって干渉される場合、
    ii. いかなる公共機関であるかを問わず、それらによって行政執行手続きがペンディングされる場合、
    iii. 公正な裁判や公平な審理がおこなえなくなる場合、
    iv. 機密である情報源の身元の公開が避けられない場合、
    v. 公開法第15条が定める個人のプライバシーの侵害にあたる場合。そのような記録を開示することの公の利益がまさる場合は、この限りではない、
    vi. 現在進行中の犯罪捜査を妨害する場合。
b. 公開されれば、刑事機関の安全上、有害となりうることが適切に予想される情報。

　また公開法では、つぎのような情報について、公開請求を却下することが認められている。その情報によって犯罪行為が助長されると合理的に予測される場合（第12条3項）。要求された情報が記録に残っており、社会福祉サービスの利用者・患者・居住者・学生についての個人情報である場合。あるいは、社会的・医療的・教育的・宗教的・経済的な保護やサービス、または監督・監察的保護やサービスを、公的機関から間接・直接的に受けている人びとの個人情報である場合（第14条1項a）。苦情の申立てをおこなった者や、犯罪行為についての情報を行政・調査・法執行機関や刑事上の機関に提供した者の身元を明らかにするような情報（第14条1項e）。ビジネス上の機密や情報を独占的・特権的に知りうる人物や業務、あるいはこれらを秘匿するべき人物や業務から入手した、ビジネス上の機密や商業・財政上の情報。こうした貿易上の機密・情報を公開することが、第三者の利益を損ねる可能性がある場合（第15条1項a）など。公開法は、こうした場合には、情報公開請求を却下することができると規定している。しかし同法は、上記aやbのような情報について、公開した場合の公共の利益が公開にともなう損害にまさる場合、その申請を受理することを認めている。

　公開法は、情報へのアクセス権をめぐる例外を認めている。しかし、こうした一連の例外だけが、PSMのジャーナリストが仕事を遂行するうえでの障害になっているというわけではない。同様に、PSMが活動をおこなっている政

治環境、ジャーナリズムの慣習、その他の法規に基づいて追加的に課される妨害も、情報へのアクセス権の障害となっている。一般的に、ジャーナリストとは、公共の出来事をめぐる政府の行為を見張る番犬である。そのために政府は、調査報道に携わるジャーナリストに対して敵愾心を抱くのである。それに加えて、PSM が政府から独立する余地が限られてしまっていることも、ジャーナリズムが制限されることになる要因である。たとえば、全国ネットのテレビ局である NTA は 1977 年の法令第 24 号に基づいて設立されたが、政府が 100％の所有権を保持し運営に携わっている。NTA は、その資金のほとんどを政府に依存しており、みずからが生みだす収益はほんのわずかにすぎない。2009 年 10 月 18 日付ガーディアン紙（Guardian Newspaper）の社説が述べているように、「連邦政府所有のテレビ・ネットワークである NTA は、同種のテレビ局としては、まず間違いなくアフリカ最大規模のものである。しかし、その可能性を最大限に活かすためには、それが運用上の自由を持つ必要がある」。NTA の忠誠心は、資金を政府に依存していることや（連邦情報省の）監督を受けていることによって、なによりも政府に向けられている。NTA は、基本的に公共放送を提供するために設立されたが、実際のところ公共放送のなかで報道されているのは政府の計画・政策の奨励である。

　ナイジェリアでのプレスへの検閲は、1961 年に制定された連邦名誉毀損法第 66 号によって制度化された。その後、これに関係する一連の法律が制定された。1961 年の非常大権法、1961 年の煽動集会法、1966 年の名誉毀損および侮辱的出版物に関する法令第 44 号、そして 1966 年の新聞の流通に関する法令（1979 年の法令第 105 号によって廃止）などである。1978 年には、ナイジェリアの報道評議会に関する法令第 31 号も交付された。ナイジェリアのジャーナリストは、報道評議会の下でその情報源を明らかにすることを要求されるようになった。情報源の公開は非常に危険な行為であり、それをおこなえば情報の自由な動きが制限されてしまう可能性がある。また、1967 年の新聞（流通の禁止）に関する法令や、1982 年の選挙法といった法律もある。同年の選挙法は、1983 年に実施された総選挙の前 3 か月と後 1 か月の期間、政府がその所有するメディアを統制する目的で作られた。

　1984 年の法令第 4 号によって、連邦軍事政権には、政府の路線から逸脱した新聞の流通を禁止し、政府に反対するテレビ・ラジオの認可を取り消す権限があたえられた。同法令は、その定めるところに基づき有罪となった場合、罰

金という選択肢はなく、2年間の懲役に服すると規定した。同法令は、無実の罪を着せられることから官僚を守ることを目的としている。この法令に基づき、ガーディアン紙のジャーナリスト、ヌドゥカ・イラボー（Nduka Irabor）とトゥンデ・トンプソン（Tunde Thompson）の2人は特別軍事法廷にかけられ、丸1年間投獄された。ガーディアン紙自体にも、5万ナイラ（308米ドル相当）の罰金が科された。イラボーとトンプソンは、軍事政府が公にしていなかった新しい大使人事を発表したかどで起訴されたのだった。

さらに、1962年の公的機密法も依然として実効性を有している。ナイジェリアでは同法は、情報へのアクセス権やプレスの自由を妨げている最大の障害となっていると考えられている。同法は、つぎのような場合の罰則を定めている。いかなる機密事項であれ、知る権限を政府からあたえられていない者に、機密事項を伝えた場合。いかなる機密事項であれ、機密事項を取得・転載・保留する権限を政府からあたえられていない者が、そのような行為をおこなった場合。これらの場合、2年から4年の懲役が科される。「機密事項」とは、同法第9条1項によって定義されるところによれば、「どのような秘密区分に分類されているにせよ、折に触れて政府のいずれかの部門によって使用される、公開されるべきではない、あるいはその公開がナイジェリアの安全に悪影響をおよぼす情報や事柄」である。

6. PSMと社会的「不文律」

報道にセンセーショナリズムという害悪があることはよく知られている。ジャーナリズムに正確さや公平さが欠けている場合にも、プライバシーや個人の尊厳は侵されることになる。このことは、ジャーナリストが一見して分かるような認知された社会的価値を支持するという「願望」に屈しやすい傾向にあることと関係している。ジャーナリストは、社会的な文脈から外れて、独立して存在しているわけではない。つまり、ジャーナリストとは、特定の社会的環境のなかで生まれ、その影響を受けるものである（Weaver 1998）。

今回の調査の過程でインタビューに応じてくれた人びとが語ってくれたことから判明した点は、職業倫理が次第に崩れつつあることや、PSMにおいて働くジャーナリストの物質的条件が不十分であること、また貪欲な情報源が情報や書類と引き換えに金を要求するというようなことが起こる非協力的なコミュ

ニティの存在である。広くおこなわれている検閲が、PSM の詳細な調査報道を制限する主な要因となっていることは明らかである。検閲の蔓延とジャーナリズムがおかれている広い国家・社会的環境との相互関連は、社会に多岐にわたる問題が存在していることを明示している。沈黙主義や内通主義は、業界における一般的な慣習となっている。沈黙や内通という行為を引き起こすパターンや誘因は、ナイジェリアの統治という文脈において古くから根強く存在していた。それらには多くの共通点があったと考えられる。全体として、当局（公務員や国家全般）には、概ね法律が謳っている通りに法を施行する能力が欠けていた。既存の法律が広く適用されることを妨げるために、新しい法律が制定されるというケースもある。

ナイジェリア社会が多様性に富んでいることや、多様で異なるグループから成る国家構成が極めて慎重な取り扱いを要することも、PSM の報道や慣習の障害となっている。なぜならば、ナイジェリアのメディアでは、エスニシティ・宗教・部族ごとに分かれて対立し、それぞれが「自分の親類知己を支援・擁護」しようとする事例が頻繁に生じるためである (Abacha 1996: 18; Kabiru and Abubakar 2012: 147)。国内の多様な利益グループが異なる要求をおこなうために、客観的で徹底的なルポタージュはさらに難しくなってしまう。社会の変化が激しく複雑であることや、国内に相反する無数の影響力が存在しているということから、メディアはあたかも「代表を争う場」であるかのように考えられてきた (Agbaje 1992)。ナイジェリアの複雑な社会・民族的構造は、メディアのクオリティを低下させている。メディアは、偏見や固定観念を表明する手軽なツールになってしまっているのである。

また、自由が憲法や 2011 年の情報公開請求法のなかで明文化されているにもかかわらず、ナイジェリアでは検閲は依然として問題となっている。検閲は、軍事独裁下においても文民統治においても実施されてきた。いわば、民主主義とは法の支配を尊重しこれを固く守るものであるという哲学的考えは、公然と無視されてきたのである。報道の自由は、政府の政策や法律の規定のなかに存在しているといえようが、日常的な業務においては、こうした自由は大きく変質させられてしまっている。つまり、ナイジェリアはこれまで報道の自由が完全に機能した経験がないのである。

ナイジェリアの歴史は、「非協力的な」ジャーナリストに対する威嚇・脅迫・暴力の事例で溢れている。1971 年、ナイジェリアン・オブザーバー（Nigerian

Observer）の記者、ミネネ・アマキリ（Minene Amakiri）は、その記事によってリバー州（Rivers State）のアルフレッド・ディエッティ・スピフ（Alfred Diette Spiff）「知事を貶めた」かどで拘束された。知事は、アマキリを鞭打ちに処したうえ、強制的にその髪を剃り落した。ニュース・ブリード（Newsbreed）は1977年に廃刊に追い込まれた。1984年にはトリビューン（Tribune）が強制的に廃刊された。1986年10月19日、ニュースウォッチ誌（Newswatch）の創設者であり編集者であるデェレ・ギワ（Dele Giwa）は、彼の自宅に送られてきた爆弾によって殺された。ギワは、その2日前に、取り組んでいた記事について、国家保安庁（State Security Service、SSS）から取り調べを受けたばかりであった。ニュースウォッチ誌は1988年に検閲を受けた。2001年5月27日、ディスデイ紙（THISDAY Newspaper）のスポーツ記者であるデイブ・エネチャクウゥ（Dave Enechukwu）は、スポーツ界の支配層に挑み、殺害された。2007年7月26日に、同紙の前副編集長であるサム・ファマキンワ（Sam Famakinwa）が、マイダグリ・インターナショナル・ホテル（Maiduguri International Hotel）の部屋で謎の死を遂げた事件は未解決のままである。ディスデイ紙の論説委員の1人、アバヨミ・オグンデジ（Abayomi Ogundeji）は、2008年8月17日に殺害された。2009年9月20日、ガーディアン紙の政治担当副編集者であったバヨ・オフー（Bayo Ohu）が、ラゴス市オドゥコヤ区オイェニイ通り9番の自宅で殺し屋に撃たれて死亡した。オフーが無残にも暗殺された原因は、かれが取材した記事の性質のためであった。

　2006年12月21日、ディスデイ紙の論説委員会の前委員長、ゴッドウィン・アグブロッコ（Godwin Agbroko）が撃たれて死亡した。この事件は、かれが大統領選挙の予備選における与党・国民民主党（Peoples Democratic Party、PDP）について風刺した記事を発表した直後のことであった。その記事は、選挙のやり方を「選挙の魔術」と表現していた。アグブロッコは、2006年に殺害される以前にも、歯に衣着せずにナイジェリアの支配階級を批判し、そのために拘留され酷い拷問を受けたことがあった。1995年には、2回にわたって逮捕・拘留されている。1996年12月17日にSSSに逮捕され、ラゴスにある軍事諜報拘置所に収容された。釈放されたのは、アグブロッコが名誉ある「バーバラ・ゴールドスミス著作の自由賞（Barbara Goldsmith Freedom to Write Award）」を受賞した後のことであった。

　ここに挙げたのは、未解決のジャーナリスト暗殺事件の典型的な事例である。

かれらは、ジャーナリストとして精進したばかりに、「触れてはいけない人びと」の怒りを買ってしまった。本調査においてインタビューに応じてくれた人びとは、こうした事件がジャーナリストをしてルポタージュに対して慎重にさせる要因になっていると断言していた。ジャーナリストに対する支配階層の残虐性が、民主主義体制下において強まる傾向にあるようにみえることについても、多くの要因が指摘された。繰り返し指摘されていたのは、政治家は批判されることに対して寛容ではないという問題である。インタビューに応じてくれた面々は、政治に関わる人よりも軍人の方が批判に対する寛容のレベルが高いと考えていた。軍人は、自分たちの責任の範囲が限られていると認識しているがために寛容になることができる、という。たとえ権力の座にあっても、みずからの支配を合法化するためにジャーナリストの機嫌をとろうとする。というのも、ジャーナリストは、政府を合法化するための重要なツールとして役立つためである。他方政治家は、自分たちの地位を「当然のもの」であるかのように考えている。かれらは当選したその日から、再選され権力を強化するという目的のために、ジャーナリストとの繋がりを利用しようとする。こうした計画を挫こうとすれば、怒りを買い暴力を振るわれる事例も発生してしまう。たとえば、2014年6月6日から7日にかけて、ナイジェリア軍は新聞社の従業員を逮捕し、あらゆるところでネーション（The Nation）、ガーディアン、デイリー・トラスト（Daily Trust）およびリーダーシップ（Leadership）という全国4紙のコピー数千部を、銃を突きつけながら押収した。政府を「安全上の脅威」と表現したという理由のためであった。

　治安部隊による2014年6月の行為について、積極的なメディアは「ナイジェリアのプレスに対する新たな攻撃」、「メディアに口輪をはめ、猿ぐつわを嚙ませようとする仕業」、「自由な言論への攻撃」などと形容した。プレス・リリースのなかで、ナイジェリア編集者協会（The Nigeria Guild of Editors）会長のフェミ・アデシナ（Femi Adesina）は、つぎのように述べた。

　　メディアは武器をもっていません。わたしたちがもっているのは情報です。一見して先がみえないほど暗くても、情報は、その暗闇に光を投げかけるのです。（中略）メディアは、安全上の妨害になるという説得力ない漠然とした理由によって、非難されるべきではありません。そして、メディアもそのような傘の下に隠れて、わたしたちにトラウマをもたらすべきではないのです（Premium Times 2014）。

2013年1月8日、ナイジェリアン・トリビューン紙（Nigerian Tribune Newspaper）の記者、ラオル・ハロルド（Laolu Harold）は、イバダン（Ibadan）において、オヨ州（Oyo）政府破壊任務部隊配属の兵士から暴行を受けた。店舗を壊そうとしていた部隊のメンバーの写真を撮ろうとしたためであった。ハロルド記者は、つぎのように語った。

> かれらは、わたしを何度も平手打ちしました。襟首をつかんで、ヴァンの1台に引きずり込んだのです。わたしは床に横たわるように命じられ、1人がわたしを三つ叉の鞭で打って暴行を加えました。（中略）つぎに外にでて、下に転がるように命じられました。1人がわたしを殴っているあいだ、他の者はわたしの顔を平手打ちにしました。そのあいだに、わたしのデジタルカメラは押収されてしまいました（Jide 2013）。

2012年12月24日、アルミザン紙（Al-Mizan Newspaper）で働くジャーナリスト、アリユ・サレ（Aliyu Saleh）とアワル・ムサ（Awwal Musa）の2人は、SSSによって拘束された。この原因となったのは、ヨベ州ポティスカム（Potiskum, Yobe）の連合任務部隊（Join Task Force, JTF）の活動についての記事であった、といわれている。その記事は、ヨベにおいて84名の若者が拉致されたことをはじめとする、JTFの不法逮捕や拘留に焦点を当てていた（Tukur 2012）。

被インタビュー者が述べていたように、「不可解な」ニュースを発表する勇気をもったジャーナリストを攻撃・威嚇するという政府の戦術は、ジャーナリストが詳細な調査を遂行するうえでの障害となっている。調査報道の量やクオリティが低下している理由として、他にもPSM内部の政治的な事情や不適切なリーダーシップ・惰性・機構的な行き詰まり、新聞の廃刊などの恐怖を引き起こす要素（経済的生き残りは必至である）、助成をしないという脅し、非協力的なジャーナリストを罷免するという差別待遇、さらに賄賂や腐敗などがあげられる。ソーシャル・メディアも、調査報道に携わるジャーナリストの仕事を、ある意味不必要なものにしてしまっている。ソーシャル・メディアは、主流メディアの十八番を奪うようになってきている。読者の目も、ソーシャル・メディアによって肥えてきている。また、ソーシャル・メディアによって報道されれば、通常数分のうちにその内容が広く知れわたるようになっている。一方、通信技術の革新は、支配層の違法行為もより手の込んだものにしている。簡単に露呈するような犯罪も、通信技術の向上のために暴露が難しくなっている。報

道しようとしても個人のプライバシーの問題があり、それを守る法律に厳密に則っていなければ、法的手続きに基づき報道自体が反古になってしまう危険もある。しかし、情報に関わるプライバシーは、報道の自由という価値を犠牲にしてもよいほど、神聖でもなければ優越すべきものでもない（Dienes 1999: 1139）。

　ナイジェリアのように、多様な民族が共存し緊張しているような国では、誤った情報による誤解ひとつで民族暴動が暴発してしまう可能性を否定することはできない。しかし、メディアが社会的責任理論の支柱である責任を果たすことの意義はきわめて大きい。社会的責任理論の精神に基づいてその責任がはたされるのであれば、メディアは、国家分断の要因になるのではなく、国家の強化や統合に間違いなく貢献することができるだろう。結局のところ、メディアに求められているのは、「社会を構成するグループの典型的な構図」を描きだし、「社会の目標と価値」というものを明確に示しながら、「起こった出来事に意義づけをおこなうという文脈で、事実に基づく（truthful）包括的で知的な報道を遂行する」ことなのである（この点については、前述の理論的枠組みにおける社会的責任理論の段落を参照のこと）。

おわりに

　PSMの透明化を実現するためには、それを現実化し維持するうえでの障害となっている政府職員、機構および社会環境が除去されなければならない。そのためには、報道の自由を制限している深刻な内部的な力や、そのような制限をもたらしている外部的な力に対処していく必要がある。また、社会的な勢力に幅広く呼びかける必要もあるだろう。大衆に重要な情報を伝え広めるという意義が、ナイジェリアのPSMから失われてしまったというわけではない。報道する内容についてきちんとした調査を実施するために、ナイジェリアのPSMに欠けているのは、2011年の情報公開請求法の制定によってもたらされたチャンスを活かす能力（そしてその勇気）なのである。その裏には、難しいことに同法の全面的な実施に抵抗する官僚の激しい抵抗があり、それによって大衆が自由に情報へアクセスできるという利益が妨げられている。これは、法律の規定によって保障されているダイナミックな権利がまったく理解されていないか、そうでなければそれをごまかそうとする故意があることの表れである。

しかし、実のところもっと大きな障害になっているのは、PSMのジャーナリストが、多岐にわたる権力構造や同社会の政治家と複雑な関係にあるということなのである。

検閲という事象は、世界の多くの地域でおこなわれているものの、ナイジェリアの事例では「情報元の秘匿（refusal to disclose）」という考えが公然と無視されている。また、ナイジェリアにおける検閲では、暴力をともなって報道の自由に対する弾圧がおこなわれている。その結果、ジャーナリストは自己保身策をとるようになっている。同僚の身のうえに起こったことを目の当たりにしたジャーナリストは、自分も同様に暴力・威嚇・脅迫の被害者となってしまわないよう、許容可能な我慢できる範囲で、支配階層の命令に服従しようとしている。

PSMの番犬としての役割以外にも、ある種の力学が、ナイジェリアPSMのジャーナリストの行為に影響をおよぼしてきた。たとえば、メディアを運営するうえでの力学や目下の変化しつつあるナイジェリア政治における力学、ジャーナリストが置かれている社会に広く内在している力学などである。検閲があまりにも多くの問題を引き起こしているということは自明であり、論を俟たない。しかし、このような通り一遍の説明だけでは、不十分なのである。というのも、外部からPSMにかけられた各種の圧力は、PSMの運営システム内における力学によって屈折させられ、それによって変化を起こすと考えられるためである。

支配階層の反発をものともせず、調査報道に活力をあたえ、検閲に対抗しうる批判的な調査を断行する要は、PSMのジャーナリストにある。事実を発掘したジャーナリストを弾圧すれば、長期的観点からは国家に由々しい政治的リスクがもたらされることになる。2015年3月28日のナイジェリア総選挙に向けて、選挙運動が盛りあがりをみせつつあるが、そのなかで、PSMの報道や評論がどのような能力を示すことができるのか。そして、メディアは社会的責任理論の前提であるその責任を果たすことができるのか。これらの問いに対する答えは、まだでていない。

1）　以下すべての換算レートは2014年7月13日現在のものである。Retrieved from http://www.xe.com/currencyconverter/convert/?Amount=500000&From=NGN&To=USD, 13 July 2014.

引用文献

Abacha, S. (1996) "The Media and our Destiny," *New Nigeria Newspaper* (30 January 1996).

Addulrahman, D. A., et al. (eds.) (2012) *50 Years of Nigeria's Nationhood: Issues and Challenges for Sustainable Development*. Ibadan: Crown F. Publishers.

Agbaje, Adigun A. B. (1992) *The Nigerian Press, Hegemony, and the Social Construction of Legitimacy: 1960-1983*. Lewiston: The Edwin Mellon Press.

de Burgh, Hugo (2008) *Investigative Journalism*. London: Routledge.

Dienes, C. Thomas (1999) "Protecting Investigative Journalism," *George Washington Law Review* 67: 1139-1150.

Donald, Thomas (1969) *A Long Time Burning: The History of Literary Censorship in England*. New York: Praeger.

Ettema, James S. and Glasser, Theodore L. (1984) "On the Epistemology of Investigative Journalism," Paper presented at the Annual Meeting of the Association for Education in Journalism and Mass Communication, Gainesville, Florida. Retrieved from files.eric.ed.gov/fulltext/ED247585.pdf

Ettema, James S. and Glasser, Theodore L. (1998) *Custodians of Conscience: Investigative Journalism and Public Virtue*. New York: Columbia University Press.

Garner, Bryan A. (2009) *Black's Law Dictionary*. 9th Edition. London: Thompson Reuters.

Glasser, Theodore L. and Ettema, James S. (1989) "Investigative journalism and the moral order," *Critical Studies in Mass Communication* 6(1): 1-20.

Holmes, David (2005) *Communication Theory: Media, Technology and Society*. London: SAGE Publications.

Kabiru, Danladi and Abubakar, Siddique Mohammed (2012) "Press Coverage of the Post-Election Violence in Bauchi and Kaduna: A Content Analysis of Daily Trust and Punch Newspapers Headlines from April 1-May 31, 2011," in Abdulrahman, Dejo Adepoju, Ogundiya, Ilufoye Sarafa, Garba, Tukur and Dankani, Ibrahim Mustapha (eds.) *50 Years of Nigeria's Nationhood: Issues and Challenges for Sustainable Development*. Ibadan: Crown F. Publishers: 144-158.

Marx, K. and Engels, F. (1970) *The German Ideology*. New York: International Publishers.

Moe, Hallvard (2008) "Defining Public Service beyond Broadcasting: The Legitimacy of Different Approaches," Paper for RIPE Conference, Mainz, 9-11 October 2008. Retrieved from http://ripeat.org/wp-content/uploads/2010/03/Moel.pdf, 13 June 2014.

Mgbejume, Onyero (1991) "Constraints on Mass Media Policies in Nigeria," *Africa Media Review* 5(2): 47-57.

Patterson, Annabel (1984) *Censorship and Interpretation: The Conditions of Writing and Reading in Early Modern England*. Chicago: University of Wisconsin Press.

Protess, David L. (1992) *The Journalism of Outrage: Investigative Reporting and Agenda Building in America*. New York: Guilford Press.

Thomas, Donald (1969) *A Long Time Burning: The History of Literary Censorship in England*.

First Edition. Praeger.

Tong, Jingrong (2011) *Investigative Journalism in China: Journalism, Power, and Society*. New York and London: Continuum.

Waisbord, Silvio (2002) "The challenges of investigative journalism," *University of Miami Law Journal* 56 (1): 377-395.

Weaver, David (ed.) (1998) *The Global Journalist: News People around the World*. Creskill: Hampton.

インターネット資料

Jide, Jegede (2013) *Soldiers beat Nigerian Tribune journalist*, published on January 8, 2013. Retrieved from http://www.premiumtimesng.com/news/114334-soldiers-beat-nigerian-tribune-journalist.html

Premium Times (2014) published on June 8, 2014. Retrieved from http://www.premiumtimesng.com/news/162309-nigerians-condemn-military-attack-newspapers.html

Tukur, Sani (2012) *Four days gone, SSS refuses to release, try Al-Mizan journalists*, published on December 27, 2012. Retrieved from http://www.premiumtimesng.com/news/112907-four-days-gone-sss-refuses-to-release-try-al-mizan-journalists.html

7 メキシコ
民主化のための報道

ホセ・アントニオ・ブランビラ

はじめに

2014年12月9日、ラジオで活躍する著名なメキシコ人ジャーナリスト、カルメン・アリステギ（Carmen Aristegui）は、数か月間という長期にわたる共同取材の成果を報じた。それは、メキシコ州の建設業者がメキシコ・シティの最高級住宅街に所有していた700万米ドル相当の豪邸が、ペニャ・ニエト（Enrique Pena Nieto）大統領夫妻の私邸になっている事実を暴露したものであった。この汚職事件によって、メキシコ政府は信頼を失うことになった。このスキャンダルは国内外の主要報道メディアによって報じられた。この事件が報道されたのは、ニエト大統領がメキシコへの投資を海外投資家に盛んに呼びかけている最中のことであった。（メキシコ人の情報源である）主要テレビの報道番組は、このスクープを簡単に取りあげたが、メキシコ中部のメキシコ州において最も影響力のある地元紙はこの件には一言も触れなかった（Aguayo 2014）。メキシコ州はニエト大統領の出身地であり、85年ものあいだかれが所属する制度的革命党（Institutional Revolutionary Party、PRI）が支配してきた。

大統領邸宅をめぐる汚職事件についての報道は、根深い腐敗や政治エリート間のパトロン的関係に焦点を当てただけではない。この事件をめぐる報道振りによって、メキシコでは報道の場において依然として緊張や矛盾があるということが明らかになった。メキシコにおける報道は、過去30年のあいだにより自由に、多様かつ公平になってきている。競争も激しくなった。しかし、報道の大事な部分はいまなお、政治グループや地元有力者と密接な関係を築いているメディア企業のコントロールに委ねられているのである。

本章では、現代メキシコにおけるジャーナリズムの現状と、そこにある緊張

や矛盾を考察する。そのために、過去数十年にわたってメキシコ（およびラテンアメリカ）のメディアのあり方に影響をあたえてきた、最も重要な歴史、社会、政治、経済的側面を検証する。つとに指摘されてきたように（Hallin and Mancini 2004; Voltmer 2013）、メディアのあり方はその社会的・政治的構造によって形成・制約される。メキシコについていえば、報道メディアのあり方に影響をあたえ、それを規定してきた重要な特徴として、クライアント的関係の蔓延（「物質的報酬を引き換えにした、政治的な従属に基づく関係」（Fox 1994: 153））、（とくにテレビ業界における）メディアの競争の激しさ、不十分な法の支配という3点が指摘されている（Guerrero 2014; Hallin and Papathanassopoulos 2002）。

　民主主義社会において、調査報道は必要不可欠である（調査報道は、番犬ジャーナリズム（watchdog journalism）や第四の権力（Fourth State）としても知られている）。調査報道は、読者の理解を促すために情報を提供すると同時に、当局者や企業経営者の責任を追及し、政府の悪事を告発するものである。本章では、上記の3つの局面がメディアが民主主義社会において調査報道という役割を担ううえで、どのように相互に影響し合っているのかということを検証する。ラテンアメリカについてウェイスボード（Waisbord 2001）が指摘しているように、メキシコの報道機関も必ずや調査報道に取り組まなければならない。政治的な機関が、制度的に政府当局者や企業に責任を問えなかったとしても、調査報道が立法機関や司法機関が「行動を起こす」圧力となりうるためである。

　アリステギの調査によれば、メキシコでは政治が多元化し市場競争が激化したことによって、メディア上に多様な意見がみられるようになった。より公平で正確な、職業的にも確立されたジャーナリズムも育まれてきた。本章で論証するのは、それでもなおメキシコでは前述の3つの側面によって、メディアの番犬としての役割が制約、束縛されているということである。ゲレーロ（Guerrero 2014）の言葉を借りれば、「（メキシコにおいて）ジャーナリズムが番犬としての役割をはたすためには、既存の権力との距離が近すぎ、権力に挑戦するために必要な条件も揃っていない」。こうした現象をゲレーロは「自由主義的攻略」モデルと呼んだ。その特徴は、政治的な利益と司法権がおよばない利益が相まって、報道内容や情報の枠組みに不適切かつ違法な影響力がおよぼされることである（Guerrero 2014）。そのような影響力によって、報道活動の安全は脅かされ、調査報道には「冷却効果」が生じる。このように現在のメキシコでは、上述の3つの側面がメディアが第四の権力としての役割をはたすうえでの障害をもた

らし、それらをますます強固なものにしている。公共の利益よりもマーケットのニーズがニュースの決定に大きな影響力を有していること、職業的な環境が調査報道の発展を制約していること、メディアに対する公的助成が自由裁量によって配分されていること、ジャーナリストに対する法的枠組みの悪用、激しい「報道に対する暴力」などが、こうした障害としてあげられる。

　本章ではまず、独裁政権の時代から現在にいたるまで、ジャーナリズムとメディアのあり方に影響をあたえてきた重大な側面、すなわちメディアと国家のあいだのクライアント的関係、メディアにおける競争の激化、および法の支配の弱さを概観する。つぎに、ラテンアメリカ諸国におけるメディアのあり方を比較し、現在のメキシコにおいてメディアが第四の権力としての役割をはたすうえでの障害となっている5つの要素を詳細に分析する。最後に、本研究の特筆すべき点をまとめ、今後の研究の展望を示したい。

1. 独裁時代から現在までのメキシコ・メディア

1-1. PRI 政権下の報道メディア——クライアント的関係とメディア間の競争の起源

　現在のメキシコにおけるメディア・国家間関係を理解するためには、まず独裁政権下の権威主義的なメディア・国家間関係の特徴を分析しなければならない。ヴォルトマー（Voltmer 2013: 118）によれば、メディアのように旧体制下でも活動していた組織に、そうした古色蒼然とした体制が有していた権威主義的な特徴が認められないということはありえない。とすれば、現在のメキシコにおける報道メディアのあり方を説明するには、メディア・国家間のクライアント的関係やメディアの競争が激化した起源について遡ることは不可欠である。それは、PRI が、71年間にわたってメキシコ政治の最重要ポストを牛耳っていた（1929年以来、11州を統治してきた）時代に始まった。

　他の一党支配国家と同様、長期（1929-2000年）にわたる PRI 支配（priismo）を可能にしたのは、国家と企業の協力関係や、メディアをはじめとする政治的、社会的、経済的諸集団のあいだに広がった持続的でクライアント的な関係であった。ゲレーロ（Guerrero 2010）によれば、PRI 支配下におけるメディアと国家は一体化した関係にあった。そのような関係のなかで、国家はメディアの政治的な支持を独占する見返りに、メディア業界の発展を保証し、（放送メディ

アに対する取締りの緩和など）法的な便宜や（活字メディアに対する補助金など）技術的・経済的な利益を供与した。

　こうした申し合わせが本質的には弾圧的であるとはいえ、PRI支配ではメキシコの独裁者によって報道の自由に（検閲法のような）法的制限が加えられることは皆無といってよかった。また、他のラテンアメリカ諸国では多くのジャーナリストが暗殺されたり亡命したりしていたが（Waisbord 2001）、メキシコでは政府が組織だってメディアに対する制度的な弾圧をおこなったことはなく、その必要もなかった。政治ジャーナリストのミゲル・アンヘル・グラナドス（Miguel Angel Granados）は、こうした状況を（全体主義体制下でおこなわれるような）政府のメディアに対する攻撃や完全なコントロールの一種というよりも、むしろ（メディアは）「みずからの限界、あるいは少なくとも自分たちがどこまで掘り下げたいのかということを理解している。コントロールのメカニズムは、不必要であり、使われることはない」（Granados 1981: 9）と説明した。これはかれが「環境的検閲」（あるいは自主規制）として命名した状況である。この「環境的検閲」が機能する範囲は限定的なものであった。たとえば、大統領のイメージや体制の正統性を直接損ねない限り、批判的な意見や異なる意見を発表することは自由であった。ある研究者によれば（Marquez-Ramirez 2014a）、この種の「不文律」は現在もなおメキシコのメディアにおいて、政治的に有効に機能しているという（後述）。

　他方、メキシコの独裁者が、情報の中央への集約やジャーナリスト、編集者、報道機関のオーナーへの経済的補償というような複数の統制手段を、メディア全般（放送および活字メディア）に対して講じていたことも事実である。とくに、後者はPRI支配下では日常的におこなわれていた。当時、記者や編集者の給料は極端に少なかったために（多くの地方においては依然としてそうである）、国家の統制は経済的補償という形態をとったのである。フロムソン（Fromson 1996: 117）によれば、補償にはさまざまなやり方があったという。たとえば、報道室の人びとに食事を奢ったり、交通手段を提供したり、ホテルの部屋を確保したり、リゾート旅行に招待したり、豪華な品物が贈られたりしていた。なかでもとくに効果があったのは金銭の受け渡しであった。この買収行為は俗に「瓜（chayote）」や「象嵌（embute）」、あるいは端的に「封筒（el soblre）」と呼ばれた。これが最も一般的な賄賂の形態であり、ジャーナリストは「提灯記事を書いたり、報道の角度や視点を変えたり、さまざまな問題を引き起こしうる

ニュースを差し止めたりする」(Fromson 1996: 118) 見返りとして金銭を受け取っていた。こうした行為は、報道活動の妨げになっただけではなく、PRI 支配下のジャーナリストの職業意識を損ね、束縛することになった。民主主義への過渡期に、主要な報道メディアではほとんどこのような行為がおこなわれなくなったが、いまだにメキシコ各州の地元メディアでは「陰の」慣行として残っている (Marquez-Ramirez 2014b)。

　PRI 支配期におこなわれたメディアに対する権威主義的な統制は、実際にはもっと複雑であった。というのも、独裁者がメディアの種類（放送メディアであるか活字メディアであるか）に応じて「操りのレパートリー」(Schedler 2009) を駆使したためである。たとえば、放送メディア（ラジオやテレビ）が機能するためには認可を受けなければならないと法律で定められていたが、独裁体制はそれを自由裁量で交付することで、メディアからの支持を確保した。一方、活字メディアは認可を受ける必要がなかったため、独裁政府は紙の供給、流通のコントロールや経済的な補助といった異なる統制を敷いて、メディアからの支持を確実なものにしていた (Guerrero 2010: 234)。

　PRI 体制における新聞に対する国家の統制を説明するには、従来メキシコの定期刊行物（全国紙と雑誌）の発行部数はきわめて少なかったということを考慮する必要がある。新聞は、エリート層におけるコミュニケーション手段としての機能を担ってきた。国家が活字メディアの広告収入のほぼ半分を担っていた。広告は、思い通りに動かすことができる支持者、党や連邦・州政府、地元の企業を通じて供給されていた。活字メディアの経済的な依存は、PRI 支配期のメディア・国家間関係においてきわめて顕著であった (Lawson 2002: 31)。こうした補助がなければ、ほとんどの新聞や雑誌は生き延びられなかった。活字メディアを直接的に統制する方法としては、政府による公共料金への補助、課税控除、政治広告の掲載の依頼、通常より低いレートに基づく新聞・雑誌への開発銀行からの融資などがあげられる (Fernández-Christlieb 1982)。また、PRI 支配で広く実施されていた補助金の形態に記事広告 (gacetillas) がある。これは、ニュースを装ったプロパガンダで、アメリカでは「リーディング・ノーティス」と呼ばれている (Benavides 2000)。こうした慣習、なかでも自由裁量に基づく政治広告の割り当てと記事広告の使用は、依然としてメディアを統制するための形態として広く用いられている。とくに、メディア市場があまり発達しておらず、国家が新聞の主たる財源となっている地方の州においては一般的である。

逆に、放送メディアはメキシコにおいて活動する際に認可を受けなければならない。そこで、PRIからの要求を満たすためにニュース放送は批判的ではない非常に偏った情報を流し、PRI支配への徹底した忠誠を誓った。そのような譲歩の見返りとして、メディアの競争から保護され、ビジネスチャンスを得ることができた (Lawson 2002: 28)。そもそも、メキシコの放送業界は、他のラテンアメリカ諸国と同様に、米国の影響を強く受けている。米国では広告収入に支えられた私営企業がほとんどである (Sinclair 1999)。そのためメキシコの放送も、公共機関ではなく民間企業によって担われるという形態がとられてきた。こうした事情によって、商業的な発展に適した比較的自律的で寛容な環境基盤が固まったが、一方で放送業界が非常に限られた一族の手に委ねられることにも繋がった。民間企業のなかで最も力をもっていたのはテレビサ (Televisa) である。テレビサはアスカラガ (Azcarraga) ファミリーが所有する民放局である。PRI支配期には、テレビ視聴者の9割がテレビサをみていた。長年にわたって特権を享受し続けた結果、テレビサのテレビ業界における立場は揺るぎないものとなり、(ラジオ、雑誌および映画といった) 関連業界においても安定的な地位を確立した。ハリン (Hallin 2000a) によれば、メキシコ全土を網羅したテレビサの影響力と「PRIの影響力との違いはなかった」。

1-2. 民主主義への移行期から現在までの報道メディア

　独立したメディアが登場する要因や、民主主義への移行を促しやそれを強化するメディアの影響について、研究者のあいだでも意見が分かれている (Voltmer 2013)。しかし、メキシコに関してはつぎの2点について一致している (Guerrero 2010; Hughes 2006; Lawson 2002)。第一に、1970年代の政治的自由化と1982年の経済危機が、メディアがメキシコ社会の多様性を反映せざるをえなくなる契機であったことである。第二に、多様性を反映させるという決断がなされた時期が、メディアの種類によって異なるということである。サリー・ヒューズ (Hughes 2006) が指摘しているように、メディアの転換の時期はメディアごとに異なっていた。活字メディアの転換が1970年代から1980年代にかけておこなわれたのに対し、放送メディアはラジオ局が1980年代後半まで、テレビ局も1990年代後半まで変化しなかった。

活字メディア

　ヴォルトマーによれば（Voltmer 2013: 93）、民主主義への移行期には「それぞれのメディア媒体が（中略）率先して」官僚の責任を問い、当局の不正行為や体制の弾圧的な性質を暴露し始めるようになる。ヴォルトマーは、メキシコ・シティに拠点を置く新聞であるエクセルシオール紙（Excelsior）をその典型例として挙げている。エクセルシオール紙は、1968年から1976年まで、フリージャーナリストのフリオ・シェーラー・ガルシア（Julio Scherer Garcia）によって運営されていた。シェーラーの指揮の下で、エクセルシオール紙は、社会的不平等をはじめジャーナリズムの腐敗や政府の問題行為を暴露するなど、多くの調査報道をおこない、政府に対して批判的になっていた。その批判的な報道の結果、1976年、PRI政権はシェーラーの新聞社を営業停止に追い込んだ。それによって、新聞社の責任者をはじめ、150名のスタッフが職を失った。これがメキシコにおいてジャーナリズムの独立を促す転機になった（Lawson 2002; Guerrero 2010）。その後10年も経たずに、シェーラーとともに働いていた編集者、記者、コラムニストらが実質的に独立した雑誌や新聞を創刊した。1976年にブエルタ（Vuelta）誌やプロセッソ（Proceso）誌、1980年にネクソス（Nexos）誌が創刊された。また1977年と1984年には、それぞれウナマスノ（Unamasuno）とラ・ホルナダ（La Jornada）という新聞の発行が開始された。抑圧から10年を待たずして、新聞は再び番犬ジャーナリズムを実践するようになった。1990年頃になると、編集に関する新しいガイドラインを採択し、記者に倫理規範を教えるメディアもでてきた（レフォルマ（Reforma）、エル・フィナンシエロ（El Financiero）など）。それらのメディアは、当局の公式発表に疑問を抱くようになり、調査報道を断行し、汚職を明らかにし始めたのである（Hughes 2006）。

　現在、新聞は購読者の減少という問題に直面している。オンライン市場からの激しい競争にさらされているためである。sinemabargo.com や aninmalpolitico.com といったオンライン・ニュースが供給する情報がオンライン市場にでまわり、政治についての新しい切り口を求める市民の関心を惹きつけている。とはいえ、メキシコの新聞はスキャンダルに注目を集めるという点においていまだに重要な役割を担っている。新聞は依然オンライン・ニュースよりも多くのニュースを報道しており、ラジオやテレビが報道する項目を決定しているのである。

放送――ラジオとテレビ

　チャッペル・ローソン（Lawson 2002: 99）によれば、ラジオ局は社会や政治の出来事に関して偏りの少ない報道をし、ダイナミックで豊富な政治情報の供給源となってきた。その例として、1985年のメキシコ大地震や1988年の選挙違反をめぐる生放送があげられる。1985年の地震をめぐっては、政府の反応は鈍く十分な対応もなされなかったが、ラジオ番組はその他のメディアよりも正確で信頼度の高い有益な情報を提供した。また、1988年に不正に実施された総選挙に際して、ラジオのニュース番組が野党に割いた放送時間はテレビよりも多かった（Guerrero 2010）。こうした重大な事件と併せて、ラジオ局が増加したことで、オーナーたちは「リスクをとってまでも」批判的な意見にもマイクを向けざるをえなくなった。同時に、革新的になって新たな手法を生みだすことを迫られた。試行錯誤するラジオのなかで最も成功したのは、ジャーナリストのホセ・グティエレス・ヴィヴォ（Jose Gutierrez Vivo）率いるニュース番組「モニトール（Monitor）」である。キャスターは斬新な手法を取り入れ、政治エリートに長くて手強いインタビューをおこない、メキシコ・シティの社会・政治問題に関する都市調査をまとめることに多くの時間を割いた。ローソン（Lawson 2002: 102）は、ニュース番組「モニトール」が、ラジオが取りあげるトピックスの幅を広げ、ラジオ業界の自由を拡大するという役割をはたしたとし、それをエクセルシオール紙が新聞業界に引き起こした雪崩現象に重ねている。この点についていえば、「モニトール」が20年前にとっていた形式、厳密性、独立性やそうした取り組みは、現在ニュース番組「プリメラ・エミシオン（Primera Emicion、初版の意）」に受け継がれている。この番組のおかげで、プレゼンターのカルメン・アリステギはメキシコで最も人気のある有名なジャーナリストの1人となった。アリステギは、調査チームを率いて、政府の不正や腐敗を毎日のように暴いている。2014年末の大統領邸宅のスキャンダルも、こうした注目ニュースの1つであった。

　メディアのなかで最後に構造的に変化したのが、テレビであった。1990年代、ラテンアメリカにおいて「容赦ない規制緩和」（Hallin and Papathanassopoulos 2002）の波が高まるなかで、メキシコ州は州最大の公共放送（メキシコテレビ機構（Mexican Television Institute））[1]を民間企業であるTVアステカ（TV Azteca）に売却した。TVアステカは、当時独走状態にあったテレビサの唯一の競争相手となってきたところであった。テレビサの目玉ニュース番組であった「24

時間（24 Horas）」は、1988年の不正選挙をめぐる紛らわしい情報の提供や、メキシコ南部のサパティスタ民族解放軍（Zapatista National Liberation Army）の蜂起についての公平さを欠いた報道をしたことで、民主主義へと移行していく1990年代の混乱期に信頼を失墜させていった。それによって、「24時間」（そしてテレビサも）は多くの視聴者を失うことになった。視聴者は、TVアステカのニュース番組「真実（Hechos）」に乗り換えた（Béltran and Hernández 1998）。TVアステカの新しいオーナーは、「娯楽と息抜き」のために「新鮮な」情報を視聴者に提供するようになる。

　1993年以来、duopolio と呼ばれるこれら2つの民放局が、メキシコ全国のテレビ放送における視聴者の98％とテレビの広告収入の99％を獲得するようになった（Cofetel 2011 14）。全国放送のテレビサには4つの地上波チャネル（2、4、5および9）、TVアステカには3つの地上波チャンネル（7、13および22）がある。地上波の他、テレビサは有料テレビの加入者全体の50％を得ている。テレビ業界以外でも、テレビサは世界有数のスペイン語コンテンツの生産者となっており、映画、音楽、出版業界へも進出した。

　ラテンアメリカ諸国ではどこでもメディアがしのぎを削っているが、そのなかでもメキシコのテレビ業界における競争は激しい（Hughes and Lawson 2005: 12）。現在のメキシコにおけるメディアの激しい競争には2つの有害な影響がある（Guerrero 2014; Marquez-Ramirez 2014a; 2014b）。まず、報道ではマーケットが好むニュースと経済的な利益が重視されるということである。また、それを取り締まり、独占に反対するグループに対して組織的な干渉がおこなわれている。ゲレーロ（Guerrero 2014）によれば、民間企業、とくにテレビ局やテレコミュニケーション会社は、政府の取締りが適用される範囲を「攻略」し、自社の利益に適うよう法的な枠組みへ働きかけていた。たとえば、2014年にメディア改革をめぐる議論がおこなわれた際、TVアステカとテレビサは、行政当局と国会に働きかけ、テレビ業界における独占に「メスが入らないよう」にしたばかりでなく、前途有望なデジタルテレビやテレコミュニケーションといった関連業界では、さらなる優遇を受けみずからの地位を揺るぎないものとすることに成功した。この点について、ゲレーロ（Guerrero 2014: 1229）はつぎのように説明している。「ラテンアメリカのポスト移行期においては、結局のところ、従来メディアを支配していたグループに代わって、新しいグループが利益と恩恵を受けるようになった、というだけのことであった。かれらは民主主義への

移行によって変化するどころか、多様性を犠牲にしてメディアの厳しい競争を生き延びるためにより適した環境を手に入れたのである」。

1-3．脆弱な法の支配

最後に、現在のメキシコのメディアにおいて番犬的役割が制約を受けているということをきちんと説明するために、つぎのような側面を強調しておく必要がある。それは、法の支配が全体的に弱いということである（Guerrero 2014）。法の支配が脆弱であるということは、司法当局の機能、あるいは（取締り機関が効率的であるかどうかということを含む）政治アクターの公正さをめぐる問題を引き起こしているだけでなく、政府・非政府を問わずジャーナリストやメディアに対して攻撃的であることの原因となっている。

1990 年代、その執行機関が弱体化するにともない、PRI は地方独裁者（caudillos）や実質的な支配をおこなっている（de facto）グループをはじめとする多くの団体に対して独占的に行使してきた統制力を失った。党由来の執行機関の影響力が失われると、暴力は政府が独占的に行使するものではなくなり、地元有力者や麻薬カルテルによって個人的にもおこなわれるようになっていった。ウェイスボード（Waisbord 2002: 104）曰く、「政府は、暴力が自由におこなわれることを止められなかったというわけではなく、元来『殺人許可証』をあたえるという役割を担っていた」。政府が暴力を一手に引き受けることができなくなり、法の支配が弱まると、人権や（プレスの自由を含む）脆弱な民主主義システムは、真っ先にその犠牲となった。ウェイスボード（Waisbord 2002: 90）は、「プレスに対する暴力行為は、暴力の適切な行使を独占するという特殊任務を政府が遂行できなくなったということ、そして攻撃について責任を負うべき者たちに説明義務がないということによってもたらされている」と指摘している。

独裁政権時代においても、批判的な報道は、政治エリートや経済エリートによって快く受け止められていなかった。とはいえ、ジャーナリストに対する暴力が急激に増加していったのは、フェリペ・カルデロン（Felipe Calderon）前大統領(民主的に選出された 2 番目の大統領で、2006 年から 2012 年まで政権の座にあった）が 2006 年に組織犯罪との戦争に乗りだし、そのような犯罪と闘うことを軍に要請してからのことである。2012 年にカルデロンが退任するまで、報道されただけでもマスコミに対する攻撃は 630 回に上った。そのうちジャーナリ

スト67名が殺害され、14名が行方不明となっている（Greenslade 2012）。ジャーナリストに対する暴力は、紛れもなく「恐怖に基づく自主規制、すなわち麻薬の密売、汚職、人権、環境問題をめぐって番犬的な報道を実行することに対する妨害」となっている（González de Bustamante and Relly 2014: 19）。

2．現代メキシコにおける調査報道に課せられた制約

　過去20年というもの、社会が多様化しメディア市場における競争が激化したことによって、メディアは全体的に多様な意見に門戸を開くようになってきた。以前と比べれば、より公正、正確で熟練したジャーナリズムを育んできた。とはいえ、メキシコの報道メディアのあり方に最も影響をおよぼしているとされるクライアント的関係、メディアの競争の激しさ、脆弱な法の支配といった局面は、調査報道をするというマスコミの役割を著しく制限、制約してきた。ジャーナリストとしての要素（あるいは興味）を必要以上にもてば、メディアやジャーナリストの日常的な活動は直接的に妨害されることになるためである。つまり、報道のアジェンダや枠組みが決められてしまったり、メディアに従事する人びとの調査的な能力が制限されたり、極端な場合、報道する価値があるかどうかということまで決定されてしまうことになるのである。

　以下に述べることは、メキシコの事例ではあるが、ラテンアメリカ諸国を相対的に理解するうえでも有用である。というのも、開かれた報道の障害となっている要素は、ラテンアメリカ諸国のメディアで全般的に似通っていると指摘されているためである（Guerrero 2014; Baas 2013; Hughes and Lawson 2005; Hallin and Papathanassopoulos 2002）。すなわち、公共の利益にかなう報道よりも市場が好むニュースが選ばれること、調査報道の発展が阻害するような環境であること、メディアに対する公的助成が自由裁量に基づいて決定されていること、法的枠組みがジャーナリストやメディアに対抗するために悪用されていること、報道に対する暴力。こうした要素はすべてメキシコに存在しているものであるが、メキシコだけにあるというわけではないのである。

2-1．公共の利益にかなう報道に対する市場本位のニュースの優位性

　メキシコのニュース報道では、1990年代における権威主義体制の崩壊とメディア市場の自由化によって、煽情主義的あるいはタブロイド的ニュースとも

呼ばれる市場至上主義の報道形式が一般的な潮流となった（Hughes 2006）。そのような報道のスタイルは、まずテレビ番組において認められるようになった（Hallin 2000b）。しかし、すぐに活字メディア（Lozano 2004）やオンライン上の高級紙（Sánchez 2014）といったその他のメディアでもタブロイド化が広がっていった。

　この現象をとらえて、メディアにおける政治的、経済的な慣習に詳しい研究者はつぎのように議論する（McChensey 1999; McManus 2009）。すなわち、さまざまな異なる意見がやりとりされ編集の自律性があるべき場所が、経済的、財政的また企業的な利益に基づいて導かれる市場至上主義に変質するやいなや、民間メディアはその報道内容を商品として、視聴者や購読者を消費者として考えるようになってしまった。報道室内の厳しい階層性に基づく統制に加えて（McPherson 2012）、ラウール・トレッチョ（Trejo 2001）は、メキシコにおけるメディア競争の激化と情報の消費面における市場原理の普及が、市場本位のニュースの登場やランキング至上主義の理由である、と指摘している。ジョン・マクマヌス（McManus 2009: 227）によれば、マーケット本位の報道とは「ジャーナリストや報道機関が、奉仕しようとしているコミュニティに大きな影響をあたえる事柄や事件ついての公共の理解を最大化しようとする最大限の努力を、利益を釣りあげるという目的のために妨害するあらゆる行為のことである」という。そのうえでマクマヌスは、「ニュースを選択する際に市場に依存すればするほど、報道が市民の情報源にならなくなる」という点について2つの側面から説明している（McManus 2009: 227）。第一の側面は、報道にあたって、最もコストのかかるものが、最も報道する価値があるものである場合が多い、ということである。第二の側面は、民間の報道機関には消費者の欲求を最大化するようなコンテンツを作りだし、広告収入をあげるというプレッシャーがある、ということである。

　メキシコにおける市場本位のジャーナリズムでは、公共の利益にまつわる問題を、選挙活動から自然災害にいたるまでスペクタクル化してしまう、という特徴がある。社会の動きや国際的な紛争を、劇場化し極端に単純化する傾向が強い。ヒューズ（Hughes 2006）は、1990年代半ばにマーケット至上主義を受け入れた最初のメディアはテレビの報道番組であった、と指摘している。テレビの番組の編成におけるこうした現象について、ハリン（Hallin 2000b）の1994年と1998‒1999年との比較に基づく考察によれば、政治報道は「大幅に減少

した」という。1994年当時、国内問題についての報道が70%を占めていたが、1998年には35%になった。さらにハリンは、「ニュースアジェンダをめぐる深刻な問題（serious problems with the news agenda）」が起きていた、と述べている。1998-1999年を例にとれば、失業率や労働問題や農業問題はまったく報道されなかった。しかも、ニュースキャスターは、みずからを敵と対決する社会の代弁者と称して「社会的な対立」を助長した。こうした社会の対立は、「民主主義のプロセスが真に根付いていない社会にとっての危機となりうるのである」（Hallin 2000b）。

　市場本位のジャーナリズムの影響として、選挙活動についての報道を例にとると分かりやすい。そこでは、候補者の政治公約が報道されなくなり、その活動上のスキャンダルや候補者に対する誹謗中傷、候補者をめぐる賛否、候補者に対する実際のあるいは口頭による攻撃的な行為、ハプニング写真が報道の大部分を占めるようになってしまった。政治的アジェンダ以外についても、市場至上主義によって極端な単純化・劇場化がおこなわれるようになっていることはたしかである。たとえば、農村やその土地に住むゲリラは悪魔のような存在として描かれるようになってしまった（Montemayor 2007）。

　他方、超商業的な方法に基づいて報道をおこなうのではなく、ある種のオーナーシップが採用されることで、「市民の民主的ニーズ」をよりしっかりと満たすことができる、とする見解もある（Cushion 2012）。ベルナルド・ディアス-ノズティ（Bernardo Diaz-Nosty）（Arroyo et al. 2012: 105 に引用）は、ラテンアメリカにおいて報道の超商業化という現象が広がりをみせるなかで、PSMによる報道は社会にとって有益で替えのきかない位置を占めている、と指摘している。

　実証的な研究によれば（Brambila 2014a）、メキシコ民放の社会運動をめぐる報道振りは、極端に偏っていて不公正で「タブロイド的」である。それとは対照的に、PSMの報道番組はバランスが取れており公平で正確である。メキシコのPSMによる報道は、西欧におけるPSMが従来おこなってきた報道とは異なっている（Hallin and Mancini 2004）。というのも、メキシコのPSMの報道は政府からの自律を目指しているわけではなく、むしろ公共チャンネルの報道内容を規制する国内の取締り機関（倫理規範やニュース・オンブズマンなど）によって管轄されているためである。

2-2. 調査報道の発展を拒む要因

　PRI 政権下において、ジャーナリストは自律という概念やはっきりとした職業的な役割あるいは公共事業についての基本的な考えをもつことなく活動していた。この現象をとらえて、権威主義体制の崩壊とメディア市場の拡大によって、メキシコのマスコミ（とくに新聞業界）は概ね「強い自己主張をするようになり、調査的になり、政治的になり、全体的に公正」(Wallis 2004: 118) になった、という見解を示す研究者は少なくない（Hughes 2006; Wallis 2004; Lawson 2002; Rockwell 2002）。この立場に立つ研究では、自由なジャーナリズムが PRI 政権の正統性を失わせ、独裁政権上の悪習や政治な過ちを体系的に暴露してきた、という議論を展開する。ローソン（Lawson 2002: 150）はいう。「その結果が権威主義支配の暗黒面を暴露した一連の衝撃的な政治スキャンダルであった。つぎからつぎへと暴露されるスキャンダルによって、既存の機構に対する支持が失われ、改革への機運がもたらされた。エリートの考え方も変化した。こうしたスキャンダルは、概して政治的な移行プロセスを推し進めることになった」。この立場の研究は、PRI 政府崩壊の当然の結果として、「自由主義」型（あるいは番犬型）のジャーナリズムに繋がるメディアの自由化が生じた、と結論づける。

　しかしながら、こうした過程を疑問視する研究者たちもいる。ゲレーロは、「ジャーナリズム、コミュニケーション、その他関連する分野で訓練を積んだプロが雇用されるようになったことは大きな進歩である。そして、こうしたことは、すでに当たり前のこととしておこなわれるようになっている」としながらも、「権力の交代後に生じるであろうと期待されていた状況とは裏腹に、ここ 10 年の間メディアと政治権力との関係はほとんど透明化せず、バランスも欠いたままである。職業的にもあまり確立されていない」(Guerrero 2014: 23) と主張している。ミレヤ・マルケス＝ラミレス (Márquez-Ramiréz 2012) も、メディアの状況が改善されたとする見解に反論している。彼女は、独立したジャーナリズム活動をおこなっている新聞（とくにレフォルマ紙）があることは認めつつも、「政治家などによる発言の抜粋が、依然としてニュースを構成する手段となっているうえ、事実の正確さを保障するための明確に合意された手続きもない」と分析している。それどころか「ニュースの大部分は、メディア自身も認めているように間違っているか、不十分であるか、誇張されているか、根拠や脈絡がないかのいずれかに相当する」という (Márquez-Ramiréz 2012: 253)。つ

まり、「古い慣習はなかなか変わらない」ということを指摘し、メディア業界には権威主義的な慣習が依然としてはびこっていることを示唆している（Márquez-Ramiréz 2012: 253）。

さらに、地方に目を向けるとメディアで働く人びとのプロ意識は低い。そのような現実があるために、賄賂やジャーナリストに対する直接的な報酬がはびこっているのである。すなわち、メディアを統制するための権威主義的な慣習は根深く残っている。民主主義への移行を経て、メキシコでは「象嵌」の慣習が次第に失われつつあると主張する向きもあるが（Lawson 2002）、マルケス＝ラミレスによれば、これには世代間の違いも関係しているという。曰く「一般的に、古い世代のジャーナリストは無教養で腐敗していると考えられている。これは、最近のジャーナリストが描いている自己認識とは好対照をなしている。若い世代はみずからを、高度に熟練し職業に対して真剣に向き合っている、教育を受けたプロであると考えている」（Marquez-Ramirez 2014b: 57）。

メキシコにおいて「瓜」が蔓延している背景には、ジャーナリストの給料の低さがあげられる。その点に鑑みれば、ジャーナリズムにおける汚職が「ジャーナリストのように高学歴で専門的なグループをはじめ、所得に大きな格差が残されている社会で、特に根深い」（Voltmer 2013: 212）とする説は、たしかに正しいように思われる。リック・ロックウェルとノレーン・ヤヌス（Rockwell and Janus 2003）は、こうした汚職を「ジャーナリズムの暗黒面」と呼んでいる。最近発表されたデータによれば（WAN-INFRA 2014: 30）、地方のジャーナリストの月収は 226－300 米ドル、あるいは記事１本につき 2.5－3 米ドルである。また、地方のジャーナリストには、社会保障も健康保険もなく、労働組合や労働者の権利を擁護するためのデモに参加することも認められていない、ということが報告されている（RWB et al. 2014）。こうした不安定な労働環境は、ジャーナリストによる調査報道の遂行能力に負の影響があるだけではない。それによって、地元の記者はいとも簡単に腐敗した政府当局、地元の有力者やドラッグ・カルテルの餌食となってしまうのである。

2-3．自由裁量に基づくメディアに対する公的助成

ある研究では、資金の出所とメディアの発信するコンテンツには明確な相関関係があるという。「編集者が政府から直接に資金提供を受ければ、あるいは編集者たちと政府とのあいだに編集者を守る構造がなければ、その論調は必然

的にお上の発言に沿ったものとなってしまう」(Voltmer 2013: 151)。カトリン・ヴォルトマーは、多くの新興民主主義国では「ほとんどの場合、政府が依然として唯一の、あるいは主な資金源となっている。(中略) 政府機関は、引き続き活字メディアや小規模の放送メディアにとっての大広告主のような役割をはたしており、メディア、とくに小規模の出版社の多くにとって非常に重要な収益元となっている」と指摘している (Voltmer 2013: 151, 242)。

ゲレーロ (Guerrero 2014) は、ラテンアメリカについてつぎのような考察をおこなっている。民主主義への移行期以降に権力を掌握するようになった政治グループは、当該地域における宣伝、広報、政治的マーケティングを活発化させた。その際メディアは、権力の追求と維持のための重要な手段となった。メキシコにおける権威主義体制が崩壊して以来、政府当局は宣伝にあてるための予算を大幅に増やしてきた。政府発表によれば、政府が宣伝やマーケティングに費やした費用は、2001年から2012年のあいだに4倍になっている (WAN-INFRA 2014: 21)。さらに、司法府、立法府、行政府、政府系機関および全国のあらゆるレベルで活動する政党といったものを含めれば、国家はメディア業界において民間企業に次ぐ第二の大広告主となっている (IBOPE 2009)。

複数の研究機関によって確認されているように、公的助成は依然としてテレビ、ラジオ、新聞の収益の相当額を占めている (WAN-INFRA 2014)。現在のメキシコでは、政治的な目的をもった広告が濫用されている。WAN-INFRA の最新の研究 (2014) では、政府がコンテンツに直接に影響をあたえる広告の不正使用、お気に入りのメディアや政治的な協力者への優先的な広告費の配分、プロパガンダ目的の広告の利用など、広告にまつわる政府のさまざまな腐敗のメカニズムが明らかにされている。放送業界についていえば、連邦政府内のあらゆる組織にとって、テレビに対する公的助成を提供することは当たり前のことになっている。筆者の調査でも、前政権が始めたいわゆる「麻薬戦争」の最中、2006年から2012年のあいだに、防衛省が宣伝やマーケティングにあてた費用は450%も増加したことが判明している (Brambila 2014a)。また、こうした資源の配分は政府の自由裁量に基づいておこなわれたため、お気に入りのメディアに集中していた。しかも全体の70%を2つの主要テレビ局が受け取っていたのである。

出版業界も同じような状況にある。公的資金は依然として全国紙の最も重要な資金源となっている (WAN-INFRA 2014)。こうした状況は、メディアやジャー

ナリストが財政的に苦しく、政治的な圧力に屈しやすい地方においてより「深刻」である。一方、2010年、宣伝のために割り当てられた連邦政府の予算のうち、活字メディアに配分されたのは10%にすぎなかったが、放送メディアには78%が配分されていた。地方政府による活字メディアや放送メディアへの予算配分は、それぞれ29%と52%となっている（WAN-INFRA 2014: 20 および Article19 2013）。活字メディアに対する助成について、中央政府と地方政府のあいだには明確な違いがある。それは、政治的な広告が地方紙や雑誌への補助金代わりになっているという事実である（Article19 2013: 48）。たとえば、メキシコ州の主要紙は2014年の大統領邸宅をめぐるスキャンダルを報じなかったが（Aguayo 2014）、ここには公正で競争に基づいた明確な手続きに沿って広告契約をおこなうことを定めた法律が存在しない。そして、地元紙の収益の80%が政府広告によって賄われている（Santillan 2006）。

2-4．法的枠組みの活用

メキシコでの権威主義体制の崩壊前、マスコミやメディアに関する法律は連邦政府の管轄下にあった（Sánchez-Ruíz 1988: 32）。民主化し分権化を謳う新連邦主義政策が打ちだされるようになると、連邦政府以下の政府機関が地方における取締りの枠組みを管理する権限を有することになった。メディアに関連する各種法律のなかで最も多いのが、名誉毀損に関する法律である。そのような法律は、批判的なジャーナリズムを規制するために最も頻繁に悪用されている（Voltmer 2013: 144）。反政府的な批判を取り締まる法律が「もっとも一般的に適用されている、弾圧的で危険なメディア関連法規となってしまっている」（Voltmer 2013: 13）のである。

ここには、政府当局者の「名誉と尊厳」を保護するために名誉毀損法を適用するという、自由なジャーナリズムに敵対的なラテンアメリカの法的環境がある。2002年時点において、ラテンアメリカの全17か国で名誉毀損は「投獄されうる犯罪行為」とみなされていた（Hughes and Lawson 2005: 12）。ジャーナリストが起訴されたケースは、独裁的な行政官が地元法廷を牛耳っているラテンアメリカの地方都市でより頻繁に発生する（Boas 2013）。

アルゼンチンや米国のような連邦国家では、メディアの自由についての法的枠組みは最高裁の決定に委ねられている（Stanig 2014: 1-2）。その決定はすべての州に等しく適用される。しかし、メキシコの地方都市では、プレスの自由

は地元の刑事規則（Codigo Penal）に基づいて取り締まられており、最高裁の介入も全国的に均等な法の適用をもたらさない。2011年になって連邦レベルにおいては、名誉毀損および誹謗中傷に関するすべての法律がメキシコ議会によって廃止された。しかし、32州のうち13州において、名誉毀損に関するなんらかの法律が地方規範や法律のなかに残されている（Article 19 2014）。ある州ではジャーナリストが名誉毀損で告発され、禁錮4年の刑に服している。中東部のトラスカラ州では、名誉毀損法が依然として残っており、前政権時代には6人のジャーナリストが当局によって名誉毀損の罪で告発された（Article 19 2014）。これに対して、メキシコ全32州の統計をみると、厳しい名誉毀損法がある州では汚職行為にほとんど注意が払われていない（Stanig 2014）。

2-5．報道に対する暴力行為

　ラテンアメリカにおける自由で独立したメディアの最大の障害となっているのは、弾圧と法の支配の弱さである（Lawson and Hughes 2005）。法の支配が弱いために、政府によるか非政府によるかを問わず、ジャーナリストやメディアに対して攻撃的な行為が発生している。いわゆる「民主化の第三の波」（Huntington 1991）以来30年が経ち、多くのラテンアメリカ諸国が民主主義国家として分類されるようになっている。しかし、南米のアルゼンチンから中米に広がる新興民主主義の下で、メディアやジャーナリストが報道の自由をはじめとする政治的自由を享受している度合いは大きく異なっている。

　PRI体制では報道の自由が制限されていた。しかし1990年代以降は、民主化や一般紙の合併を通じてメディアの自由化が進んだ。ところが、状況は急速に悪化することになった。2006年以降、メキシコはジャーナリストにとって世界で最も危険な場所の1つと位置づけられるようになった。国民行動党（Partido Accion Nacional、PAN）のフェリペ・カルデロン・イノホサ（Felipe Calderon Hinohosa）大統領が2006年にいわゆる「麻薬戦争」を始めてから、襲撃事件や報道に対する暴力は劇的に増加した。カルデロン大統領の在任期間中（2006-2012年）、マスコミに対する襲撃は630件に上り、53名のジャーナリストが殺害された（IPI-WAN IFRA 2014）。この殺害件数は、1997-2005年の8年間の2倍以上である。国際ジャーナリストセンター（International Center for Journalists）によれば、現エンリケ・ペニャ・ニエト大統領政権になってからメキシコで殺されたジャーナリストは13名である（Telesur 2015）。

ジャーナリストに対する暴力は、報道の自由という理想を維持するという前提を打ち砕いてしまう。「メディアとは考えを、オープンになんら束縛されずにやり取りするという存在であるにもかかわらず、暴力によって記者たちは自主規制に駆り立てられ、編集者はほとんどリスクを冒さないようになってしまう」(Waisbord 2007: 119)。メキシコ北部では、検閲や自主規制が日常茶飯事となっている報道室があることも事実である。「自主規制や検閲は、新たな規範として多くの報道室で許容されている」(González de Bustamante and Relly 2014: 123)。

　メディアに携わる人びとに対する攻撃は、「ジャーナリズム活動に対する保証がない、あるいは政府が悪事を行使する者に対して効果的な捜査活動を実行することができない」ことによってもたらされているわけではない（Guerrero 2014)。Article 19 のメキシコ支部によれば、ベラクルス州のジャーナリストやメディアはそうした保証を求めている。同州は、ジャーナリストにとってメキシコで最も危険な州の1つである。2010 年以降も、前政権の時と同じように 11 人のジャーナリストが殺害されている（Najar 2015)。その他の州同様、ベラクルス州でも犯人の検挙率は低い。ジャーナリスト保護委員会（Committee to Protect Journalists、CPJ）によれば、1992 年以降、ジャーナリストがその活動のために殺害された事件について、89％の事件で殺人犯が処罰されないままとなっている。CPJ の報告書は、2013 年 4 月以降、連邦当局が表現の自由を脅かす犯罪を起訴するという権限をもつようになったにもかかわらず、こうした事件が未解決のまま残されていることに懸念を表明している。「完全に独立することは難しいとしても、基本的なマスコミの自由を尊重し遵守させることができる最低限の司法システムもないために、批判的な報道を可能にするはずのメディア関連法規は死文化してしまっている」(Waisbord 2002: 91)。

おわりに

　メキシコの報道メディアのあり方は、従来クライアント的関係と激しいメディアの競争という2つの側面から形作られてきたと述べて、本章を締めくくることにしたい。これらの要素は、法の支配が全般的に弱いことと相まって、現在のメキシコにおいてメディアが番犬的な役割をはたすことを妨げてきた。本章では、まずメディア規制の緩和とテレビ業界における度を超えた商業主義の登場以来、メディアの競争が激化していった過程を分析した。メディアの激

しい競争は市場至上主義の報道形態をもたらしてきた。その結果として、公の利益をめぐる情報は見世物化し、政治問題は極度に単純化されるようになっている。また、社会的な不平等や貧困についても、上から目線の報道が常態化している。メディアの競争は、情報の質と情報の提供に関わる民主主義的な利益に悪影響をもたらしているというだけでなく、duopolio と呼ばれる2つの民放局のような大企業が広告業界からの収益をほとんど独占するような状況をもたらしている。そのために、民間の報道機関（とくにメキシコ各州の地方紙）は政府からの助成に頼らざるをえなくなっているのである。

また、本章では、伝統的なクライアント的関係や PRI 支配下においてメディア・国家間関係を規定してきた様式が、依然としてメキシコ全土に根深く残っていることを指摘している。こうした関係にはさまざまな形態があるが、本章の分析によれば、最も広く一般的に用いられているのは政府寄りの報道をおこなう見返りとしてその助成の分け前に預かるという形式である。この行為は、国際機関から緩やかな検閲とみなされているが、その背景は PRI 政権時代とは異なっている。メキシコは現在、制度的には民主主義であり、ジャーナリストの世界も自由主義的になっている。しかし、公的助成が自由裁量に基づいて決定されていることが、こうした行為を引き起こしているのである。

麻薬戦争をめぐって国内的な紛争が起こったように、法の支配は全般的に脆弱であり、それが制度的な嫌がらせやジャーナリストの活動に対する暴力の要因となっている。それに関連して、政治的なグループや地元有力者は法的な枠組みを悪用してきた。同時に、暴力は政府だけのものではなくなり、政府・非政府アクターを問わず、暴力が個人的な理由で用いられるようになっている。

こうした民主主義の下におけるメディア活動に対する障害は、メキシコ全土でみられる。本章では、そうした状況が民主主義に基づくチェック・アンド・バランスが機能しておらず、報道メディアやジャーナリストの物質的条件が不安定な州でとくに深刻であるということを指摘した。

本章において言及した一連の障害に加えて、物質的な限界や国際的な経済危機以降、多くの報道室で人員削減が断行されたことの影響というような課題も、今後詳しく分析される必要がある。デジタル化時代を迎え、従来の収入源の多くが失われようとしている現在、利益とジャーナリズムの質を同時に向上していくにはどうすればよいのか、という報道メディアが直面している難しい問題も考察されなければならない。

現在のメキシコでは、ジャーナリズムが批判的で調査的となるためには、多くの困難が立ちはだかっている。それにもかかわらず、大統領邸宅をめぐるスキャンダルがアリステギというジャーナリストによって明らかにされたことは、批判的で調査報道的なジャーナリズムがこの国においても可能であるということ、同時にそれがかつてないほどに求められているということを示しているのである。

1）　他のラテンアメリカ諸国と同様、メキシコにおいても政府が所有する放送局には独立性の欠如や財政上の懸念、さまざまな面における不確実性があり、その道のりは平坦なものではなかった。フリオ・フアレス＝ガミス（Juárez-Gámiz 2010）はつぎのように述べている。「実際のところ、メキシコの政治的支配階級にとって、公共放送が長期的なプロジェクトになったことは一度もなかった」。この文脈で2つの地上波の政府系チャンネル、すなわちチャンネル22（Canal 22）とチャンネル11（Canal 11）だけが、公共サービスとしての使命を担ってきた。チャンネル11がメキシコにおいて最も人気のある公共放送であることは間違いないが、そのゴールデンタイムの視聴者は100-200万人ほどにすぎない（そのほとんどがメキシコ・シティ在住）。他方、テレビサの最も人気のある番組にチャンネルを合わせる視聴者は1500万人に上る（Gómez and Sosa Plata 2011: 12）。

引用・参照文献

Arroyo, Sobre Luis, Becerra, Martín and García Castillejo, Ángel y Santamaría (2012) *Cajas Mágicas: El renacimiento de la televisión pública en América Latina*. Madrid: Editorial Tecnos.

Article 19 (2013) *El costo de la legitimidad. El uso de la publicidad oficial en las entidades federativas*. Mexico City. Retrieved from http://goo.gl/5ILyfV, 13 March 2015.

Article 19 (2014) *Disentir en silencio: violencia contra la prensa y criminalizacion de la protesta en Mexico 2013*. Mexico City.

Aguayo, Sobre (2014) "En la encrucijada," *Reforma* 19 November 2014. Retrieved from http://goo.gl/zBvRNY, 13 March 2015.

Béltran, U. and Hernández, J. (1998) "Consumo de noticieros de television abierta en México," *Nexos*, 1 February 1998. Retrieved from http://www.nexos.com.mx/?p=8767, 13 March 2015.

Benavides, J. L. (2000) "Gacetilla: a keyword for a revisionist approach to the political economy of Mexico's print news media," *Media, Culture and Society* 22(1): 85-104.

Boas, Taylor C. (2013) "Mass Media and Politics in Latin America," in Domínguez, Jorge I. and Shifter, Michael (eds.) *Constructing Democratic Governance in Latin America*. Baltimore: Johns Hopkins University Press.

Brambila, J. A. (2014a) "PSM in New Democracies: Making News for Democracy in Latin

America and Mexico," Paper presented at RIPE annual conference. Tokyo, 28 August 2014. Retrieved from http://goo.gl/vKn3wI, 13 March 2015.

Brambila, J. A. (2014b) "Comunicación en la guerra contra el narcotráfico. La estrategia publicitaria de la SEDENA (2007-2011)," *CONfines de Relaciones Internacionales y Ciencia Política* 10(20): 9-33.

Cofetel (2011) *Estudio del mercado de servicios de televisión abierta en México*. México: Cofetel. Retrieved from http://goo.gl/vKn3wI, 13 March 2015.

Committee to Protect Journalists (CPJ) (2014) *Getting Away With Murder*, 16 April 2014. Retrieved from https://cpj.org/reports/2014/04/impunity-index-getting-away-with-murder.php, 13 March 2015.

Cushion, S. (2012) *The Democratic Value of News. Why Public Service Media Matter*. London: Palgrave.

Fernández-Christlieb, F. (1982) *Los medios de comunicación masiva en México*. México: Juan Pablos.

Fox, J. (1994) "The Difficult Transition from Clientelism to Citizenship: Lessons from Mexico," *World Politics* 46(2): 151-184.

Fromson, M. (1996) "Mexico's struggle for a free press," in Cole, R. E. (ed.) *Communication in Latin America: journalism, mass media and society*. Wilmington: Scholarly Resources: 115-137.

Fuenzalida V. (2009) "Nuevas tendencias de la Televisión Pública en América Latina," in *Televisión pública: Experiencias de Alemania y Latinoamérica*. Buenos Aires, Arg: Konrad Adenauer Stiftung.

Gómez, R. and Sosa Plata, G. (2011) *Mapping Digital Media: Mexico*. New York: Open Society Foundations. Retrieved from http://goo.gl/HHgMjA, 13 March 2015.

González de Bustamante, C. and Relly, J. E. (2014) "Silencing Mexico: A Study of Influences on Journalists in the Northern States," *The International Journal of Press/Politics* 19(1) 108-131.

Granados, M. A. (1981) *Examen de la comunicación en México*. México City: El Caballito.

Greenslade, R. (2012) "Mexico admits to 67 journalist murders since 2006," *The Guardian*, July 18. Retrieved from http://goo.gl/4HYVPr, 13 March 2015.

Guerrero M. A. (2010) "Los medios de comunicación y el régimen político," in Loaeza, Soledad y Prud'home, Jean-François (Coord.) *Los grandes problemas de México*. T. XIV. México City: El Colegio de México.

Guerrero, M. A. (2014) "The 'Captured Liberal' Model of Media Systems in Latin America," in Guerrero, M. A. and Márquez-Ramírez, M. (eds.) *Media Systems and Communication Policies in Latin America*. London: Palgrave: 43-65.

Hallin, Daniel C. (2000a) "Media, political power and democratization in Mexico," in Curran, J. and Park, M. J. (eds.) *De-westernizing media studies*. London: Routledge: 97-110.

Hallin, Daniel C. (2000b) "La Nota Roja: Popular Journalism and the Transition to Democracy," in Sparks, Colin and Tulloch, John (eds.) *Tabloid Tales*. New York: Rowman and Littlefield

Publishers.

Hallin, Daniel C. and Mancini, Paolo (2004) *Comparing Media Systems: Three Models of Media and Politics*. Cambridge: Cambridge University Press.

Hallin, Daniel C. and Papathanassopoulos, Stylianos (2002) "Political Clientelism and the Media: Southern Europe and Latin America in Comparative Perspective," *Media, Culture and Society* 24(2): 175-195.

Hughes, Sallie (2006) *Newsrooms in Conflict: Journalism and the Democratization of Mexico*. Pittsburgh: University of Pittsburg Press.

Hughes, S. and Lawson, C. (2005) "The barriers to media opening in Latin America," *Political Communication* 22: 9-25.

Huntington, Samuel (1991) *The Third Wave: Democratization in the Late Twentieth Century*. Norman: University of Oklahoma Press.

Institute of Public Opinion and Statistics (IBOPE) (2009) *Anuario 2008-2009 Audiencias y Medios en México*. México: IBOPE. Retrieved from http://goo.gl/ZovHYc, 13 March 2015.

International Press Institute (IPI) and the World Association of Newspapers and News Publishers (WAN-IFRA) (2014) "IPI and WAN-IFRA Call for Mexican Presidential Candidates to Address Journalist Safety," 24 May 2014. Retrieved from http://goo.gl/DnQQ9Q, 13 March 2015.

Juárez-Gámiz, Julio (2010) "Breaking the mold with new media: making way for a public service provider in Mexico?" Paper presented at RIPE annual conference (Re-visionary Interpretations of the Public Enterprise). London, 8-11 September 2010. Retrieved from http://goo.gl/5J0QaL, 13 March 2015.

Lawson, Chappell (2002) *Building the fourth state: democratization and the rise of a free press in Mexico*. Berkeley: University of California Press.

Lozano, J. C. (2004) "Infotainment in national TV news: A comparative content analysis of Mexican, Canadian and U.S. news programs," Paper presented at the Annual Conference of the International Association for Media and Communication Research. Brazil, 25-30 July 2004. Retrieved from http://goo.gl/gfjSmY, 13 March 2015.

Márquez-Ramírez, Mireya (2012) *Change or Continuity: The Culture and Practices of Journalism in Mexico (2000-2007)*. Ph.D. dissertation, Goldsmiths, University of London.

Márquez-Ramírez, Mireya (2014a) "Post-authoritarian Politics in a Neoliberal Era: Revising Media and Journalism Transition in Mexico," in Guerrero, M. A. and Márquez-Ramírez, M. (eds.) *Media Systems and Communication Policies in Latin America*. London: Palgrave.

Márquez-Ramírez, Mireya (2014b) "Professionalism and Journalism Ethics in Post-Authoritarian Mexico: Perceptions of News for Cash, Gifts, and Perks," in Wyatt, W. (ed.) *The Ethics of Journalism: Individual, Institutional and Cultural Influences*. London: I.B. Tauris: 55-65.

McChensey, R. (1999) *Rich Media, Poor Democracy. Communication Politics in Dubious Times*. New York: New Press.

McManus, John H. (2009) "The Commercialization of News," in Wahl-Jorgensen, Karen and

Hanitzsch, Thomas (eds.) *The Handbook of Journalism Studies*. New York: Routledge: 218-235.

McPherson, E. (2012) "Spot news versus reportage: newspaper models, the distribution of newsroom credibility, and implications for democratic journalism in Mexico," *International Journal of Communication* 6: 2301-2317.

Montemayor, Carlos (2007) *La guerrilla recurrente*. México: Debate.

Najar, A. (2015) "Veracruz: el estado mexicano que es un 'infierno' para los periodistas," BBC, February 9. Retrieved from http://goo.gl/2nE2Mf, 13 March 2015.

Reporters Without Borders, Periodistas de a Pie, Casa de los derechos de los periodistas, Sociedad Interamericana de Prensa (2014) *Gregorio: asesinado por informar*. México City. Retrieved from http://goo.gl/6n6Nhc, 13 March 2015.

Rockwell, Rick J. (2002) "Mexico: the Fox factor," in Fox, E. and Waisbord, S. (eds.) *Latin politics, global media*. Austin: University of Texas Press: 107-122.

Rockwell, Rick J. and Janus, Noreene (2002) "The politics of coercion: advertising, media and state power in Central America," *Journalism* 3(3): 331-354.

Rockwell, Rick J. and Janus, Noreene (2003) *Media Power in Central America*. Chicago: The University of Illinois Press.

Sánchez, V. (2014) *Tabloidization of News in Online Quality Newspapers of Mexico*. MA thesis, Hamburg University.

Sánchez-Ruíz E. (1988) "Los medios de difusión masiva y la centralización en México," *Mexican Studies/Estudios Mexicanos* 4(1): 25-54.

Santillán J. R. (2006) "Poder y prensa en el Estado de México," *Etcétera*. Retrieved from http://goo.gl/18l7BP, 27 February 2015.

Schedler, A. (2009) *The New Institutionalism in the Study of Authoritarian Regimes*. Working papers, CIDE, Mexico City. Retrieved from http://goo.gl/WfVQwr, 27 February 2015.

Sinclair, John (1999) *Latin American Television: A Global View*. New York: Oxford University Press.

Stanig, Piero (2014) "Regulation of Speech and Media Coverage of Corruption: An Empirical Analysis of the Mexican Press," *American Journal of Political Science* 59(1): 175-193.

Telesur (2015) *Mexican Journalists Who Helped Unveil Corruption Scandal Fired*. Retrieved from http://goo.gl/CKCX2J, 27 February 2015.

Trejo, Raúl (2001) *Mediocracia sin mediaciones: prensa, televisión y elecciones*. México: Cal y Arena.

Voltmer, Katrin (2013) *The Media in Transitional Democracies*. Cambridge: Polity Press.

Waisbord, Silvio (2001) "Why Democracy Needs Investigative Journalism," *Electronic Journal of the US Department of State* 6(1): 14-17. Retrieved from http://www.4uth.gov.ua/usa/english/media/ijge0401/gj03.htm, 27 February 2015.

Waisbord, Silvio (2002) "Antipress Violence and the Crisis of the State," *The Harvard International Journal of Press/Politics* 7: 90-109.

Waibsord, Silvio (2007) "Democratic journalism and statelessness," *Political Communication* 24(2): 115-129.

Wallis, D. (2004) "The media and democratic change in Mexico," *Parliamentary Affairs* 57(1): 118-130.

World Association of Newspapers and News Publishers (WAN-IFRA) (2014) *Buying Compliance: Governmental Advertising and Soft Censorship in Mexico*, Mexico City. Retrieved from http://goo.gl/wk054L, 27 February 2015.

8 マレーシア
放送メディアの限界と展望

ロスリナ・アブドゥル・ラティフ

はじめに

　ジャーナリズムや放送ジャーナリズムの意義は、事実を取り扱うことではなく事実のようにみえる事柄を解釈することにある。近年、多様なメディアによって解釈がおこなわれている。そのようにして生まれたニュースが社会に影響力と浸透力をもっていることは論を俟たない。しかし、ジャーナリストが書いたニュースや編集者によって制作された報道を通じて、メディアが市民におよぼす影響については見解が一致していない。

　新聞や放送メディアは報道ビジネスである。そこでは、重要で興味深い情報やその後の展開についての情報を収集し、編集し、提供している。一般的にメディアはなにか巨大で勢いよく回転しているもののなかにあって、ほどき難く絡まり合っている。同時にそこには難しい問題もある。それは、プロのジャーナリストと編集者のあいだの線引きや、ニュースを発表するにいたるまでの編集者の意思決定プロセス、さらには政権の政策によって誘導される意思決定といった点を含む。

　マレーシアに公共サービス放送はないが、政府の管轄下にある全国ネットの放送はある。それは改善されるべき問題を抱えている。本章では、公共サービス放送の形式としてニュースの編集をおこなう際、国家建設のプロセスをめぐってメディアが独自性を帯びたニュースを制作することができるのか否か、という点を検討することとしたい。

1．公共サービス放送

　国際連合教育科学文化機関（UNESCO）によれば、公共サービス放送（public service broadcasting、PSB）とは、「大衆のために大衆によって制作・出資・統制がなされる放送」のことである。PSB は、民営でも国営でもなく、国家から政治的な干渉を受けず、営利本位でもないとされる（UNESCO 2005）。その運営資金は、直接的には個人からの使用料や寄付、間接的には国の助成を通じて集められている。国からの助成金は、税金や国家資金から賄われる。加えて、PSB は豊富な資金を有する法人からも寄付を得ている。こうした法人には、広告のために一定の放映時間が割り当てられることもある。通常では PSB におけるコマーシャルは、営利主義的な民放で流されるコマーシャルより短いためにほとんど注目されることはない。

　PSB の目的は、社会を向上させたり文化的な着想をもたらしたりするところにあり、金儲けにあるわけではない。広く信じられているように、PSB には教育的な使命があり、社会における議論の精神を活性化させなければならない。PSB の放送局は、視聴者に影響をおよぼしうる最近の問題について周知し、社会を向上させる番組を放送する。市民は、PSB によって啓発され教育され、娯楽をあたえられるのである。

　UNESCO によれば、PSB に「多様な価値の相違を包括する多元主義、編集の自律性、適切な資金、説明責任、透明性」がある場合、それは民主主義の礎となる（UNESCO 2005）。PSB として最も有名なのは、イギリスの英国放送協会（BBC）であろう。BBC は主たる使命を「情報提供、教育、娯楽」であるとしている。

　どのような番組を制作するかということは、PSB 自身によって決定されるべきことである。しかし、その番組は営利的な放送では無視されがちな、特定の特殊な視聴者をも想定したものでなければならない。

　メディアに関するシンクタンクである放送研究機構（Broadcasting Research Unit）によれば、PSB 特有の目的は以下の通りである。

1．地理的な普遍性があること。PSB は、全国的に視聴可能でなければならない。
2．人気が普遍的であること。その番組は、あらゆる関心と嗜好を満たすものでなければならない。

3．マイノリティ、とくに恵まれない立場にある人びとを重点的に支援する。
4．国家アイデンティティと共同体に関心を寄せる。PSB は、みずからが国家のアイデンティティやコミュニティという意識と特殊な関係をもっていることを認識するべきである。番組のほとんどは、自国内で制作・発注されるべきである。海外から番組を輸入するよりも高くつくかもしれないが、これは地元の放送産業を支援し、番組において地域のアイデンティティや価値観が反映されることを保証するためである。
5．既得権益や政府から距離を置くこと。番組の制作は公平でなければならない。また、PSB は広告主や政府の要求に迎合してはならない。しかし、そのような公正さが実際に可能かどうかは疑問の余地がある。
6．普遍的な支払い方式。番組制作は、主として利用者全体によって直接に賄われるべきである。つまり、BBC でいうところのライセンス料である。
7．数字や「視聴率争い」ではなく、いかに良質の番組を制作するかということを競うべきである。真の PSB では、クオリティが最大の関心事である。
8．PSB に関するガイドラインは、番組制作者を制約するのではなく、むしろ自由をあたえるものであるべきである。

2．先行研究

　PSB の課題を理解するために、本章では、手始めとして各国メディアの状況とデジタル放送の進展を概観しておきたい。
　まず、日本の日本放送協会（NHK）である。NHK は、他国の公共放送と比べてみると、独特な放送局である。NHK は 1926 年、BBC をモデルとして設立された。BBC と同様、NHK は各家庭からの「受信料」によって賄われている。商業広告をとらず、厳正な政治的中立性を維持してきた。しかし近年、多くの家庭から受信料の支払いが滞るようになり、そのことが政治的な問題となっている。
　NHK には、全国放送の地上波チャンネルが 2 つ（NHK 総合と NHK 教育）と衛星放送が 2 つ（NHK BS1 と BS プレミアム）ある。ラジオにも 3 つの全国放送がある。また BBC ワールド・サービスと同じく、ラジオ・テレビは、多くの海外放送サービスをおこなっている。NHK は、テレビ事業において新しい技術を取り入れてきた。たとえば、1964 年に世界で初めてハイデフィニッション技術の開発を始め、1981 年にそのサービスを導入した。政府と公共放送の関係という点についていえば、NHK の枠組みは独立性と自律性を確保するも

のとなっている。こうした大枠に目立った変化はないものの、近年は相次ぐ不祥事を受けて引き締めをおこなっていくなかで、NHKの公共放送としての役割が議論されてきた。それにともない放送法も改正された（Nakamura 2010）。中村美子と米倉律によれば（Nakamura and Yonekura 2010）、衛星放送とケーブル放送の普及にもかかわらず、日本ではテレビ視聴の大部分が地上波放送によって占められている。とはいえ、公共放送であるNHKのシェアは比較的小さく17.3％に留まっている。民放の主要5社が計75.5％のシェアを占めているのに対し、衛星放送、ケーブル放送、その他のテレビ局のシェアはあわせても7.5％にすぎない。さらに中村と米倉は、日本の衛星放送に衛星放送（BS）と通信衛星放送（CS）の2つがあることも、他国とは異なるところであると議論している。有料の多チャンネル衛星放送であるスカイ・パーフェクトTVとスカイ・パーフェクトTVe2は、あわせて約416万人の契約者を抱えている（2008年9月時点）。また、約2196万世帯（2008年3月時点）がケーブルテレビに加入している。NHKは、「受信料」の形態によって賄われており、商業広告を放映することは禁じられている。2008年度の会計によると、受信料は1世帯当たり1か月1345円（地上波放送のみ。銀行振込も可）であった。NHKの従業員数は1万842人、年間予算は6720億8000万円であった。

　NHKが直面している課題の多くは、ヨーロッパのPSBが取り組むべき課題と類似している。当然のことながら各国は、それぞれに異なる体制と異なるメディア環境を有している。

　つぎにPSBの現状を比較するために、イギリスとオランダの事例をみてみよう。

　イギリスの地上波放送には、BBCの他3つの民間放送局がある。インディペンデント・テレビ（Independent Television、ITV）、チャンネル・ファイブ（Channel 5 Broadcasting Limited、Five。以下ファイブ）、非営利放送局であるチャンネル4（Channel Four Television Corporation、Channel 4）である。全国ネットのアナログテレビ放送は5チャンネルで、そのうちの2つがBBC、残りがそれぞれITV、ファイブ、チャンネル4によって運営されている。地上波のデジタル放送は950万世帯で受信されているが、これはテレビを視聴している全世帯の40％にあたる（2008年12月時点）。地上波デジタル放送には40チャンネルある（そのうち、テレビの8チャンネルとラジオ16チャンネルが、BBCによって運営されている）。加えて、ブリティッシュ・スカイ・ブロードキャスティング（British Sky

Broadcasting、BSkyB）が運営するデジタル衛星放送のスカイ（Sky）がある。スカイは、600チャンネルをおよそ890万世帯に向けて送信している（2008年12月時点）。またケーブルテレビには330万世帯が加入している。衛星放送とケーブルテレビでは、BBCやその他の放送局の地上波デジタル放送も同時放送されている。

中村と米倉（Nakamura and Yonekura 2010）の調査によれば、（BBC1とBBC2をあわせた）BBCの視聴率は29.6％でトップであり、それにITV（18.4％）、チャンネル4（8.2％）、ファイブ（5％）が続いた。残りの38.8％は衛星放送、ケーブルテレビ、その他のチャンネルの視聴率をあわせたものである。このように多チャンネル放送が成長するなかで、地上波テレビのシェアは縮小してきているものの、BBCが視聴率全体の比較的大きなシェアを依然占めているということがイギリスの放送業界の特徴となっている。BBCの主要財源は、ライセンス料であり（2008年度のライセンス料は、カラーテレビの受信につき1世帯あたり年間139ポンドであった）、商業広告を放送することは禁じられている。BBCの2007年度の歳入は50億ポンドを若干上回っており、従業員数は約2万3000人であった。

一方、オランダでは、ライセンス料と公共広告機構（Stichting Ether Reclame、STER）から得た収入のうち、1994年に公共放送に配分された総予算は14億ギルダーであった。収益の65％がライセンス料、35％が広告収入によるものであった。オランダ放送協会（Netherland Broadcasting Organization（Nederlandse Omroep Stichting）、NOS）がその約25％を受領している。8つのPSBが受け取った割合はあわせて50％にも満たなかった。その残りは、（別個の事業体である）教育団体やマイノリティ団体に割り当てられた。1994年に放送関連団体が雑誌、広告、寄付、その他の財源から得た収入は、4億4800万ギルダーであった。1997年にはPSBの予算は11億ギルダーに減額された。その理由の一端は、広告収入が競合社に流れたことによる損失にあった（Dommering 1998）。

予算編成は、NOSからメディア委員会（メディア法第99条）に提出された長期計画（4年間）に基づいて策定される。長期計画では、制作が予定されている番組について資金の調達方法や、各放送局が自主財源から拠出する金額の概算が説明される。メディア委員会は、メディア法第103条および第104条の原則に沿って資金の割当てを実施する。メディア委員会は放送局の年間収支を照査する（Proceedings of Dutch Parliament 1996-1997, 25120, nrs1-2, 7 in Dommering 1998）。

ライセンス料というシステムを作りだす論拠のうち、歴史的に合理性を失ったものもあれば、それに替わって新しい論拠が考案される場合もある。本来的にライセンス料による資金調達のためには、受信機を社会に広く普及させる必要があった。受信機を購入する余裕のある国民だけに、サービスに対する支払いが生じることになるためである。しかし経済理論的により洗練された論拠が発見された。それによると、放送は公共の利益であると考えられる。番組が一旦放送されてしまえば、ある者による使用がその他の者による使用を排除することはないためである。この論拠に基づいて、オランダでは支払わずにサービスを利用する「フリーライダー」を排除するための財政手段が求められた。ライセンス料の決定的な根拠となっているのは、ライセンス料があれば政治的動向に左右されることなく、放送の独立性を保つセーフガードになるというものである。ライセンス料が公共放送の安定的な収入源になっているとする論拠もある。つまり、ライセンス料については、受けたサービスに対する支払い、メディア政策を実現する財政的手段、文化的手段という3つの異なる理論的根拠がある（Bardoel 2003）。

3．マレーシアの状況——歴史的背景

　本節では、マレーシアの放送業界の背景と状況を概観する。特に、マレーシアの放送局について詳しく言及する。マレーシアの主要な放送局は国営と民営の3局である。民間企業のTV3、有料テレビのアストロ（Astro）、政府が所有するテレビ局のラジオ・テレビジョン・マレーシア（Radio Television Malaysia、RTM）である。

3-1．TV3

　マレーシアの放送局は経営上の観点から民営化を目標としているが、政府の制約を受けない自由な報道は目指していない。政府は、マレーシア全土にわたって報道機関と出版社を統制している。政府とメディアは、政治面においても経済面においても固く結びついている。政府が所有するメディアの民営化は、TV3として知られるシステム・テレビジョン・マレーシア・バード（Sistem Television Malaysia Berhad、STMB）が、最初の事例である。

　メディアであれその他の組織であれ、所有権をもつということはそれらに対

する統制を確保するうえで効果的である。政府は一連の立法や厳しい法律に基づき、マレーシアのメディアをコントロールしている。こうした法律には、1984年の印刷出版法（Printing and Publications Act）、1988年に制定された放送法（Broadcasting Act）とそれを引き継いだ1998年の通信マルチメディア法（Multimedia and Communication Act、CMA、2002年に改正）、煽動法（Sedition Act、1948年）、秘密保護法（Official Secrets Act、1972年）そして悪名高き国内治安維持法（Internal Security Act、1960年）がある。すべてのメディアは、報道が発表、放送される前に必ず自己検閲を実施している。つまり、統制はメディアの所有者によってもおこなわれているのである。

　マレーシア証券取引所の上場企業であるメディア・プリマ社（Media Prima Berhad）は、マレーシア有数の総合メディア投資グループである。同社は現在、TV3、NTV7（Natseven TV Sendirian Berhad）、8TV、TV9の株式を100％保有している。さらにメディア・プリマは、同国のニュー・ストレイツ・タイムス社（The New Straits Times Press Berhad、NSTP）の株を98％保有している。NSTP社は、ニュー・ストレイツ・タイムス、ブリタ・ハリアン（Berita Harian）、ハリアン・メトロ（Harian Metro）という3つの全国紙を発行しているマレーシアの大手出版社である。加えてメディア・プリマは、フライFM（Fly FM）、ホットFM（Hot FM）、ワンFM（One FM）というラジオ3局も所有している（Media Prima Berhad 2010）。

3-2．アストロ

　アストロは、マレーシアの直接放送衛星を通じた有料テレビ放送の名前である。アストロは、マレーシアとブルネイの世帯にデジタル衛星テレビとラジオを送信している。アストロは、All-Asian Satellite Television and Radio Operatorの頭文字をとった表記である。ミーサット放送ネットワークシステム（MEASAT Broadcast Network Systems）がこれを所有し運営している。アストロは、アストロ・オール・アジア・ネットワーク株式会社（Astro All Asia Networks plc）の完全子会社である。この会社は、テガス社（Tegas Sendirian Berhad）とその系列会社およびカザナー・ナショナル社（Khazanah National Berhad）が所有するアストロ・ホールディングス社（Astro Holdings Sendirian Berhad）によって成功裡に買収された後、2010年6月14日にマレーシア証券取引所の上場廃止となった。アストロは、クアラルンプールのブキット・ジャリルにあるオール・アジア・ブロードキャ

スト・センター（All Asia Broadcast Centre）とサイバージャヤにあるミーサットにおいて事業を展開している（Astro 2011a）。

　1995年、タン・スリの称号を持つアナンダ・クリシュナン（Ananda Krishnan）はミーサットを運営する資格を得た。その後ミーサットは、マレーシアのデジタル直接衛星放送サービスであるアストロを立ちあげた。クリシュナンは、マレーシア国立銀行の理事を長く務め、マレーシア版「スポーツくじ」（現在はブルジャヤ・グループ（Berjaya Group）が所有）を運営してきた。クリシュナンの自己資産は推定74億米ドルにのぼる。マレーシアの民間FM局はテレビ同様の所有形態をとっているが、そのほとんどがアナンダ・クリシュナンによってコントロールされている。

　エアタイム・マネジメント・アンド・プログラミング社（Airtime Management and Programming Sendirian Berhad、AMP）は、マレーシア国内で7つのラジオ局のうちの5つを所有している。AMPはさらに4つの「FM」放送をおこなっている。これらはデジタル直接放送衛星（アストロ）を通じてのみ聴取可能である。AMPは、クリシュナンが保有するアストロの一部門でもある。忘れてはならないのは、アナンダ・クリシュナンが、ミーサット1号（Measat-1）とミーサット2号（Measat-2）という2つの衛星を所有する通信会社のビナリアング社（Binariang Berhad）を保有し、最近では64.97％の株式を3兆4130億リンギットで売却した現マクシス・コミュニケーション社（Maxis Communications Berhad）を管理してきたということである（Shriver 2003）。マレーシアの宇宙事業の一端として、ミーサット1号が打ち上げられた後、1996年からはアストロがテレビ22チャンネルとラジオ8チャンネルの放送を開始した。これらの局はアストロ自身が所有している（Astro 2011b）。

3-3. RTM

　ラジオ・テレビジョン・マレーシアは、政府が所有するテレビ・ネットワークである。ラジオ・テレビジョン・マレーシアはRTMとして知られている。RTMはクアラルンプールのアングカサプリにある本社から放送をおこない、多くのラジオとテレビ局を所有・運営している。現在展開しているのは、ラジオの全国放送6チャンネル、国際放送2チャンネル、州放送17チャンネル、郡放送11チャンネル、そして、テレビのTV1とTV2という2チャンネルである（RTM 2010）。

1946年4月1日、RTMの放送が開始された。設立当初はラジオ・マラヤ（Radio Malaya）という名称であり、シンガポールから放送をおこなっていた。1957年8月31日にマラヤ連邦が独立すると、ラジオ・マラヤはシンガポールにあったスタジオを2つに分けた。そのうち1つはラジオ・シンガプラ（Radio Singapura）となった。もう一方であるラジオ・マラヤはクアラルンプールに移り、1959年1月1日から新たに放送を開始した（RTM 2010）。1963年9月16日にラジオ・マラヤはラジオ・マレーシアと名称を変更した。放送の開始時の「こちらはラジオ・マレーシアです」（Inilah Radio Malyasia）というフレーズはトレードマークとして社会に浸透した。その経営は、1963年12月28日にクラン・バレー（Klang Valley）とセランゴール（Selangor）で始まったテレビシエン・マレーシア（Televisyen Malaysia）の傘下に置かれた。テレビシエン・シンガプラ（Televisyen Singapura）は1963年2月61日に設立されたばかりであったが、同年12月以降から1965年にシンガポールがマレーシアから分離するまで、マレーシア・テレビジョンに所属していた（*Penyiaran* 1987）。

　1971年1月1日、ラジオ・マレーシアは国営放送のランカイアン・ナショナル（Rangkaian National）となり、マレーシアで初めて24時間放送のラジオ局となった。1978年に、ランカイアン・サトゥ（Rangkaian Satu）はマレーシア・テレビジョン・サトゥ（Malaysia Television Satu）と名前を変えた。1年後にはランカイアン・ドゥア（Rangkaian Dua）はマレーシア・テレビジョン・ドゥア（Malaysia Television Dua）と改名した。1979年、この2つのネットワークにはそれぞれ新しいロゴが作られた。1980年、マレーシア・テレビジョンとラジオ・マレーシアは統合され、ラジオ・テレビジョン・マレーシアすなわちRTMとなった（*Penyiaran* 1987）。

　2007年当時、マレーシアにおけるRTMのテレビ視聴率は17%であり、54%のメディア・プリマと29%のアストロの後塵を拝していた。しかしニールセン社の調査によると、最近ではRTMとアストロのどちらもベスト視聴率トップ20に入る番組を制作していない。

　次節では、RTMをテレビ局の事例として取りあげ、同様の形態で運営されている他国の公共サービス放送システムとの類似性の有無を考察したい。

4．マレーシアの放送業界──メディアの多元化と編集の独立性について

4-1．PSB テレビ放送の理解と期待、そして齟齬

　レオンとヤップの研究のなかで（Leong and Yap 2007）、ある政府高官と RTM スタッフ 2 名の話が紹介されている。そこでかれらは、PSB のテレビとは政府のために働く放送局であると明言している。すなわち、PSB の放送局としての役割は「媒介者として大衆を教育し楽しませることである。その主要な目的は、政府の行動計画、活動、政策を促進し、政府からの情報を国民に伝え広めるところにある」。また、民放局が収益をあげる必要から娯楽に偏る傾向にあるのに対し、RTM の番組には「情報が満載」されている、との見解が明示されている。

　上記の研究によれば、RTM のスタッフにとって、PSB とは非営利のものであるということが分かる。すなわち、PSB とは広告主の思いつきや好みに迎合するべきものではないのである。PSB の重要な役割は国民に娯楽をあたえることではなく、情報提供に向けられるべきである、という。それをもって国民に奉仕するという公共サービスなのである。しかし、国民が求めかつ必要としているのは操作されていない本当の情報なのである。

4-2．編集の自由

　本研究におけるデータは、TV1 のメイン・ニュースルームの編集主任との仔細にわたるインタビューを通じて集められたものである。こうした手法をとる根拠は、首相が交代するたびに、CEO や COO、ニュースルームの役員が変わり、異動させられるか、早期退職の特別手当を受けることになるというところにある。つまり、編集主任を務めるのは首相の交代による動乱を生き残った者たちなのである。

　編集の自由というテーマを詳細に調べるため、RTM からは 4 人にインタビューした。

・情報提供者 I　ニュースおよび時事問題担当ディレクター
・情報提供者 J　TV ニュース編集者
・情報提供者 K　TV ニュース編集主任
・情報提供者 L　TV ニュース編集副主任

　TV1 には、いたるところに Biro と呼ばれる支局がある。これは、午前 9 時

から午後1時の毎時間ごと、そして午後3時、5時、8時、10時、11時および午前0時30分に放映されるニュースを制作しやすくするためである。ニュースのラインナップは集団的に決定される。このプロセスは企画段階と同等に重要であると考えられている。他のニュースルームと同様、「TV1の決定プロセスは、ニュースが実際に放送されるまでは最終決定ではなく、現在進行形で進んでいく。こうした決定は、いままさに起こっている出来事なのか、新しい情報がでてきたのか、それとも新たな展開がみられたのかということを基準におこなわれる」(情報提供者I)。

ニュースルームにおける決定プロセスは副編集者から始まる。副編集者は「記者からニュースを受け、それをどのように伝えるかを決定する。記者は時折、冒頭になにが主題であるかを明示しないどころか、最後の最後まではっきりさせずに書き進めている場合がある。そうしたニュースをどのように編集するかというのも、副編集者の役目である」(情報提供者K)。それゆえに、「今日の重要ニュース」を考えるにあたっては、副編集者の段階で最初の決定がなされるのである(情報提供者L)。

> ニュース報道のコツを心得た熟練記者の記事であれば、たとえそれが首相に関する記事であっても、編集者と副編集者はその記事を信用する。しかし、経験の浅い記者である場合には、適切な指導が必要である(情報提供者K)。

TV1の決定プロセスに影響をあたえる内的要因

こうした放送業界のシステムにおける決定プロセスは、数え切れないほど多くの要因によって影響を受けている。TV1のニュースルームにおける決定プロセスに影響をあたえると考えられている要因には、内的要因と外的要因がある。

TV1のニュースルームでは、毎時間に放送されるニュースを準備するために必要なスタッフが不足している。経営陣は、マラヤ工科大学からの新しいスタッフを多数採用してきた。現実的にみて、そうした新しいスタッフは放送業界のことをほとんど分かっていない。それゆえ、新人には十分な教育が必要である。新人による記事は、報道としての一定の必要条件を満たしていないため、締め切りのプレッシャーに追われながら、書き直しや再編集がなされなければならない。

人手についていえば、TV1 には 4 つの異なる編集部（マレー語、英語、中国語、タミル語）があり、編集者 18 名、副編集者 7 名、記者 60 名といった強力な布陣を敷いている。しかし、筆者がインタビューした編集者によれば、日常的に多くのニュースを制作するためには、これでもなお十分な人手があるとはいえない。それゆえこの人手不足を解消するために、必要に応じて契約する臨時スタッフも使ってきた。

　　わたしたちがスタッフ不足という問題を抱えていることは明らかです。毎時間ごとに編集されなければならないニュースが多いため、必要に応じて契約スタッフを使う以外に方法はありません。わたしたちは休みなく働いています。わたしの場合も、午前 8 時半に働き始めて午後 8 時半にまだオフィスにいます。とくに、選挙が近づいている現在、優れたスタッフを揃えることはとても難しくなっています。訓練を施す必要がない人を雇うということは実に難しいことなのです（情報提供者 K）。

　情報提供者 L も同様の問題を繰り返し指摘している。新しいスタッフは、たんに新しいとか経験が浅いというだけでない。「人種や宗教という敏感な問題に対する理解も欠けている。こうした新しいスタッフの報道振りは非常に直接的である。たとえば、『ブタの頭がモスクの敷地で発見された』という問題についての記事の場合、それをただそのまま記事にするだけである。そのためにわたしたちは、必要な処置を施して敏感な問題を扱う記事にうまく対応しなければならなくなる」（情報提供者 J）。

　ところで、TV1 には閣僚による干渉もあった。大臣による干渉は現在のことではないものの、ストレスを引き起こしニュースの決定プロセスに支障を来す内部的要因であった。典型的な例としては、ザイヌディン・マイディン情報相（Datuk Seri Zainuddin Maidin、在任期間は 2006 年 2 月 17 日〜2008 年 3 月 8 日）の事案がある。「ダトゥ・ザム（ザイヌディン・マイディンのこと）の在任中は状況が違っていた。というのも、かれ自身が報道記者をしていたことがあったためである。情報相はニュース報道の仕組みをよく理解していた。ゆえにニュースルームと緊密に連携することをつねに望んでいた。かれはとにかく干渉してきた。いつも直接関与したがっていて、わたしたちと始終連絡をとっていた。ニュースはひっきりなしに発生するが、情報相は資料がちゃんと全部揃っているかどうかつねに聞いてくるほどであった」（情報提供者 L）。「情報相は報道記

者だったことがあるため、ニュースルームに直接電話をかけてきた。これは、非常にストレスがたまることだった」（情報提供者K）。

TV1における決定プロセスに影響をあたえる外部的要因
　マレーシアの国営通信社はブルナマ（BERNAMA）である。ブルナマは放送、活字、オンラインといったあらゆる報道機関にニュース記事を配信している。ブルナマで報道されたニュースをほとんど同時に放送することができるよう、記者がブルナマをチェックしていることはよく知られている。ブルナマは、ニュースを配信し続けるという意味では、年間を通じて「効率的」であると考えられてきた。しかし、最近ではそうではないという。「ブルナマの記事が最新情報ではない、ということが時々ある。その報道が遅れることに、わたしたちは非常に失望している。ブルナマは報道内容をウトゥサン（Utusan Malaysia）、ベリタ・ハリアン（Berita Harian）やその他の報道機関に先に渡し、わたしたちをいつも後回しにする。だから、わたしたちはブルナマにそれほど依拠しない体制を取り始めた」（情報提供者J）。
　RTMにとって、マレーシア政府は主要な利害関係者であるため、その報道振りが政府寄りに偏る傾向にあることは驚くべきことではない。RTMの編集者によれば、政府からの指示を編集者レベルで受けることはないという。しかし、編集者のレベルにおける決定のほとんどは、ニュースおよび時事問題担当次長からの「OK」を受けた後におこなわれている。「その意図するところは同じである。つまり、政府のプロジェクトや政府の政策のためになる記事を報道し、これらのプロジェクトがどのようなものであり、どのような利益をもたらすのかということを人びとに説明するという指示である。こうしたコンセプトは、とくに（選挙が近づいている）現在、どのニュースルームでも同じだと思う」（情報提供者J）。
　しかし、敏感な問題をニュースにする場合には、経営陣から「アドバイス」を受けることもあるという。「そのニュースを別の角度からとらえることができるのであれば、そのようにする。しかし、そのニュースが単純すぎて、そうすることができなければ、『アドバイス』にしたがってそのニュースはボツにされることになる」（情報提供者I）。
　広告も、どのニュースをどのくらい流すかというニュース編成に影響をおよぼす要因となっている。金儲けはRTMにとって優先順位が高くないため、な

にをニュースにするかを決定するプロセス自体には、広告はあまり影響があるわけではない。しかし例外はある。「たとえば、ある企業がスポーツ部門の番組『オリンピック・レポート』のあいだの放映時間を 10 分間買ったとする。そして、その製品を売り込もうとしていたとする。その場合 10 分のあいだ、広告時間を設けなければならない。それが結論である」（情報提供者 I）。

4-3．番組編成に影響をあたえる政府の政策

　ナジブ政権以来、ニュース番組を編成する様式はあまり変化がない。本節で使用するインタビューは、2012 年 3 月 14 日から 7 月 19 日にかけて実施した。じつはこの期間に選挙が実施されると考えられていた。結局選挙が実施されなかったため、RTM では古い番組が繰り返し放送されることになった。こうした番組には、現存するドキュメンタリー、特別報道やラジオ DJ によるプロパガンダ、ニュースやカプセル（30-60 秒の情報枠）があった。

　TV1 では、政府の政策は実施された後に、その展開を取りあげる形で報道される。その成果についての首相の発表のみに基づいて、焦点が当てられるようになった政策はほとんどない。

『マレーシアは 1 つ』（One Malaysia-One Nation）は政府の主要政策なので、もちろんわたしたちはこれを報道します。しかし『マレーシアは 1 つ』は、既存の政策の名前を焼き直したにすぎず、たんに呼び方が違うだけと感じることもあります。『マレーシアは 1 つ』は、『ビジョン 2020』（Wawasan 2020-Vision 2020）と国家原則（Rukun Negara-National Principles）をまとめて新しい名前が付けられただけです。『マレーシアは 1 つ』を報道するその他の理由としては、これが省庁に対する主要成果評価基準（Key Performance Indications、KPIs）であるということがあげられます。また、国民（rakyat）が『マレーシアは 1 つ』という政策を理解できるように説明することは、わたしたちの義務でもあります。いままでのところ、こうした目標を 60% 以上達成できていると思います（情報提供者 L）。

その他、政府改革プログラム（GTP）のような政策については、わたしたちはその成果を示す必要があります。たとえば、国家重点成果分野（NKRA）である犯罪を取りあげる場合、犯罪件数が実際に減少しているという統計を提示します。外国直接投資（FDI）についても同様です。NKRA についていえば、犯罪指標は観光や外国投資と関連づけて考えられなければなりません。政府の計画や政策がどのような意義をもっているのかということを説明する特別報道を作る場合もあ

ります（情報提供者K）。

　その他に強調された政策は、「マレーシアは1つ」国民支援（Bantuan Rakyat 1 Malaysia、BR1M）である。RTMは「国民と国民を融合させる要素に対する政府の関心」（情報提供者K）にますます注目するようになっている。政府のこれらの政策はすべて政策の立ちあげ、改革案や前向きな成果という観点から報道される、現在進行中のプロジェクトである。「どのように報道するか、なにを強調し、なにを特別番組にするかということについて、明確な基準はない。わたしたちが報道したいように報道することができる。指示というものはない。今回の選挙をめぐる企画は、わたしたち自身のイニシアティブによっておこなわれている」（情報提供者J）。その例としてあげられた番組には、「Tahukah Anda（あなたは知っていますか）」、「Nur Alert（警察による犯罪警報）」、「Titik Sentuhan（人民の生活についての特別ドキュメンタリー）」、「Bicara Rakyat（人民が現在関心をもっている事柄についてのトークショー）」などがあった。これらの番組は国民が抱えている問題であり、その問題を解決し困難に直面している国民を救済するための新しい政策に光を当てている（情報提供者I）。その他、現在放送中の「Hari Ini Dalam Sejarah（歴史のなかにおける今日）」という番組もある。

　TV1の情報提供者とのインタビューは、2012年3月から4月にかけておこなわれた。その時期は第23回総選挙が実施されるのではないかという噂でもちきりであった。インタビューに際しては、今回の選挙のためにナジブの政策に沿って「特別な」番組が作られたかどうかという質問を必ず聞くようにしたが、答えはノーであった。

> いいえ、ナジブについての特別報道というのはありません。かれが声明を出せば、わたしたちはニュースとしてそれを報道します。実際特別報道は、政府の発表に基づいています。たとえば、改革プログラムがそれにあたります。ゲストを招いて国民がこれを理解できるようにします。国軍の日（Hari Tentera）のような特別な日には特別報道をしますが、それ以外は通常通りです（情報提供者K）。

　その他情報提供者Kは、上述したような特別な発表がある場合、首相のためにだけ二元生中継をする、と述べていた。それにもかかわらずこの情報提供者は、個人的な意見として編集者としての仕事上、政府からプレッシャーを受けるということはないが、ディレクターはそのようなプレッシャーを受けてい

るかもしれない、と述べた。決定はトップダウンでおこなわれるため、たとえ上からプレッシャーがあったとしても、編集者はそれを当たり前のことと感じている。「通常、視察（Bertemu Rakyat）や GTP、経済改革プログラム（ETP）・業務管理実施局（PEMANDU）といったプロジェクトをめぐる成果について、首相が記者会見をおこなう場合は、『生放送』か二元中継される。ほとんどの場合、編集者やプロデューサーが自発的に『生放送』や二元中継をおこなっているわけではない」。

このように述べた後、情報提供者Kは、調子を変えてつぎのように語った。「わたしたちはいつも追い立てられていて、落ち着いていられません。ボロボロになるまで働くこともあります（笑）。いつも緊迫した状態なので、スタッフの80％は心臓に問題を抱えています」（情報提供者 K）。

4-4．決定過程

TV1 は情報のプロバイダーまたは「人民の代弁者」と位置づけられている。そのため広告は重要ではあるものの、最優先事項というわけではない。

TV1 のニュースルームでは、「必ず報道する、必ず取り扱う」という包括的判断がなされており、ほとんど例外はみられない。つまり、ニュースとして取り扱われたとしても、それが重要項目であるというわけではない。

> 重要項目となるかどうかは、必ずしも報道内容の社会的影響力によって判断されるわけではありません。国内における殺人のような大きなニュースや特異なニュースがあれば、ナジブがどこを訪問したのかというようなニュースよりも、優先されることになるでしょう。たとえナジブが統一ブミプトラ伝統党（Perti Pesaka Bumiputera Bersatu、PBB）を訪問したとしても、そういうことになるでしょう」（情報提供者 K）。

副編集主幹は自由裁量に基づき、どのニュースをどのように位置づけるかということを決定する。ニュースは２つの基準から判断される。第一に「視聴者にとって、ニュースとしてみるのに興味深いことはなにか」ということであり、第二に「ニュースの有する敏感の度合い」（情報提供者 K）である。海外からのニュースの場合は、その遅れを勘案し、どれほど最新であるかということも考慮される（情報提供者 I）。

こうした海外での取材には、とくに首相や副首相に関するものである場合、

編集者とシニア記者が割り当てられる（情報提供者K）。情報提供者Jは、28年の職務経験をもっているが、海外の取材活動は緊張し疲れるという。締め切りに追われるうえに、首相らの訪問先によって時差にも左右されることになるためである。

> わたしたちの局は、ラジオとテレビでニュースを報道しています。海外にいけば、そのどちらもやらなければなりません。考えてもみてください。テレビにおけるニュースの締切は午後8時です。しかも海外訪問や行事はメインニュースとして扱わなければなりません。しかし、ラジオの締切も午後1時と5時にあるのです（情報提供者J）。

　情報提供者Jによれば、首相に関する報道は「なにが問題かということとニュースとしての価値」を基準に取り扱いが決定される。どの枠で取りあげられるのが適切であるか、ということも考慮される。たとえば、首相がスポーツについて話すのであればスポーツ枠で、ビジネスについて話すのであればビジネス枠で放送される。ナジブが二国間貿易について話すのであれば、そのニュースは主要ニュースとして取り扱われるだろう。つまり、「首相だからといって、必ずしもニュースとして優先されるわけではない」のである。
　ニュースのラインナップが決定されると、その日の担当編集者は上司（次長）にそれを報告し了解を求める。また、「強調されるべき点があるかどうかも確認する。このような緊密な連携は必要不可欠である」（情報提供者L）。決定プロセスは合議と協議であり、個人の判断に委ねられるものではない。「制作前、制作中、制作後と制作過程のあらゆる段階で決定をおこなう。ニュースの放送中でさえ、ニュースをボツにすると決めることもある」（情報提供者I）。これらの決定は、副編集者、編集者、副編集主幹から上層部（ある特定の問題についてのみ。日常的にではない）にいたる幾重ものチェックポイントを経るのである。
　一般的に、TV1のニュースルームは、ニュースが放映される30分前にあたる午後7時半までには一段落している。それでもなお、もし重要なニュースが入れば、編集作業にとりかかることもある。

> 7時半までにラインナップは揃っています。だからといって、入ってくるニュースをもう受けとらないということではありません。ラインナップ、ヘッドライン、

画像、映像処理、原稿編集、映像編集とすべて準備が整っているはずですが、ニュースの放送中にスタジオ内で変更が加えられることもあります（情報提供者K）。

その関連でいえば、ニュースを伝える際に使われる「たったいま入ってきたニュースです」という決まり文句について、説明を加えておく必要がある。情報提供者Lによればつぎの通りである。

このフレーズを使うことができない時もあります。というのも、たったいま受け取ったニュースだとしても、そのニュースが入ってくるのが遅かっただけで、本当はあまり新しくないということがあるからです。実際にそのニュースを知ったばかりで、かつ他局がすでにニュース番組で放送してしまっている恐れがなければ、「たったいま入ってきたニュースです」ということができるのです。

TV1は全州に支局を置いているため、ニュースを伝えるために各州から「二元中継」をおこなうこともある。

わたしたちはサバやサラワークを含むすべての州から二元中継をおこないます。通常の場合、マレーシア半島の各州から順番に4本から5本のニュースを放送します。そして、その他のニュースをクアラルンプールのメインオフィスから放送します。1時間のニュース番組のために、大体25本程度のニュースを用意します（情報提供者K）。

どの情報をニュースにするかということや、そのニュースをどのように取り扱うかということは、ニュースとしての価値があるかどうかにかかっています。新しい政策がでればそれを報道しますが、取り扱いについては同様の基準にしたがいます。つまり国民のためになるか否かということです」（情報提供者J）。

わたしたちが日々直面するのは、むしろ編集をめぐる決定です。つまり、国営放送局である以上、報道については政府の方針にしたがう必要があるのです（情報提供者K）。

また興味深いことに、TV1の情報提供者が全員、勤務年数が長く、マハティール首相（Mahathir bin Mohamad）の時代から働いていた。報道にどのような違いがあるかと聞いたところ、情報提供者Iは以下のように答えた。

ジャーナリズムの観点からみて、マハティールの時代はニュースの情報をとるのも、かれの仕事振りを報道するのも簡単でした。必ずといっていいほど、良質のニュースをとることができたものです。いま（ナジブ政権）も同じです。ナジブがどこへ行っても、少なくとも1本はよいニュースをとることができます。しかし、ラーおじさん（Pak Lah、バダウィ首相の愛称）の時代は、あまりニュースがありませんでした（情報提供者I）。

　情報提供者Iは、バタウィ政権時代はそれほど長くなかったので、これもあまり重大なことが起こらなかった理由かもしれない、と述べた。そのうえで情報提供者Iはこうもいった。現在、「かれ（ナジブ）はいろいろなところへ行き、ほとんど毎日なにかしらの発表をしている。それゆえにつねに報道すべきことがある。歴代首相はみな、メディアに対して好意的である。それはメディアにとって好都合である」。

　TV1は政府機関であるので、収益は懸案事項ではない。しかしながら、収益に直接影響する視聴率には注目している。ニールセンの調査によれば、近年来、TV1の視聴率はトップ20に入っておらず、視聴者は平均30万から40万人にすぎない。しかし情報提供者Iは、TV1のウェブにオンデマンド（video on demand、VOD）があるため、視聴率についてはあまり心配していない。アクセス数が多いことから、視聴者は他局のニュースや番組をみてから、オンラインでTV1のニュースにアクセスする、と考えられるためである。インタビューのなかでは明らかにされなかったが、TV1のアクセス数は、ニールセン調べの視聴率を超えているようである。

5．データ分析の結果——慣習、準則、代理

5-1．慣習——意思決定とチェックポイントの役割

　意思決定プロセスにおいて、当該報道機関がなにを根拠とするのかということについての回答を分析すると、3つのテーマが浮かびあがってくる。マレーシアのニュースルームにおける決定プロセスには、この国特有の点があるかもしれない。しかし、他国のニュースルームについての研究（Gans 1980; Joseph 1982; Lowrey and Chang 2010）や国内の研究（Faridah 1995; Khattab 2004）にも似通った特徴がみられる。すなわち、メディア組織においては従来からの慣例として、編集やニュースルームにおける決定のほとんどが経営陣の手に委ねられている

と考えられてきたが、それが事実であるということが証明されたのである。

　中国、ロシア、シンガポール、香港、ジンバブエ、米国、フィリピンなどのニュースルームであったとしても、マレーシアのニュースルームであったとしても、どこで調査がおこなわれたかということには関係なく、「当局筋」といえば等しく権力機構のことであり、またそれに送り込まれている特権的エリートのことである。主流メディアが当局筋に照会をし、これを尊重していることは間違いない。当局筋は、ニュースの報道振りや解釈の仕方、そしてなにを報道しないかということや、なにを究明しないかという決定に影響をあたえている（Pereira 2008）。

　先行研究からはいくつかの点が指摘できる。記者や編集者が個人的・職業的立場からニュースについて判断を下していること、組織的なニュース収集の日常業務が記者とその上司とのあいだの仕事上の関係を築いていること、ニュースを制作するうえでは経済的な制限が課されていること、情報が絶え間なく流れていること、通信テクノロジーが発達していること、そしておそらく最も重要と思われるのがイデオロギー的な要素がニュースを集める時間と自由の限界を規定する、ということである。このような諸点は、ウォルター・リップマン（Lippmann 1965）、リバースとマシュー（Rivers and Matthews 1988）、ランス・ベネット（Bennett 2007）といった先行研究でも指摘されている。

　これらはまた、ハーバート・ガンズ（Gans 1980）が1980年に刊行した、ニュースの作成にあたりどのように意思決定がなされるのかということに関する研究とも一致する。それは、ニュースに携わるスタッフの権限と労働の配分という点である。マレーシアのニュースルームでは、権限が小さければ労働も少なくなる。階層的にはとは、一番上にいるのが政策決定者であり、編集長（放送界におけるプロデューサーにあたる）、編集主任、記者と続く。階層性は、こうした人びとが日常的に意思決定をする際に重要なチェックポイントとなっている。

　どの報道機関においても、制作しているニュースにコントロールがきく最終段階は、ニュースの構成とプレゼンテーションである。プロデューサーが、ニュース内容をみたうえで校正を加え、そのニュースがどのように構成、「放送」、解説されるべきか編集者や記者に指示する。編集されたものが組織の価値観に見合わなければ、プロデューサーや編集者は簡単にそのニュースをボツにすることができ、またそれを正当化することができる。

　また、限られた時間で一定レベルのニュースを制作するためには、ジャーナ

リスト、編集者、編集長の力をうまくまとめて発揮させなければならない。その際には組織としての慣習や編集の方針が考慮される。ニュース制作の過程において、編集者や記者が情報をふるいにかけ、その良し悪しを判断し意思決定をおこなう際の指針となるのが先例である。ニュースのラインナップを決定する際には、個人的な価値観、関心、義務感、先入観などにも左右される（Gans 1980; Epstein 1981; Berkowitz 1990; Faridah 1995; Green 1999; Johnson 2004）。

編集の独立は金言ではあるが、実際にはありえない。なぜならば、本章の研究において明らかになったように、編集者やその上司とのあいだにはさまざまな問題がある。たとえば、（部門間の）横の関係や部下との関係（ジャーナリストに上からの指示を受け入れさせる、あるいは別の方法で編集上の変更を加える）の調整といった問題である。それにもかかわらず、こうした報道機関は引き続きニュースを客観的に報道するという目標、すなわち公平で先入観を持たない事実に基づいた報道をおこなうという目標を達成することを目指している（Green 1999）。

また先行研究では、編集者のコントロールがニュースにするトピックを選ぶだけでなく、ニュースに関わる多くの事柄にもおよんでいるということが示されている。編集者には、経営上層部と同様、指針があたえられているために、ニュース項目についての先入観や好みがあるはずである。ニュースの最も重要な特質とは、ニュースをみる視聴者に「影響（重要性）」をおよぼすということである。そのため、ニュースに関わる人びとは公平であろうとする。ジャーナリズムの客観性といった職業上の規範は、ニュースの取捨選択が主観的な価値観によって影響を受けること防ぎ、個人の先入観によって左右されることを防ぐためのものなのである（Wilson II and Gutierrez 1995; Bai 2006）。

5-2．準則——放送に対するガバナンスと規則

TV1 は政府モデルを踏襲している。政府モデルとは、政府や政治上の主流派によって直接統制される公共放送のことである。フランス、ギリシャ、ポルトガル、スペインが類似のシステムをとっている。

マレーシアのメディアに関する先行研究（Mustaffa 2000; Netto 2002; Khattab 2004; Lacy et al. 2004; Ramanathan 2008）は、メディアが政治的な意思によって抑制されていたために、国民のあらゆる角度から物事をみる権利を否定してきた、と結論づけてきた。TV1 についての本調査によれば、そうした見解は必ずし

も全面的に受け入れられるわけではない。というのも、TV1 は国営テレビ局であり、その報道振りも政府寄りであるとはいえ、それでもなお公正なニュースを報道していることは間違いない。

　他方で、政府・与党には自由裁量で適用することができる多くの法律がある（Zaharom and Anuar 1998; Yesudhasan and Wong 2010）。たとえば、印刷出版法、放送法、輸入出版物管理法（Control of Imported Publications Act）、国家治安維持法、秘密保護法、煽動法、名誉毀損法（Defamation Act）などは、そのほんの一部である。これらの法規制は、経済的な統制やメディアへの統制を強化するための法律であるといわれている。2011 年 9 月 15 日、首相によって 1960 年に制定された治安維持法が廃止となることが発表されたが、それと入れ違いの形で社会の平和と秩序を守るために新たに 2 つの法律が導入される予定である。

　マレーシアのメディアは多かれ少なかれ、人種や宗教といった政府にとって重要な問題や一般大衆の機微に触れる問題について、一定の路線をとるかほとんど発言しないようにと、関連組織や組織を束ねる人びとからプレッシャーを受けている。こうしたマレーシアのメディア産業で起こっていることやニュースルームにおいて起こることを管理している人びとがいるということを考えれば、マレーシアのメディアは世界でも有数の厳しく管理されたメディアと位置づけられるかもしれない。政府・与党やオーナーによってコントロールされている大企業や省庁と結びついた法的な規制が、このような管理を可能にしている（Yesudhasan and Wong 2010）。

　しかしながら、よいニュースもある。2013 年 7 月 13 日以降、出版・放送をおこなうためのライセンスを更新する必要がなくなったということである。インタビューではこのことも質問事項に入れておいたが、編集者はそれほど感銘を受けているようではなかった。むしろ回答としては、自分たちの仕事は「なにも変わらない」というものであった。認可制が廃止されたからといって、メディアが政府に面と向かって批判の声をあげることはない。いまでも「その時の政府を尊重する」ということが、メディアのコンセンサスになっているためである。

　今回の調査からも明らかなように、影響力のある放送局のニュースルームでは、なにを「重大ニュース」にするかということをめぐって多くの議論が戦わされている。「重大ニュース」は、政治、経済、事件、時にはスポーツに関するニュースになることもある。しかし場合によっては、編集者のいわゆる「勘」

や「報道センス」に基づいて判断されることもある（Gans 1980; Schultz 2007）。

5-3. 代理――所有者との関係

　本研究での詳細なインタビューから分かったことは、ザハロムとアヌワール（Zaharom and Anuar 1998）の研究結果と一致している。すなわち、所有の関係からマレーシアの主流メディアは、政府の代弁者としての機能をはたしているということである。しかし、こうしたメディアのなかにも違いがある。それは、メディアみずからが国家建設に協力する政府のパートナーであると選択するか否か、ということである。
　ニュースを制作する際、日常的に幾重もの統制が敷かれているために、批判的な報道がいつも日の目をみることなくボツになるということは、完全に事実であるとはいえない。ある問題を議論するにはさまざまな方法がある。フランコ・パパンドレア（Papandrea 2006）は、メディアの問題をさまざまな観点から議論し、メディア・マーケットとオーナーシップによって統制されることの影響についても議論している。それに加えて、本章では組織やニュースの内容に対する影響についても掘り下げた。
　簡潔にいえば、ナジブ首相の改革プログラムに沿って、ニュースルームに変化がもたらされることは避けられない事態である。業界の人びとは、その変化を素早く実現し、それに適応して成果をあげることが求められている。TV1が利害関係者であることは明白である。そのため、首相の交代にともない、TV1の意思決定やニュースの報道方法は大幅に変化してきた。
　メディア組織では、一般的に、編集上の決定やその他の事項をめぐる決定のほとんどが、経営陣の手に委ねられており、それが伝統的に慣例となっている（Gans 1980; Joseph 1982; Gaziano & Coulson 1988; Liew 1990; Faridah 2001; Faridah 1995; Faridah et al. 2011）。経営陣の手は、その慣習・準則・代理をカモフラージュするような政策と結びつき、ニュースルームにおける意思決定過程を決定づけている。経営陣の「方針」にしたがわないことは、薄氷を踏むが如く危険なことである。

6. ニュースルームの将来と政策の破壊力

　発展途上国の多くで公然の秘密となっていることに、メディアが政府に近い

エリートや権力のものであるという事実がある。大企業がメディアをコントロールしている国もある。政府・与党にかぎらず、政党がメディアやその大部分を所有している国もある。それゆえに、オーナーシップを保有するということは、その政策を打ちだし決定づけるということである（Moses 2002）。たとえば、ニュー・ストレイツ・タイムス（The New Straits Times）は政府に近い人物によって所有されている。同紙は、「親政府系である、政府に協力的、政府の見方に偏っている、いつの時代も独裁者による政府官報にすぎない」という批判にさらされてきた。マレーシアでは、出版・放送を問わずどのメディアでも、所有者は政府と繋がっているということは事実である。過去およそ20年間、メディアの見解は政府の見解と同様であった。しかし結局のところ、メディアがこうした異名やニックネームにふさわしいかどうかは、読者の受け取り方の問題である。マレーシアのメディアは政府寄りの立場をとっているが、それは複雑な理由による。しかし最も重要な要因は、マレーシア社会が多民族、多宗教という不安定な特質を抱えているということである（Moses 2002）。

マレーシアは独立から57年を経たいまもなお、比較的新しい民主主義国家である。建国の父はよくも悪くも、建国後の早い時期にはメディアが誘導される必要があると感じていた。1957年に、マレー人による初めての独自政府ができる前、第二次世界大戦直後から9年にもわたって、共産主義が反乱を繰り広げていたという歴史を覚えておく必要がある。誕生したばかりの連邦政府は、平穏を保ちさまざまに亀裂が入っていた多民族、多宗教の住民のあいだの調和を維持していかなければならなかった。それゆえにメディアの統制が必要だったのである（Moses 2002）。出版メディアも放送メディアも、ジャーナリスティックな価値観を軽んじてきたわけではないし、時の政権に反対する意見を無視してきたわけでもない。ただ、こうした重要な歴史的背景のために、メディアは政府やその立場に影響することなく報道をおこなうことは難しい、と考えてきたのであった。

さて問題は、マレーシアが日本、イギリス、オランダの成功例のように、PSB形式を活用することができるのか、ということである。本調査によって集めたデータや文献によれば、厳密に同じというわけではないが、TV1にはPSBと似通った点がいくつかある。

この10年ほどのあいだに、マレーシア・キニ（Malaysia Kini）やマレーシア・インサイダー（Malaysian Insider）といった斬新で革新的なオンライン・ニュース・

メディアが登場し、主流メディアの牙城に食い込もうとしている。マレーシア・キニは発足して約14年、マレーシア・インサイダーは7年になる。マレーシア・キニは独立した経営である。そのライバルがマレーシア・インサイダーを所有している。これらのオンライン・ニュースは、従来のニュースのあり方を変えようとしてきた。とくにマレーシア・キニには、これまで何度も手入れを受けており、設備が押収されてしまったこともある。それにもかかわらず、両者とも発展を続け今日にいたるまで事業を展開してきた。マレーシアの若い世代は、主要紙よりもこれらのオンライン・ニュースポータルを利用する傾向にあるが、それにはいくつかの理由がある。まず、若い世代はITについてより詳しいということ、第二につねに更新されているため最新ニュースを知りやすいこと、第三に若い世代が現政府をあまり信頼していない、といったことがあげられる。

おわりに

それぞれのニュースルームは、それぞれに異なる問題に異なる角度から取り組んでいる。しかし、それらの問題や課題をおおまかに「総括」すれば、いくつかの問題にまとめることができる。外観からは、マレーシアのジャーナリズムは、その他の国のニュースルームと同じような問題を抱えているようにみえる。それでもなお残る疑問は、今日のようなメディアのあり方にいたるまでの過程で、どのようなハードルを越えてきたのかということである。

マレーシアは独立以降、年を追うごとに変化してきた。首相が交替すればなおのこと大きな変化があった。マハティールは22年にわたって国を統治してきた。バダウィは、1期5年を務め、ナジブ政権は2期目に入った。この間ずっと業界にいた編集者によれば、マハティールの統治はかなり厳しいものであったが、報道すべきたくさんのニュースがあった。逆に、バダウィの時代はあまり躍動感がなかったという。というのも、期間が5年に満たなかったうえ、前任者から強い政府を受け継ぎ、新しい政策をほとんど打ちださなかったためである。これと異なるのが現政権である。ナジブ政権は発足からわずか100日余で10もの新しい政策を掲げた。ナジブは、いわゆる「民衆視察」のように国民に会うために普通のところへ赴き、自分の計画や政策についてどのような進展や成果があったかということを発表するなど、数多くのニュースを提供してきた。編集者によれば、ナジブは報道を管理するという点に関して比較的オー

プンである、という。プトラジャヤ（Putrajaya、首相官邸の所在地）は、国営、民放、有料テレビを問わず、ニュースルームへの細かい指導を実施しているわけではない。それでもなおナジブの政策に関する報道は、国家の経済状況について低所得者層の理解を促し、ナジブ政権の社会的地位を格上げしてきた、といえる。

　残念なことに、2014年はナジブ首相にとってあまり望ましい状況ではなく、多くの難題に直面した年であった。ラドダトゥ（Lahad Datu）暴動、マレーシア航空370便の不可思議な失踪、マレーシア航空17便の非業の墜落など、メディアは未曾有の事件をめぐって情報がほとんどないというフラストレーションを感じている。しかし同時に、深い悲しみの時にあって、メディアは民族を超えて結束するよう力を合わせてきた。マレーシアはこうした状況に対応する準備ができていない。そもそも準備ができている国などないだろう。ジャーナリズムは、きわめて稀で理解を超える惨事によって引き起こされる人間ドラマを記録する訓練ができているわけではない。

　本調査では、マレーシアのニュースルームでの出来事に関して、情報を収集し理解する努力をした。メディア関係者は編集者、編集主幹、副編集者といった役職を問わず、正確でニュースバリューのあるニュースを締切に合わせて報道するという仕事をしている。かれらは社内および社外のさまざまな障壁と日夜向き合いながら、重要なチェックポイントを着実にこなしてきている。仕事の遂行上、権力者や社内外からのプレッシャーがあるが、本調査でインタビューに応えてくれた情報提供者は、メディアが政府の方針に背くことによる弊害を十分に認識している。にもかかわらず、かれらはメディアを国家建設事業における政府のパートナーと考えている。そのことが、マレーシアの環境でニュースの落しどころを考える際にジャーナリズムの基本原則となっている。結局のところ、情報提供者は、政府からの「アドバイス」を歓迎するものの、公正で正確なニュースを制作するためには、ジャーナリストは政府からの一定のレベルの信頼と自由が保障される必要があるとの点で一致をみていた。

　またこの調査では、ニュースルームで働くということが、とくに重大ニュースがあるときには大量のアドレナリンのでるエキサイティングな作業であることが分かった。同時に、無数の難題や課題に取り組まなければならない場がニュースルームであることも理解できた。

　本章でも明らかにしたように、マレーシアでは報道機関の自己検閲は、報道

を規制する重要な手段であると考えられてきた。ジャーナリストの自己検閲の理論的根拠は健全なものではある。それでも、真のジャーナリズムは倫理的な基準に基づき、重要な道徳上の目標、すなわち悪事を暴き社会をよりよいものにするという目標を掲げなければならない。

　メディア業界におけるプロ意識が適切に改善され、維持、保護、促進されるためには、記者、編集者、経営陣といった立場にある者が体系的にみずからの働きを評価することから始められるべきであろう。

引用・参照文献

Astro. All Asia Networks (2011a) Retrieved from http://www.astro.com.my/, 26 January 2011.
Astro. All Asia Networks (2011b) Retrieved from http://www.astroplc.com/09/, 26 January 2011.
Bai, Sang (2006) "Journalistic Assimilation: Assimilated Gatekeepers' News Selection Criteria," Paper presented at the annual meeting of the International Communication Association, Dresden, Germany, 16 June 16, 2006.
Bardoel, Jo (2003) "Back to the Public?: Assessing Public Broadcasting in the Netherlands," *The Public* 10(3): 81-96.
Bennett, W. Lance (2007) *News the Politics of Illusion*. 7th Edition. New York: Longman.
Berkowitz, D. (1990) "Refining the gatekeeping metaphor for local television news," *Journal of Broadcasting & Electronic Media* 34(1): 55-68.
Dommering, Egbert (1998) *The Dutch System of Financing Public Broadcasting*. Retrieved from www.ivir.nl/publicaties/download/1329, 29 June 2014.
Epstein, Edward Jay (1981) "The Selection of Reality," in Abel, Elie (ed). *What's News*? San Francisco: Institute for Contemporary Studies: 119-132.
Frame, Marsha Wiggins and Williams, Carmen Braun (1995) "A Model of Ethical Decision Making From a Multicultural Perspective," Counseling and Values 49: 165-179. Retrieved from http://dopey.cs.vt.edu/courses/grad5984-F11/readings/JCook/multicultural%20ethics.pdf
Gans, Herbert J. (1980) *Deciding What's News: A Study of CBS Evening News, NBC Nightly News, Newsweek and Time*. New York: Vintage Books.
Gaziano, C. and Coulson, D. C. (1988) "Effects of Newsroom management styles on journalists: A Case Study," *Journalism Quarterly* 65: 869-880.
Green, K. (1999) "How newsroom failures limit readership gains," *Australian Studies in Journalism* 8: 18-36.
Ibrahim, Faridah (1995) *Role Conflict and Role Ambiguity among Malaysian Journalists in Newsroom Decision-Making*. Ph.D. Dissertation, UPM.
Ibrahim, Faridah (2001) "Predictors of role stress among Malaysian journalists in newsroom decision-making process," *Jurnal Komunikasi* 17: 119-137.
Ibrahim, Faridah, Latiffah Pawanteh, Chang Peng Kee, Fuziah Kartini Hassan Basri, Badrul

Redzuan Abu Hassan and W. M. Wan Amizah (2011) "Journalists and news sources: implications on professionalism in war reporting," *Innovation Journal* 16(3).

Johnson, K. G. (2004) "Epistemology and responsibility of the mass media," *A review of general semantics* 61(4): 663-675. Retrieved from http://search.proquest.com, 26 February 2013.

Joseph, T. (1983) "Decision-making preferences and practices," *Canadian Journal of Communication* 9(2): 37-48.

Khattab, U. (2004) "Privileged culture and polarized public spheres: Sate broadcasting in Malaysia," *Journal of Asian Research Center for Religion and Social Communication* 2(2): 1-7.

Lacy, S., Coulson, D. C. and Martin, H. J. (2004) "Ownership and barriers to entry in non-Metropolitan Daily newspaper markets," *Journalism and Mass Communication Quarterly* 81(2): 327-342.

Leong, P. & Yap, Siau Yen (2007) "Malaysia," *Media Asia* 34(3 & 4): 156-170.

Liew, Kok Meng (1990) *Pengurusan bilik berita: Satu kajian kes di The Star*. BA thesis, Universiti Kebangsaan Malaysia.

Lippmann, Walter (1965) *Public Opinion*. New York: Free Press.

Lowrey, W. and Chang, Wan Woo (2010) "The News Organization in uncertain times: Business or institution?" *Journalism & Mass Communication Quarterly* 87(1): 41-61.

Media Prima Berhad. Retrieved from http://www.mediaprima.com.my/, 16 October 2010.

Moses, B. (2002) "Ethnic Reporting in the Malaysian media," *Media Asia* 29(2): 102-106.

Mustaffa, K. Anuar (2000) "Malaysian Media and Democracy," *Media Asia* 27(4): 183-190.

Nakamura, Yoshiko (2010) "The Present Situation and Challenges at NHK: Japan's Public Service Broadcasting Undergoing the Transition to Digital Broadcasting," Paper presented at RIPE@2010, 8-11 September 2010, London. Retrieved from ripeat.org/wp-content/uploads/tdomf/1434/Nakamura%20Yoshiko.pdf, 9 July 2014.

Nakamura, Yoshiko and Yonekura, Ritsu (2010) "How Public Service Broadcasting is Talked About: From a Comparative Web Survey of Japan, the Republic of Korea and the United Kingdom," *NHK Broadcasting Studies* 8: 123-143.

Netto, A. (2002) "Media freedom in Malaysia: The challenge facing civil society," *Media Asia* 29(1): 17-23.

Papandrea, Franco (2006) "Media diversity and cross media regulation," *Prometheus* 24(3): 301-322.

Penyiaran, 4 Dekad Bersama Anda (1987) Kuala Lumpur: Persatuan Penyiar Kebangsaan Malaysia.

Pereira, C. (2008) "News media and new media," *Media Asia* 35 (3).

Public Television (2005) Retrieved from http://www.answers.com/topic/public-broadcasting, 8 July 2014.

RTM (2010) *Radio Television Malaysia*. Retrieved from http://www.rtm.gov.my/rtmnew/, 28 January 2011.

Ramanathan, Sankaran (2008) "Malaysia's 2008 political tsunami: Hope for media liberalisation?" *Media Asia* 35(4): 233-240.

Rivers, W. L. & Matthews, C. (1988) *Ethics for the media*. Englewood Cliffs: Prentice Hall.

Shriver, Rick (2003) *Malaysian Media: Ownership, Control and Political Content*. Retrieved from http://www.rickshriver.net.pdf

Schultz, Ida (2007) "The journalistic gut feeling: Journalistic doxa, news habitus and orthodox news values," *Journalism Practice* 1(2): 190-207.

United Nations Educational, Scientific and Cultural Organization (2005) *Public Service Broadcasting*. Retrieved from http://portal.unesco.org/ci/en/ev.php-URL_ID=1525&URL_DO=DO_TOPIC&URL_SECTION=201.html, 8 July 2014.

Wilson II, Clint C. and Gutierrez, Felix (1995) *Race, Multiculturalism, and the Media: From Mass to Class Communication*. Thousand Oaks: SAGE Publications.

Yesudhasan, T. J. and Wong Zhin-Seng, L. (2010) "Media and public sphere: Representation of democracy in the Malaysian press," *Media Asia* 37(2): 67-72.

Zaharom, Nain and Anuar, Mustafa K. (1998) "Ownership and control of the Malaysian media," *Media Development* 45(4): 9-17.

Interviews:

Informant I. Radio Television Malaysia. Interview 9 April 2012.

Informant J. Radio Television Malaysia. Interview 14 March 2012.

Informant K. Radio Television Malaysia. Interview 14 April 2012.

Informant L. Radio Television Malaysia. Interview 14 April 2012.

COLUMN　アフリカの放送メディア事情
――混沌のなかで発展をめざす――
田中孝宜

◆地デジ化騒動

　日差しは強いが、空気は思ったより乾いている。日本の夏のようなまとわりつく暑さはない。2013年11月、ケニアの首都ナイロビの空港からタクシーに乗り、赤土の砂埃をあげながら、ホテルに向かう。ホテルの周囲は高い壁でぐるりと囲まれ、テロを警戒して警備員が厳しい目を向けてくる。日本からの客だということをパスポートで確認すると、重たいゲートを開けてくれた。チェックインを済ませ、部屋に入った。壁には韓国製の薄型テレビがかけられている。電源を入れて、ザッピングしてみる。衛星放送だ。ニュース番組やサッカーの試合などを放送している地元の放送局のチャンネルをすぎると、イギリスのBBCワールドニュースなど海外の放送局のチャンネルが続く。目を引くのは中国。CCTVの英語での国際放送だけでなく中国語の放送など複数のチャンネルを占有している。残念ながら日本の国際放送NHKワールドはみられなかった。

　ケニアの公共放送KBCを訪問した。地上デジタル放送の進み具合を調査するのが目的だ。翌月にはナイロビで地上アナログ放送を終了する予定であり、地デジ化を推進する責任者に準備状況を聞いてみた。

　「来月にアナログ放送を停止するというのは、政府が一応発表した目標ですが、その通りいくかどうかは分かりません。準備が遅れていて、放送局は反対しています。」

　KBCでは地デジ化にともない、過去の番組を再放送するアーカイブス専門チャンネルなどチャンネルを増やす予定だという。その計画立案の担当者は、かつて日本でNHKのラジオ国際放送のスワヒリ語放送を担当していた。

　「チャンネルを増やしても、放送する番組が足りません。日本の番組でなにか使わせてもらえるものはないでしょうか……。」どうやら地デジ化は見切り発車のようだ。

　日本では2011年7月24日に完全地デジ化を終えた。几帳面な日本人は、この日と決めたらその期限に向け準備し、そして予定通りアナログ放送を停止した。ケニアでは完全地デジ化の日程の目標を立ててはみるが、これまで何度も延期している。隣国タンザニアでは、2012年に無理やり予定通りアナログ放送を止めたものの、地デジ対応のテレビ受信機や地デジ視聴に必要なセット・トップ・ボックスが浸透しておらず、テレビをみられない人が続出し、大混乱が起きた。

　結局、ナイロビでは2013年12月末、予定よりやや遅れてアナログ放送の終了を強行した。ところが、やはりデジタル放送受信機が十分に普及しておらず混乱を招き、翌日、アナログ放送を再開した。最終的には、裁判所の判断を受けて2014年12月31日

にナイロビ地域でアナログ放送が終了した。全国での完全デジタル化は、ITU（国際電子通信連合）が定めた 2015 年 6 月を目標にしていたが、この原稿を書いている時点（2015 年 7 月末）で、終わっていない。

　ケニアは、アフリカで最初に定時放送をおこなった国だ。旧イギリス植民地時代の 1928 年 8 月のことである。当初はアフリカにいるイギリス人に向けた英語番組だけであったが、第二次世界大戦の頃からアフリカの人に向けても放送されるようになった。

　現在ケニアでは、国土の 90% 以上をカバーする公共放送 KBC が一日 24 時間、英語とスワヒリ語の放送を実施している。都市部を中心に商業放送局も人気がある。私がナイロビのホテルでみた衛星放送は、KBC が南アフリカの衛星放送 MultiChoice と共同出資して事業をおこなっている。広大な大地が広がるアフリカでは衛星放送のメリットを生かしやすい。しかし、有料放送の代金を支払える人はごくわずかで、実際の契約数は限られている。

◆民主化と放送

　アフリカの放送は、旧宗主国の影響が色濃く残る。アフリカ諸国のほとんどは、かつてのイギリスやフランスなどの植民地だったことから、放送でも旧宗主国の言語や放送制度が引き継がれていることが多い。

　アフリカ東部などの旧イギリス領植民地はイギリス連邦に加盟しており、ケニアの KBC を含む各国の放送事業者は CBA（英連邦放送連盟）メンバーとして放送全般にわたって相互協力できる体制になっている。一方、アフリカ西部の旧フランス植民地の国ぐにでは、独立後も文化的、経済的にフランスとの関係が続き、放送コンテンツもフランス本国の番組を再放送する例も多くみられる。

　アフリカ地域で放送分野のリーダー役を果たしてきたのは、南アフリカ共和国だ。1991 年に人種隔離政策を廃止し、94 年に国民統一政府が発足して以来、放送は劇的な変化を遂げた。公共放送 SABC は、言語差別をなくすため、テレビ・ラジオともに 11 の公用語をすべて使用するようになった。さらに、2000 年以降一部民営化され、SABC の放送事業は公共サービス部門と商業・コミュニティサービス部門に分割された。テレビ放送は現行の 4 チャンネルの一部で広告放送を取り入れている。一方、ラジオ放送は、SABC 傘下の 18 局のうち 15 局が公共サービスとして 11 の公用語で総合編成番組を放送し、他の 3 局は商業・コミュニティサービスとして音楽、娯楽などの放送をおこなっている。

　アフリカ大陸の大部分の国では部族や言語の数が多く、また識字率も低い。このため各国政府は、放送を国民の一体化、生活の向上、教育の普及のための有効な手段として重視している。ナイジェリアでは 2015 年 5 月、12 のコミュニティラジオ放送局が認

可された。地域ごとに、そこで暮らす部族や言語に合わせて放送される。コミュニティラジオの設立目的には、住民の意識の向上や民主化などが謳われている。一方で2015年6月には許可のない海賊ラジオ局が開設され、激しい政府批判を展開し始めた。また、イスラーム・グループも放送局を設立し、イスラーム教の宣伝をしている。放送が人びとにあたえる影響力が大きいだけに放送を利用しようとするさまざまな勢力が動いている。

アフリカ地域では、政治的な混乱、社会的な不安定さから放送サービスの発展の足どりは鈍い。

アフリカ大陸には50を超える国があるが、文化の面では南北2つに大別される。北部のイスラーム5か国（エジプト、リビア、アルジェリア、チュニジア、モロッコ）と、サハラ砂漠より南のサブサハラ・アフリカだ。北部のイスラーム諸国は公用語がアラビア語であり、テレビの世帯普及率は95%に達している。サブサハラ諸国には、多様な民族が異なる言語を使って暮らす。テレビの普及率は平均30%に満たない。

放送が混乱のなかにあるのは、中南部のサブサハラ諸国だけではない。北部も同じだ。北部アフリカでは、地上放送は政府との結びつきが強く評判が悪い。一方で、衛星放送はよくみられている。

2010年12月、チュニジアに始まり、エジプトから中東に広がった「アラブの春」と呼ばれた反政府運動にソーシャルメディアとともに大きな影響をあたえたのが衛星放送だ。衛星放送局の取材陣は、政府系メディアではできない現場中継をおこなった。中東カタールの衛星放送局アルジャジーラはエジプト市民に小型のビデオカメラを配って厳重な警戒のなかおこなわれたデモや集会の様子を撮影してもらい放送した。傘下のチャンネルを急きょエジプト専門チャンネル「アルジャジーラ・ライブ・エジプト」に衣替えした。エジプトではムバラク政権崩壊後、民主化ムードのなかで16の衛星チャンネルが誕生した。しかし、その後の政権は再びメディア規制を強め、「アルジャジーラ・ライブ・エジプト」は活動を禁止され、記者が身柄を拘束されたり国外追放されたりした。いまは「アラブの春」で倒されたムバラク政権時代より自由がないという声もある。

◆外国勢のアフリカ進出

世界の他の地域から取り残されそうなアフリカのメディア事情だが、こうした流れに反して外国勢、とりわけ中国が積極的に進出する動きをみせている。中国CCTVは、2012年1月、ケニアのナイロビに制作センターを開設した。海外で番組を制作し放送ができる初めての地域拠点。英語による独自番組の「アフリカ・ライブ」、「トーク・アフリカ」などを制作しCCTV英語チャンネルで放送をしている。センターのスタッフはおよそ100人で、ナイジェリア、ウガンダ、ジンバブエなど各地に特派員も置い

ているという。また、中国のメディアグループ StarTimes は、ナイジェリア、ブルンジなどアフリカ 13 か国で有料の地上デジタル放送事業を展開している。StarTimes は中国の国家開発銀行、中国－アフリカ開発基金の支援を受けており、従業員は 2000 人で、その 85％がアフリカ各国の現地スタッフという。中国政府では、アフリカのジャーナリストら放送関係者を北京に招いたり、ケニアでは全土に光ファイバー網を構築するための借款を供与したりして、アフリカとの結びつきを強めている。

　また、イギリス BBC も、中東・アフリカへの情報発信を強化している。2008 年アラビア語でのテレビ放送を、2009 年にはペルシャ語でのテレビ放送を始めた。2014 年には、アフリカ東部タンザニアのダルエスサラームに支局を開設し、現地でスワヒリ語での番組制作を始めた。テレビ、ラジオ、モバイルなど各媒体にコンテンツを提供している。2015 年からウェブサイトのアフリカ版を新設し、アラビア語やスワヒリ語など現地の言葉を使用して情報発信の強化を目指す。BBC はアフリカ 48 か国で取材をおこなっている。BBC の国際放送関連（テレビ・ラジオ・インターネット）すべて合わせて毎週 3 億 8 千万人の利用者がいて、そのうちアフリカ大陸が全体の 3 分の 1 を占めるという。

　アフリカの放送事情を考えるとき、「混沌」という言葉が頭に浮かんでくる。欧米やアジアでは、放送局どうしで連携して未来を切り拓いていこうという動きがある。それに対して、アフリカの国ぐにがどのような将来ビジョンを共有しているのかは、なかなかみえにくい。混乱のなかでの地デジ化対応。幅広い外国番組がみられる衛星放送。放送に圧力をかける権力者。欧米や中国の積極的進出。さまざまなベクトルの力が蠢く「混沌」のなか、アフリカの放送メディアは一体どこに向かっていくのだろうか。

COLUMN　中南米のメディア状況
――報道の自由、道半ば――
斉藤正幸

◆はじめに

　中南米という言葉は、中央アメリカと南アメリカを合わせた地域を指すためにしばしば用いられているが、実は概念が曖昧な言葉である。北米に属するといわれるメキシコが含まれたり、あるいはカリブ海地域が含まれたり、含まれなかったりする。この地域は大陸部とカリブ海の島嶼部で歴史的背景が異なり、言語や文化も様相を異にしているが、ここでは、面積や人口、経済規模等で大きな比重を占めるメキシコ以南の大陸部の国ぐにについてメディア状況を概観することにする。

◆報道の自由の現状

　中南米の大陸部は、かつての大航海時代の覇者ともいえるスペインとポルトガルの植民地だった国ぐにが大半を占めている。300年にわたる植民地としての歴史を経て、19世紀前半に相次いで独立を達成するものの、その後も少数の特権階級が社会の実権を握る構図は基本的に変わらなかった。多くの国では、1960年代から始まる軍事政権の時代を経て80年代になってようやく民政移管が進んだが、民主主義の歴史や経験が浅く、民主化から30年がたった今日でも言論の自由や基本的人権の尊重といった民主主義の根本的な価値がなかなか浸透しきれずにいる。言論の自由の擁護を目的に活動している非政府組織の「国境なき記者団（RSF）」が発表した「2015世界の報道の自由度ランキング（World Press Freedom Index 2015）」によると、調査対象の180か国のうち、中南米の地域大国であるブラジルは99位、メキシコは148位となっている。このランキングは、メディアの独立性や多様性、インフラ、法規制等さまざまな要素を数値化した指標に基づいて作られている。中南米諸国のなかには、16位のコスタリカや23位のウルグアイのように、言論の自由度が高いとされる国もあるが、調査対象となった大陸部の中南米20か国のうち半数の10か国は90位以下にある。

　中南米で報道の自由を妨げている大きな要因の1つは、権力によるメディアへの介入である。軍事政権の時代には各国で厳しい報道管制が敷かれ弾圧も熾烈を極めたが、現在でも、一部の国では政府に批判的なメディアに対する取り締まりがおこなわれ、法令違反を理由にメディアに巨額の罰金を科して経営難に追い込んだり、あるいは国有化して政権寄りの報道機関にしたりといった動きがみられる。また、政治家に対する批判を名誉毀損などとして司法がマスコミを断罪するケースも少なくない。

　報道の自由を妨げるもう1つの要因は、ジャーナリストや報道機関に対する脅迫や

殺害といった暴力である。2015年2月、ニューヨークに本部のある民間団体CPJ（ジャーナリスト保護委員会）は、2014年には世界の20か国で61人のジャーナリストが職務に関連して殺害されたと発表した。この20か国のなかに、中南米からはブラジル、パラグアイ、メキシコの3か国が入っている。殺害されたジャーナリストの数は、ブラジルが3人で、他の2国がそれぞれ2人となっている。いずれも職務に関連して殺害されたことが明らかなケースで、殺害理由が判然としないケースも含めると、さらに多くのジャーナリストが犠牲になっていると考えられる。世界の国・地域別の犠牲者数をみると、中東シリアの17人を筆頭に、ウクライナ、イラクが各5人、ソマリア、イスラエル・パレスチナ（両方の合計）が各4人と続くが、これらの国・地域はいずれも紛争地域であり、目立った紛争のない中南米諸国で複数のジャーナリストが殺害されているのは特異な現象といえよう。中南米では、麻薬組織が絡んだ犯罪を取材中に殺害されたり、汚職を糾弾して暗殺されたりといったケースが多く、反政府デモなどの取材中に官憲による暴行の犠牲になって死亡するというケースもある。

◆メディアの巨大化と市場の寡占化

　メディアとそこで働く者には現在でも多くの困難がともなう中南米だが、この地域におけるマスメディアの歴史は古く、植民地時代の18世紀初頭にはすでに新聞が発行されていた。しかし、現在、多くの国ぐにで広く親しまれているメディアはテレビである。ブラジル政府が2014年11月に国内の1万8000人あまりを対象におこなった調査によると、73％の人が毎日テレビを視聴していると答えているのに対し、ラジオを毎日聞く人は30％、インターネットに毎日アクセスする人は37％、新聞を毎日読む人は7％であった。多くの貧困層を抱え、かつては識字率も低かった中南米諸国において、テレビは誰でも気軽に楽しめるメディアとして普及拡大を続け、現在では世帯普及率が90％を超えている国も多い。市場が拡大した結果、巨大なコングロマリットに成長するテレビ局も登場した。放送事業だけにとどまらず、新聞や出版、通信や金融事業、さらにはサッカーチームやスタジアムの運営まで手掛けるところもある。少数の企業による市場の寡占化が進んだ国も少なくない。メキシコでは、最大のテレビ局テレビサ（Televisa）とこれに次ぐアステカ（Azteca）の2局で地上テレビ放送の視聴シェアの96％を占めているともいわれ、コロンビアでも商業放送2局が90％以上の視聴シェアを占めるとされている。

　巨大化したメディアが、時には政権と対立することもある。近年、注目を集めたのはアルゼンチンである。アルゼンチンでは、最大のメディア企業クラリン（Clarín）と政府の対立が尖鋭化し、4年以上にわたって司法の場で争いを続けた。クラリンは地上テレビ局の他、ケーブルテレビやラジオ、新聞社等を所有し、メキシコのテレビサやブラ

ジルのグローボ（Globo）と並ぶ、中南米を代表する巨大メディアである。政府とクラリンの関係が悪化したのは、2008年に起こった政府と農業団体の対立に起因する。政府が輸出用の農産品に課税しようとした際、農業団体はこれに強い反発を示したが、クラリンは反政府の立場を明確にしてキャンペーン報道をおこなった。結果として政府の方針は議会で承認を得られず、課税の試みは失敗に終わった。これに対し、翌年、政府はクラリンなど大手メディアの活動を制限する内容を盛り込んだ「メディア法／Ley de Medios」を成立させた。この法律ではメディアの寡占状態解消が大きな狙いとされ、一企業が所有できるテレビ局の数やチャンネル数などに制限が加えられることになった。施行されればクラリンにとっては事業の分割や放棄を迫られ、経営への大打撃となることが明らかであった。そこでクラリンは、この法律が言論の自由や財産権を侵害するとして提訴した。この問題は世論を二分し、言論の自由の擁護の立場からクラリンを支持する声が上がる一方、メディアの寡占状態を解消してこそ多様な言論が存在できるとして政府の方針を支持する声も上がった。結局、2013年末に最高裁がメディア法を合憲とする判決を下してクラリンの事業は見直しを迫られることになった。しかし、その後も両者の対立は続き、クラリンの事業分割は膠着状態に陥っている。

　メディアの寡占状態解消の動きは、メキシコでもみられる。メキシコでは前述のように2つの商業放送局による市場の寡占状態が長年続いてきたが、2012年に発足したペニャ・ニエト政権は、放送事業や通信事業などに新規事業者の参入を促すことで競争を促進し、サービスの向上を図るという方針を発表した。そのため、2013年に憲法の関連条項を改正し、それを受けて2014年には放送関連諸法の改正もおこなわれた。その結果2015年3月、地上デジタル放送の事業免許が既存の放送局以外の事業者に初めて交付された。メキシコでは地上テレビのアナログ放送停波とデジタル放送への移行が2015年末を期限に進められており、デジタルへの移行後は新規事業者による放送事業への参入が加速するのではないかと思われる。

◆**脆弱な公共放送**

　これまでみてきたように、中南米の放送界では商業放送の影響力が大きく、公共放送は脆弱で視聴シェアも小さいのが一般的で、国民の広い支持や理解を得られるにはいたっていない。メキシコでは、中南米で最も早く1959年に公共放送が始まり、現在は5つの公共放送機関が全国向けに放送をおこなっているが、5局を合わせても人口カバー率は総人口の半分程度にとどまっている。一方、ブラジルでは、2008年に公共放送EBC（ブラジル・コミュニケーション会社／Empresa Brasil de Comunicação）が設立された。EBCは、国内向けのテレビとラジオの他、テレビ国際放送や通信社等も所有する公共放送機関で、財源は主に政府交付金だが、編集権の独立が法律で保障されてい

る。EBCは、従来ブラジルには存在しなかったヨーロッパ型の公共放送の実現をめざして左派政権が設立したものだが、大手の商業放送5社が地上テレビの全国ネットであまねく放送をおこなっている一方で、EBCはいまだ地上テレビでは全土をカバーしきれておらず知名度も高くはない。公共放送という概念がいまだ国営放送ないしは教育放送と同義に取られることも多いこの地域にあって、公共放送が根づいていくためには、編集権の独立をどう担保するのか、財源をどうするかといった問題の他、公共放送についての周知や理解の促進など取り組むべき課題が少なくない。

◆おわりに

デジタルメディアの隆盛など世界的なメディア環境の変化とともに、中南米におけるメディア利用も変貌を遂げつつある。近年の経済成長によって中産階級が拡大したことで人びとが利用するメディア機器も変わり、インターネットや携帯端末が急速に普及している。ソーシャルメディアの利用者が多いのもこの地域の特徴である。放送でも、テレビの地上デジタル放送への移行に向けて各国が本格的に動きだし、衛星放送など有料放送の視聴者も急増して多チャンネル化が進んでいる。こうしたメディア環境の大きな変化が、これまで公正で自由な報道が必ずしも保障されてこなかったこの地域のメディアと社会のあり方をどう変えていくのか、今後の行方が注目される。

第Ⅲ部

メディアの越境的展開

9　トルコとヨーロッパ
クルド語公共放送「TRT6」の誕生：トルコの挑戦と限界

阿部るり

はじめに

　2009年1月1日はトルコのメディア史を紐解くうえで忘れてはならない日となった。トルコの公共放送運営者「トルコ・ラジオ・テレビ協会（TRT）」がクルド語の新テレビチャンネル「TRT6」を開局したのだ。トルコ政府は国家統合の観点から、クルド系住民の民族意識を高めかねないクルド語の公の場での使用を長らく禁じていた歴史がある。トルコの公共放送によるクルド語のテレビチャンネル開局は、いったいなにを意味するのか。
　クルド民族はトルコやシリアなど中東の複数の国家にまたがり生活を営んでおり、総人口は2500万〜3000万人とされる。独自の国家を求める武装勢力も活発に活動しており、トルコを含めた関係各国はクルド民族の動向に目を光らせている。
　政治的平等より経済発展が優先されがちな途上国や新興国において、反体制の立場に流れやすいエスニック・マイノリティ住民といかに向き合うかは、政権にとって大きな政治課題といえる。テレビ放送、とりわけ公共放送は国家運営の一翼を担う政権のマウスピースとしての役割を演じることが少なくない。トルコはこうした事例の典型でもある。
　トルコに住むクルド人は政府による抑圧や戦乱を嫌い、ドイツやイギリスをはじめとしたヨーロッパ諸国に移民・難民として逃れていった。150万人ともされるかれらディアスポラとトルコにとどまるクルド人は精神的にも物理的も繋がりを保っており、それを担保したのがヨーロッパを拠点とするトルコ向けのクルド語衛星放送だった。

トルコにおいてTRTがテレビ放送を開始したのは1968年[1]。以来、三十余年にわたってテレビ放送は国家が独占してきた。他の多くの途上国、新興国と同様、トルコでもマス・メディア、とくにテレビ放送は国家開発のための手段として位置づけられてきた。TRTは唯一、国家によって「公式化」された「国民文化」の媒介の役割を担ってきた（Aksoy and Robins 1997）。

1990年代に入っても、TRTはトルコ国内唯一のテレビ事業者ではあったが、国外からの衛星放送の視聴は違法ではなかった。すでにトルコではCNNやBBCが視聴されていた。トルコのマジックボックス社は1991年、ドイツを拠点にトルコに向け衛星民間放送「スター1」を開始。その後、ヨーロッパから衛星を用いてトルコに向けた放送をおこなう民間放送局設立が相次ぎ、TRTが独占してきたトルコのテレビ事情が一変する。トルコ政府の認可のおよばない民放は、わずか1年で6局に増えた。その後も民放は増え続け、チャンネルは多様化していくなかで、ヨーロッパを拠点にクルド語による衛星放送が登場した。

本章ではトルコにおけるクルド語とメディアの関係を概観し、トルコが抱える最大の政治課題の一つであるクルド問題や、ヨーロッパ発クルド語衛星放送に触れながら、TRTがクルド語チャンネルを開設するにいたった背景と開局後の課題を明らかにする。

1．トルコにおけるクルド問題

1-1．「東の問題」としてのクルド

トルコにおいて、クルドの存在はどのように位置づけられてきたのか[2]。また、「クルド問題」は歴史的にどのようにとらえられてきたのだろうか。トルコ東部のシリア国境に近いマルディンの街を、筆者が1990年代終わりに訪ねた時のことだった。街の少し外れに位置する簡素なオトガル（バスターミナル）に到着し、あたりを見回すと、小高い山の中腹に刻まれた「Ne mutlu Türküm diyene（トルコ人であると言えることはなんと幸せなことよ）」というトルコ語が目に飛び込んできた。トルコにおいてクルド人の割合が高いトルコ東部の街に、建国の父、ケマル・アタトゥルクによるこの言葉が掲げられていることの意味を考えずにはいられなかった。

トルコ共和国は1923年、オスマン帝国末期からの戦乱や社会不安を経て建国された。アタトゥルクの指導のもと、世俗化や近代化が推し進められた。近

代国家を築くための国家統合が重んじられ、国家や国土の解体を引き起こしかねない分離主義的な運動や思想は極度に警戒された。

　トルコの国家、国土の解体、分離に対する警戒心が歴史的にみても非常に強いことを指して「セーブル・シンドローム」という言葉がある（Ergin 2014: 324）。第一次大戦後、敗北したオスマン帝国と連合国の間で調印された1920年8月のセーブル条約においては、クルド人による独立国家「クルディスタン」建国が盛り込まれていた。しかし、セーブル条約はアタトゥルクらによる反対によって反故にされた。その後セーブル条約に代わって1923年7月に調印されたローザンヌ条約では、クルド人による独立国家構想は削除され、構想自体が立ち消えとなった。こうした経緯からセーブル・シンドロームとは、諸外国や国内の反体制派がトルコの領土の一体性を解体することに対する警戒心や恐怖心について言及する際に用いられる（Yavuz 2007: 61）。

　ローザンヌ条約を根拠としてトルコでは、少数民族（マイノリティ）とは主にイスラーム教ではない宗教を信仰するユダヤ人、アルメニア人、ギリシャ人らを指し、クルド人は少数民族には該当しないとみなされ、同化政策の対象となった。徹底した同化政策を断行しようとするトルコ政府の立場は、アタトゥルクの後継者となるイスメット・イノニュによる1925年のスピーチによく表れている。「われわれは率直にいって（トルコ）ナショナリストであり、ナショナリズムはわれわれを結束することのできる唯一のものである。……われわれはわれわれの領土に居住する者たちをどのような手段においてもトルコ化する必要があり、われわれはトルコ人やトルコ主義に反対する者を絶滅させる」（Barkey and Fuller 1998: 10）。

　建国期から1930年代末にかけては、1925年の「シェイク・サイードの反乱」にみられるように、クルド人よる反乱がトルコ国内で散発的に起きた[3]。トルコ政府は、反乱を起こすクルド人をトルコ国家の統合を分断しかねない「脅威」とみなした。また、近代化、世俗化を推進する「ケマリズム」のもと、クルド人を後進的な存在であり文明化すべき対象として位置づけ、1930年代にかけて徹底した同化政策を実施した（Yeğen 2011: 69; Yavuz 2007: 60）。

　同化政策の一環として、クルド人が多く居住するトルコ東部、南東部においてクルド語による宗教教育をおこなう学校を閉鎖、クルド語出版物の発行禁止、名字・名前・地名のトルコ語化、裁判所でのトルコ語以外の言語の使用禁止、学校教育におけるクルド語の使用禁止、大規模な強制移住、寄宿学校の設立に

よる教育のトルコ語化などの措置が政府によって打ちだされた。生活、文化のあらゆる面におけるクルド人の「トルコ化」が強力に推進された（Yeğen 2011: 70-75; McDowall 1996: 191）。

　1945年に複数政党制が導入されたことで、トルコの政治をめぐる風土にも変化がみられた。そのなかで建国期から複数政党制導入までの期間、これまで徹底した同化政策のもとに置かれたクルド人の固有性、クルド人居住地区の低開発問題や封建主義的な社会構造によって生じる諸問題について、一部のクルド人たちがトルコ社会や同胞に向けて主張を始めた。緩やかな形でのクルド・ナショナリズム運動の形成がみられ、クルド系の出版物が1950年代から1960年代にかけて発行されるようになっていった。

　なかでも1959年、ムーサ・アンテル（Musa Anter）によってトルコ東部の中心都市、ディヤルバクールにおいて発行された雑誌『Ileri Yurt』は、あからさまにクルド・ナショナリズムを標榜するのではなく、クルド人が多く居住するトルコ東部の低開発や地域に根強く残る封建主義的な社会システムの問題点を提起したことが特徴的である（Kendal 1993: 64）。マクドウォールが「デルシムの反乱以来、はじめてのトルコにおけるクルド人による表現活動」（McDowall 1996: 403）と評価しているように、複数政党制が実現した50年代以降、トルコ国内の政治風土が変化するなかで、その後のクルド・ナショナリズム発露に繋がるような動きが徐々に芽吹いていった。この時期においては、政府は「クルド人」「クルド問題」が存在することを否定してきたことから、「クルド問題」という明示的な言葉を使用することはなかった。したがって、クルド人が多く居住する「東（Doğu）の問題」として提起していた。

　1950年代がクルド・ナショナリズム運動の萌芽期であるとすると、続く60年代後半は、クルド・ナショナリズム運動が政治組織、政党として結実化していった時期として特徴づけることができる。1960年のクーデタ後に制定された「民主的な」1961年憲法によって社会主義政党の結党が可能となることで、クルド系の人びとも1961年に設立されたTİP（トルコ労働者党）などのトルコの社会主義運動、労働運動の枠組みのなかで政治的に活発化していった（Pusane 2014: 83）。1966年にアンカラで発刊された雑誌『Yeni Akış（新たな潮流）』は、社会主義的なイデオロギーの視点に立つクルド系の初の雑誌として知られる。この雑誌が、クルド、トルコの双方の労働者階級に対して連帯を呼びかけ、社会主義政権の樹立を目指すものであったことは、クルド・ナショナリズム運動

が、トルコの左翼運動のなかから組織化されていったことを端的に示している（Kendal 1993: 67）。

1-2．クルド・ナショナリズムの台頭

やがて 1960 年代後半から 70 年代にかけて、トルコ国内の左翼組織における政治活動に参加してきたクルド系活動家が左翼と袂を分かち、クルド・ナショナリズムを独自に標榜する政党などとして組織化され、顕在化するようになっていった（Romano 2006: 46-47）。60 年代後半においては、イラクの KDP（クルディスタン民主党）の姉妹政党として、地下組織として設立された TKDP（トルコ・クルディスタン民主党）、DDKO（東部革命文化の炉辺）などに代表されるようなクルド・ナショナリズム運動を標榜する政党がつぎつぎに結成されていった。

1967 年 4 月『Ötüken』というトルコ民族主義を掲げる MHP（民族主義者行動党）の機関誌において、「クルド人の後進性」「クルド人がトルコの解体を画策している」「トルコはトルコ人の国であることからクルド人は国外退去すべきである」などの言説を含む記事が掲載された。さらには、当時のスナイ大統領による「トルコ人でない者はトルコから出ていくべきだ」との趣旨の発言を受けて、トルコ東部の街を中心にクルド人による大規模なデモが組織され、これを機会にその後、東部においてクルド系の政治組織が相次いで設立されることとなった（Bengio 2014: 140）。1970 年代はトルコにおいて左翼運動がさらに活発化し、トルコ社会自体が政治化していった。1978 年、そうした風土のなかでクルド系の左翼運動組織として、アブドゥラ・オジャランらによって PKK（クルディスタン労働者党）が設立された（Gunes 2014: 264-265）。

労働運動や学生運動の激化などにより「荒廃」したトルコの国政の統一性、一体性や世俗主義の原則に立ち戻ることを理由に、1980 年 9 月、トルコ軍部によるクーデタが挙行された（新井：2001）。クーデタ後、軍部は戒厳令を発令、クルド系ナショナリスト、左翼右翼の活動家らを逮捕、投獄した。1945 年の複数政党制の導入により緩和されてきたクルドへの締めつけが、クーデタ以降再び強まり、さらなるトルコ化が強行された。クルド系新聞、出版社、NGO の活動が規制され、クルド、クルディスタン、クルド・ナショナリズムに関する書籍が差し押さえの対象となった（Gunes and Zeydanlıoğlu 2014: 10）。1983 年に制定された第 2932 号法では、トルコ国民の母語がトルコ語であることを規定し、それ以外の言語を母語とすること、さらにはトルコ語以外の言語を出版、

放送、教育で使用することを禁じた。また第 1587 号法ではクルド語の名前を子供に名づけることを禁止した。1984 年、PKK とトルコ国軍との戦闘がトルコ東部、南東部で始まり、80 年代から 90 年代末にかけては武力闘争の時代が休戦時期をはさみながら続いた。

1-3．「否定」から「承認」の時代へ

1990 年代は、トルコにおけるクルド問題が「否定」から「承認」の時代へと転換した時期である（Yeğen 2011: 75）。「クルド」という存在自体が否定され、クルド人は存在しないか、あるいは「山岳トルコ人」として認識されてきた「否定」の時代を経て、その存在が政府によって「承認」、「認識」されるようになっていった。

1989 年から 1993 年まで大統領を務めたトゥルグート・オザルは首相在任中（1983-89 年）に東部での村落における自警システム、OHAL（非常事態地域の指定）などの導入によって PKK との戦闘に厳格に対処する一方で、「クルド問題」の解決に向けたクルド語使用の部分的な容認に踏み切った[4]。政府の「承認」を表す施策として、軍事政権時の 1983 年に制定されたクルド語の公的、私的空間での使用を実質的に禁じた第 2932 号法が 1991 年 4 月に廃止された。ただし、禁止が解かれたのは主に私的空間でのクルド語の使用であり、公的空間での使用には制限が設けられたままだった（Romano 2006: 55）。

1992 年、当時のスレイマン・デミレル首相が訪問先のディヤルバクールでおこなったスピーチでは、「クルドの現実があることを理解している（Kürt realitesini tanıyoruz）」と、「クルド」という言葉を用い、クルド人が存在することを政府として公式に認めた[5]。「クルド」や「クルド問題」という言葉がある程度の頻度でメディアに登場し始めたのも 90 年代に入ってからだ。私的空間でのクルド語音楽も合法化されるなど、これまでの政府の「否定」のうえに立った対クルド政策の大きな転換点となった。

それでもなお、クルド人の国家を意味する「クルディスタン」という言葉については、より慎重に扱われ、公然と使用されることは稀であった。また、公的空間でのクルド語の使用――たとえば、出版、放送などのメディア、デモ、役所、学校などでのクルド語の使用――については解禁されなかった（Aslan 2009）。

1990 年代初頭、政府のクルド問題やクルド語に対する態度は以前と比べ融

和的になった。しかし、それは純粋にトルコで民主化や和平解決が進んだことによって生じたと考えるのは早計であるとゼイダンルオールは述べている。むしろ、「クルド」という存在を否定すること自体の矛盾や難しさに政府が直面したことによって、現実を直視せざるをえない状況のなかでの「承認」であった、と指摘している（Zeydanlıoğlu 2014: 169）。

　また当時の政府は承認の方向性を打ち出す一方で、1991年「反テロ法」の導入にみられるように、形を変えた取締りを強化していったことも見過ごしてはならないだろう。1993年、オザル大統領の急逝によってこうした承認に向けた動きは滞り、クルド問題は、PKKとトルコ国軍のあいだの闘争としての側面を再び強めていった（Pusane 2014: 83）。

　もっとも1980年代半ばから続くPKKとトルコ国軍との戦闘や国内外でのクルド・ナショナリズム運動の高まりによって、これまでの「クルド人は存在しない」という公式見解が現実と大きくかい離したことが、「承認」の流れを作り出した面もある。80年代終わりから90年代にかけて、戦闘の影響により南東部の山岳部や農村に居住していたクルド人がトルコのイスタンブル、イズミル、アンカラなど西部の大都市、西ヨーロッパの国ぐにに移住することで、クルド系の人びとの存在がトルコ社会やヨーロッパにおいても可視化され、「クルド問題」の存在が国内外において認識されるにいたった。

2．クルド問題とメディア

2-1．トルコのメディアにおける「クルド問題」

　クルドやクルド問題をトルコのメディア、とくに新聞がどのように報じてきたのかについては、限定的ではあるものの、いくつかの先行研究がある。以下ではそれらの研究に主に依拠しながら、トルコ・メディアにおいて「クルド問題」がどのようにとらえられてきたのかについて言及する。

　1984年から1993年の主要日刊紙『ヒュリエット紙』におけるクルド問題に関する報道を分析したソメルは、1991年以前については、「クルド」という言葉自体が新聞報道において使用されることが稀であったこと、1991年から92年にかけて、言説をめぐる環境が大きく変化し、「クルド」という言葉を用いることがトルコのメディアで広く許容されていったことについて明らかにしている。1984年、85年のヒュリエット紙における「クルド」という語を使用し

た記事は25件であったのに対し、1991年、92年では658件、2000年代初頭の数年で2000件以上であった (Somer 2004)。

1991年を境に「クルド」という言葉に言及し、クルド問題について報道する記事が増えていったことの背景には90年代初頭のトルコ政治におけるクルドに対する緩和策が大きく関わっているとみられる。ただし、件数は増加していったものの、主要紙のクルド関連の報道については、国軍、PKK側で殺害された人数やPKKによるテロ行為など、軍事関連のニュースとして伝えられる傾向が強く、議会やその他の公的な場でクルド問題が国民的な議論とならなかったのと同様、メディアにおいても「クルド問題」に関する掘り下げた報道や議論はなされてこなかった (Barkey and Fuller 1998: 122)。

ベシクチは1980年代のトルコの主要メディアが、メディア自身があたかも「トルコ政府」の立場に立ったかのような視点からクルド問題を報じていたと述べている。例として、本来であれば「治安当局はマルディンで作戦を続行している (Güvenlik güçleri Mardin'de operasyonlarını sürdürüyor)」と3人称で報じるところを「マルディンでのわれわれの作戦をわれわれは続行する (Mardin'deki operasyonlarımızı sürdürüyoruz)」のように、「われわれ＝メディア＝政府」という等式のもと報道がおこなわれる傾向にあったことを指摘している (Beşikçi 1990: 94)。

セズギンとウオールは、クルド問題に関する報道については、報道の枠組みがトルコ・ナショナリズム的な傾向を有し、クルド人を「敵視」し、クルド問題を「テロ」の問題として報道する傾向にあることを1997年から2002年のトルコ主要紙の内容分析から明らかにしている (Sezgin and Wall 2005)。

トルコの新聞には一般的に社内外のコラムニストによるコラムが紙面のなかに数多く存在する。それらコラムは、その新聞の主義、主張に縛られない傾向がみてとれる。ニュースとしては報道されない角度からクルド問題に言及したコラムが掲載されることもある。ただし、1990年代末までの報道については、コラムにおいてもクルド問題に対する政府の政策を批判しないという形でのクルド問題への言及がおこなわれてきた (Barkey and Fuller 1998: 122)。そうした傾向は、クルド問題をトルコ主要メディアが報じる際のニュースソースがほぼトルコ政府やトルコ軍であったことに起因する (Beşikçi 1990: 94; Sezgin and Wall 2005: 793)。また、多くの研究においてクルド問題についてはメディア側が自己検閲を働かせてきたことが指摘されている (Sezgin and Wall 2005)。

2-2. クルド・メディア

　トルコにおけるクルド人によるメディアについては、大きく2つに分けることができる。1つはクルド語を使用したメディアである。クルド語は、クルマンジ、ザザ、ソラーニ、ハウラーミ、キルマンシャーという5つの方言を総称する言語で、標準クルド語は存在しない[6]。前述の通り、トルコにおいてはメディアにおけるクルド語の使用が長らく禁止されてきたことから、クルド語による出版物自体非常に少ない。クルド語の使用が禁止されてきた建国直後から80年代のあいだ、トルコ国内においてクルド語で出版された書籍は20冊を超えなかったとのデータもある（Galip 2015: 78）。クルド語による出版、言論活動が合法化されないなか、クルド系の人びとの言論活動は「トルコ国外でのクルド語、トルコ語による出版、言論活動」、もしくは「トルコ国内におけるトルコ語による言論活動」という形をとらざるをえなかった。本章では、クルド語によるメディアを「クルド語メディア」、トルコ語によるクルド人による言論活動については「クルド系メディア」としてとらえることとする。

　トルコ共和国建国期以降のクルド系の国外における言論活動として知られるのが、1932年〜43年シリアのダマスカスでクルド語の主要方言であるクルマンジ語で発行された雑誌『Hawar』である。同誌は国外で発行され、「密輸」される形でトルコ国内でも講読された。また、比較的近年のクルマンジ語による出版物としてはスウェーデンで発行されていた『Nudem』（1992年〜2002年）などがある（Galip 2015: 81）。

　クルド語によるラジオ放送、テレビ放送もトルコ国内では長らく禁止されてきたことから、出版と同様に、国外からの国際ラジオ短波放送や衛星放送による放送が主体であった。クルド語放送については次節においてより詳しく述べる。

　つぎにトルコ語によるクルド人の言論、出版活動について述べていこう。長らくクルド系メディアの主流であったのは、トルコ国内およびヨーロッパで発行されてきたトルコ語によるクルド・ナショナリズムを意識した新聞、雑誌である。1960年から70年代は、トルコの左翼運動との連携のなかでクルド・ナショナリズム運動が形成され、クルド系の政治組織が結成されていった。それらの政治組織によって新聞や雑誌などが発行されたが、その多くが比較的短期間のうちに発禁処分となり、継続的に発行を続けることは難しい状況にあった。

　1980年の軍事クーデタ以降、クルド語による出版活動をトルコでおこなう

ことが法的に禁止され、クルド系・クルド語メディアをめぐる状況がより一層、厳しくなったことから、出版の本拠地がドイツやスウェーデンなどのヨーロッパの国ぐにに移転していった (Galip 2015: 83)。

トルコ国内でのクルド系の新聞としては、1990年から発行を開始した週刊紙『Yeni Ülke』がある。1992年に廃刊するまでのあいだに110号が発行され、そのうちの40号が没収された。廃刊後は、新聞名を『Özgür Gündem』(1992年～1994年)、『Özgür Ülke』(1994年～1995年)、1995年以降は『Yeni Politika』に次々と変更。『Özgür Bakış』と名のっていた2001年に発行停止させられるまでトルコ国内で発行が続けられた。その後は『Yeni Özgür Politika』としてドイツを本拠地に移転し、トルコ語、クルド語を用いた報道を続けている。本紙はヨーロッパでは広く講読されているが、トルコではインターネット版へのアクセスが禁じられている (Galip 2015: 83)。その他、国内においてクルド語で定期的に発行されている唯一の新聞としては『Azadiya Welat』が知られる[7]。

3. クルド系衛星放送とヨーロッパのクルド系ディアスポラ

3-1. ヨーロッパにおけるクルド系ディアスポラ

トルコでは1990年代に入ると、前述した通り、ヨーロッパからの衛星放送によりテレビチャンネルは多様化し、公共放送TRTの一局独占状況に終止符が打たれた。クルド語による放送についても、トルコ国内では許容されてこなかったが、ヨーロッパを拠点に衛星を介して放送が始まった。

クルド語の衛星放送に関しては、ヨーロッパへの移民、難民によるディアスポラ・コミュニティの存在が非常に大きな役割をはたした。ヨーロッパ在住のクルド系ディアスポラの人口は約150万人と推定され、うち100万人程度がドイツに、約20万人がイギリス、約15万人がフランスに居住している[8]。ヨーロッパにおいてトルコからのクルド系ディアスポラ・コミュニティの形成過程には、大きく分けて2つのきっかけがあった。

1つ目は1960年代から70年代にかけてドイツなどのヨーロッパ諸国へ労働者として移住したトルコからの移民の流れである。ただ、当時はトルコ系コミュニティのなかで、現在ほどトルコ系とクルド系の違いが強調されておらず、移民の組織もトルコ系、クルド系と民族別につくられることは稀であった。

2つ目はトルコにおける1980年の軍事クーデタおよび1984年のトルコ軍と

PKKのあいだでの戦闘開始である。80年のクーデタから83年まで続いた軍事政権のもと、クルド系の活動家が逮捕され、クルド系住民への抑圧が強くなることで、クルド系の人びとのアイデンティティがより一層、政治化されるという結果を招いた。PKKとトルコ国軍間のトルコ東部、南東部での戦闘の影響により、居住していたクルド系の人びとが居住地域を追われ、人口が域外へと流出していった。トルコ西部の大都市や南東部の都市に移住したクルド系の人びとも多く存在したが、他方では80年代後半から90年代にかけて、ヨーロッパ諸国を中心に難民として移住していったクルド系の人びとも数多く存在した。クルド系難民は移住した先のヨーロッパ諸国を舞台に、国境を越えてクルド・ナショナリズムの活動を活発化させていった（Yavuz 2007: 64）。

　トルコ在住のクルド人とヨーロッパ在住のクルド系ディアスポラは、地理的には遠く隔てられているが、両者はかけ離れた存在ではない。1980年代末から90年代にかけて新たにヨーロッパに到着したクルド系難民の多くは、トルコでの経験からヨーロッパに移住しても政治化された意識を持ち続け、トルコとのネットワークを保っている。アヤタがヨーロッパのクルド系コミュニティを「ユーロ－クルディスタン（Euro-Kurdistan）」と表現するように、それはある地理的な範囲のなかに囲い込まれた空間ではなく、「ヨーロッパのなか」、さらには「ヨーロッパを通して」構築されるクルド人の集団的なアイデンティティのダイナミックなプロセスなのである（Ayata 2011: 525）。

3－2．ディアスポラとクルド系衛星放送

　1995年、ロンドンでクルド系の衛星放送局、MedTVが放送を開始した。MedTVは、ヨーロッパのクルド系コミュニティだけではなく、トルコ、その他の中東諸国に在住するクルド系の人びとを視聴対象とした。MedTVについて研究をおこなったハッサンプールは「MedTVの設立は、クルド人の歴史上初めて、クルド人自身によるパワフルな様態のコミュニケーションを可能にし、それまでのかれらを救いようのないマイノリティの地位に貶めていた国家を中心軸とした地政学的な秩序を突き崩した」と述べた（Hassanpour 1998: 1）。また、アヤタも同様に「MedTVはクルド人の政治やクルド人の歴史において一里塚となった」としている（Ayata 2011: 526）。これら研究者の評価やこれまでのトルコにおけるクルド問題の歴史を考えると、MedTVがいかにクルド人にとって画期的なメディアであったのかということが分かる。

トルコでは 1994 年 4 月に RTÜK 法という放送に関する法律が制定され、ラジオテレビ高等組織（RTÜK）によって民間放送局や放送内容を管理、規制する形で民放の開局が自由化された。MedTV に関しては、民放であり、部分的にトルコ語による放送をおこなってきたものの、「分離主義的」で「トルコの国家としての一体性」を脅かし、PKK との強い関係性を持つものとして、トルコ政府はイギリスの放送免許を管轄する ITC（Independent Television Commission）に対して放送免許を停止するよう圧力をかけた。再三の圧力によって 1999 年 5 月、ITC は MedTV の放送免許を停止した。その 2 か月後に MedTV は名称を MedyaTV と変え、今度はフランスを拠点に放送を開始。2004 年 2 月にフランス当局から免許がはく奪されるまでの期間、放送を続けた。次の拠点にデンマークを選び、RojTV に名称を再度変更し、04 年 3 月から放送を再開した。
　RojTV についてもトルコ政府はデンマーク政府に対して放送の停止を要請、2012 年 1 月には、「PKK のプロパガンダをおこなっている」とデンマークの裁判所が判断したことから、衛星を中継していた Eutelsat は RojTV の中継を停止した[9]。RojTV の後継局としては、2012 年 2 月より Sterk TV がノルウェーから放送許可を得て衛星放送をおこなっている[10]。
　トルコ政府は Sterk TV を問題視しているが、クルド系の人びとは、放送が存続していることを肯定的にとらえる傾向にある。放送局の名称については放送免許の問題によって複数回にわたって変更してきたが、番組制作の拠点についてはベルギーの首都ブリュッセル郊外の小さな街にある自前のスタジオを継続的に使用している。スタジオで番組制作や報道に携わるスタッフは、トルコやイラクなどの国ぐにをルーツにもつクルド系のディアスポラである。
　筆者がインタビューをおこなったロンドン在住のクルド系銀行員のイルハン・ゲンチ氏は、既存のクルド系衛星放送について「クルド系の衛星放送はポジティブな効果があると思う。クルドのアイデンティティに関しては、クルド系衛星放送はトルコにいるクルド人だけなく、ヨーロッパや中東地域に在住するクルド人のあいだにクルド人であるという意識の構築を可能にした」と語る。
　ロンドンのクルド系コミュニティ組織の理事を務めるトゥルカン・オズジャン氏は「TRT だけではなく、トルコのメディアも全般的にトルコにおけるトルコ政府とクルド間の紛争については、トルコ政府の側からしか報道していない。また、クルド問題についてのトルコ系メディアの報道は、テロや戦闘といったネガティブな傾向が強い。クルド系メディアが存在しなかった時代は、トル

コ側の見解ばかりがメディアを通して伝えられてきたが、クルド系衛星放送は、紛争を別の角度から伝えることで、オルタナティヴな情報源として機能している」とクルド系衛星放送について評価している。

4．トルコにおけるクルド語放送と「民主化」

これまで概観してきたように、2009年のクルド語公共放送 TRT6 の開局にいたるまでの道は、決して平坦ではなかった。トルコにおけるクルド語放送の解禁は、メディアをめぐる「民主化」の過程とみることもできる。この「民主化」の過程において、筆者は2つの大きな要因が作用したと考える。1つは EU からの圧力であり、もう1つは 2002 年に政権を獲得した AKP（公正発展党）がトルコの「民主化」の一環として展開したクルド和平解決策である。

4-1．EU からの圧力

1999 年はクルド語放送の動向をみるうえでの1つの分水嶺といえる（Yeğen 2011: 75）。トルコが EU 加盟候補国となったこの年、奇しくも PKK の指導者、オジャランが逮捕された。EU の枠組みにトルコをどのように取り込むかが議論されるなか、トルコ政府は EU からの圧力によってそれまで禁じていたクルド語放送の解禁に向けて動き出した。

1999 年のヘルシンキ・サミットにおいて、トルコは公式に EU 加盟候補国となることを認められた。加盟候補国となったものの正式加盟には他の加盟申請国と同様、「コペンハーゲン基準」を満たすことが条件とされ、トルコに関しては EU が提示する民主化、経済の安定といった諸条件をクリアすることが加盟の際の重要な条件となった。民主化の条件として EU がとくに重視したのが、クルド問題の解決であった。具体的には、表現の自由の保障、クルド語放送（少数民族の母語による放送）の認可、人権をめぐる状況の改善、死刑廃止、トルコ南東部での非常事態地域指定の段階的解除、クルド語の学習ができるコースの開設などが骨子となっており、加盟準備協約に示されている（Pusane 2014: 84）。

なかでも、クルド語による放送の可否については、トルコ国内で大きな議論となったが、2001 年 10 月には、加盟準備協約の基準をクリアするために、大々的な憲法改正がおこなわれ、クルド語による出版、放送が合憲化された。ただ

し、RTÜK法第4条の「放送は原則的にトルコ語でおこなうものとする」という条項によりクルド語放送の認可は見送られた。その後、2002年8月クルド語放送の認可に関するトルコ国会での採決により、クルド語放送が認可された（阿部 2003: 195）。

　1990年代初頭の相次ぐ民放の開局を受けて、RTÜKは1993年から民放局の放送内容のモニタリングをおこなってきた。RTÜKはとくに放送を介してイスラーム原理主義およびクルド・ナショナリズムがトルコ社会に拡散されることを懸念し、クルド系の放送番組を監視してきた。しかし、2002年6月までには、監視を停止した。その背景には言論の自由の実現に向けたEUからの圧力が存在した（Demir and Ben-Zodak 2007）。

4-2. 公正発展党（AKP）によるクルド・イニシアティブ

　トルコ国内におけるクルド語公共放送の実現にあたっては、EUからの外圧およびAKP政権が展開したクルド和平解決策（クルド・イニシアティブ）のはたした役割が大きい。以下は、AKP政権下においてどのような経緯を経て、クルド語放送局が開局したのかについてAKP政権獲得からTRT6の開局までの展開、AKPの掲げたクルド・イニシアティブ、およびその限界の3つの観点から述べていく。

① AKP政権獲得からクルド語放送（TRT6）実現まで

　2002年11月の総選挙でAKPが大勝し、政権を獲得した。総選挙ではクルド人が多く居住する南東部でもAKPは多くの票を得た。政権獲得後、AKPは従来の政権が厳格に世俗主義に根差した政治をおこなってきたのに対し、より多元的で、人権、民主主義を重んじるスタンスで政策を展開した。そうした文脈のなかで、クルド問題への解決に向けてAKP政権は、クルド人に対して放送や教育におけるクルド語の使用を認めるという文化的権利の保障を実現する方向性を打ちだした。

　AKP政権は、政権獲得直後の2002年から2004年のあいだに迅速にEUの提示する加盟基準を満たすための「ハーモニゼーション・パッケージ（harmonization package）」を適用していった。ハーモニゼーション・パッケージには、表現の自由や結社の自由、トルコ語以外での言語による公共放送、民放での放送認可、子供へのクルド語による名づけの認可などが含まれていた。

2004年6月には、一連の改革を経て、公共放送 TRT3 でクルマンジ方言とザザ方言による番組が始まった。放送時間は非常に短く1週間に30分であったものの、公共放送におけるクルド語放送の開始は、「多元性に向けた重要な一歩」(Kirişci 2011: 340) とも評価された。

　2006年3月には、Gün TV や Söz TV などのクルド語の放送をおこなう民放局も開局された。開局は画期的ではあったが、民放局に対する規制は依然厳しかった。放送時間は1つの放送局につき、1週間に4時間という時間制限が設けられ、クルド語による放送をおこなう際には、トルコ語の字幕をつけることが義務づけられた。字幕は生放送を阻止するうえでの必要な措置として導入された (Zaman 2009)。

　2009年1月1日には、新チャンネル TRT6 (TRT Şeş) が放送を始めた。建国以来、長きにわたって、クルド人自体の存在が公式に認められてこなかった歴史に鑑みると、公共放送におけるクルド語放送チャンネルの設立および放送の実施については、非常に画期的である。以下においては、トルコ社会や政治家らが TRT6 の開局をどのように受け止めたのかについて、トルコ・メディアの報道から分析する。

　AKP を率いる当時のエルドアン首相は、TRT6 の放送のなかでみずからクルド語を使い TRT6 開局を祝うとともに「民主主義の自由な声として、人間的な価値を高め、平和をつくりだし、差別や排除ではなく、連帯をつくりだす」チャンネルであると位置づけた[11]。放送内では首相自身が、長らく公共の場で使用が禁じられてきた言語であるクルド語を用いたこと自体が異例の出来事であると受け止められた。また、アブドゥラ・ギュル大統領は「TRT がわれわれの国民が使用する異なる言語や方言で放送することが実現され、うれしく思う。われわれの文化のなかには、クルド語による本、雑誌、新聞、歌などが数多く存在する。そうした現実を受けても、TRT がクルド語で放送をおこなうということは、非常に意義深い。クルド語による放送がわれわれの一体性を強化することを願う」との意を表した[12]。

　与党 AKP が新たなクルド語チャンネルの開設のイニシアティブをとり、実現にこぎつけた一方で、野党は放送開始当初から否定的な態度をみせた。CHP (共和人民党) 党首のデニズ・バイカルは、「わたしの理解によれば、政府は『民族』というものに対して盲目でなければならない。これだけの公的資金を、自身の民族的アイデンティティを主張する一部の国民のために使用することは正

しくない」[13]と語っている。トルコ民族主義の立場に立つMHP党首のバフチェリは「かれら（クルド人）は放送のつぎには、やがて母語による教育、独立までも求めてくるだろう」とし、AKPによるTRTにおけるクルド語放送導入は絶対に許容できないとの立場を明らかにしている[14]。

　TRTによるクルド語放送の開始は、一見するとクルド人の文化的権利の点からは大きな前進とみられるが、クルド系政党DTP（民主社会党）は開局を手放しで評価したわけではなかった。放送実現の過程に対するDTP所属の政治家やクルド系の諸組織などのクルド系アクターの関わりが薄く、むしろAKPが主導権を握り、開局にいたったことを問題視する報道も見受けられた[15]。AKPのTRT6開局の真の意図が、2009年3月に予定されていた地方選でクルド人居住者の多い南東部における得票を狙った施策だったのではないかとの懐疑的な見方も存在した[16]。DTPやPKKがTRT6に対して批判的であった一方で、南東部の一般市民がTRT6の番組を好意的に受け止めていると、『ヒュリエット紙』は放送開始から3日目の紙面で伝えている[17]。

　ジャーナリストのメフメト・アリ・ビランドはTRT6の開局を非常に好意的にとらえ、「（TRTにおける）クルド語放送開始までの道のりは実に長かった」とヒュリエット紙でのコラムをつづった[18]。『ラディカル紙』においてオラル・チャルシュラルは「1971年のクーデタ後、たんに『クルド』という言葉を使っただけで投獄されるリスクがあったことを思えば、TRT6の放送局によってクルド問題の存在がさらに大きく可視化され、『もはや存在しない』とはいえない状況をつくりだした」と評価している[19]。

　一方、クルド系の『イエニ・ウズギュル・ポリティカ紙』は、「TRTの招待を拒否！」という見出しで、TRT6開局の式典の招待にDTP選出の国会議員が応じなかったことを報じた。同記事のなかで、DTP副党首のセラハッティン・デミルタシュは「クルド語のチャンネルは、AKPによる恩恵であるような形で放送が開始された。この政治的なプロジェクトを、AKPがDTP抜きに進めようとしていることは断じて認めない。これは、われわれの存在をないがしろにするプロジェクトである。AKPが導入したTRTのクルド語チャンネルは、政治的なチャンネルである。誰もクルド語放送を政治的なプロジェクトとして導入、実践されることを望んではいない」[20]と述べている。

　TRT6開局についてはトルコ社会においては、多様な反応があったことが以上から分かるだろう。開局に向けてAKPが舵取りをしてきたことに対して、

野党やクルド系政党 DTP が TRT6 の開局に懐疑的、批判的な態度を示す一方、トルコ社会やクルド系の一般市民からは期待の声が寄せられるという状況に鑑みると、いたずらに政治的対立や社会の分裂を招いたことがうかがえる。AKP は TRT6 の導入によって、開局から数か月後に控えた地方選を念頭に、クルド問題を「脱政治化」「脱争点化」させる思惑もあったことについてはすでにふれたが、結果的には AKP の思惑に反して TRT6 の開局がかえって、「クルド問題」を政治化させたことは否めない。

② AKP によるクルド・イニシアティブ[21]

　AKP は政権獲得後の 2002 年から 2005 年頃までは、EU 加盟を対外政策の中心に据え、加盟基準の実現に向けてさまざまな改革を実施してきた。クルド語放送の実現についても、政権獲得初期は、EU からの圧力を受ける形でクルド語放送の合法化を進めていった。

　EU 側から要請された一連の条件が、ハーモニゼーション・パッケージの適用によって満たされた後については、別の要因が AKP 政権のクルド問題に対する政策を主に形づくっていったことが指摘されている（Çiçek 2014）。

　エルドアン首相は 2005 年 8 月、ディヤルバクールでの集会でクルド問題が存在すること、解決すべき問題であることを聴衆に語りかけることで、クルド問題解決に向けた確固たる心づもりのあることを公式に表明した[22]。2008 年 2 月、TRT でのクルド語放送の開始が間近であることを首相みずからが宣言した後、2009 年 1 月に TRT6 が開局されるなど、AKP 政権下では、これまでの政権にはない形でのクルド問題へのコミットメントが展開された。ギュル大統領も 2009 年 5 月、プラハへの外遊からの帰路、ジャーナリストの取材に応じて「トルコにとっての最大の問題かつ最優先の課題がクルド問題である」との認識を明らかにした[23]。

　2009 年 7 月 29 日、内務相のベシル・アタライがクルド問題の解決は「クルドへのより多くの権利を保障すること」にあり、それはまた「民主化のプロセスを通して実現されるべきである」との「民主的イニシアティブ」（通称クルド・イニシアティブ）を発表した[24]。クルド・イニシアティブは、25 年にわたるトルコ政府と PKK の対立を解消するものとして、トルコ社会の期待が高かった。

　ただ、クルド・イニシアティブが公表された直後から、野党やクルド側からのクルド・イニシアティブに対する懐疑、かつ反対意見が存在したのも事実で

ある。2009年8月半ば、エルドアン首相は政府が取り組むクルド・イニシアティブは、民主化のプロジェクトであること、（クルドの）民族的、地域的ナショナリズムを煽る試みではないこと、したがって、野党の賛同が必要であることなど、熱意を込めて語る様子が報道されている[25]。

2009年11月半ばトルコ国会で、クルド・イニシアティブについての議論が戦わされた。内務相のアタライは、差別や拷問を監視する独立した機関の設立、選挙活動の際のクルド語使用の合法化、トルコ語化されたクルド語の地名の回復といった具体的な計画があることを明らかにしたうえで、イニシアティブにはテロを終わらせ、民主主義を向上するという2つの主要な目的があることを強調した[26]。ジャーナリストのハサン・ジェマルが、「クルド問題がトルコ大国民議会で史上初めて自由に議論された」と『ミリエット紙』のコラムで記しているように[27]、国を分離しかねないとして反対の立場を明確に表明する野党との熾烈な議論が国会を舞台に展開された。

AKP政権がクルド問題の「解決」に向けて野党の断固たる反対にあいながらも積極的にクルド・イニシアティブを推進しようとした背景には、EUからの圧力以外のいくつかの国内外の要因が大きく影響している（Nykanen 2013）とされる。

第一の要因はトルコと近隣諸国をめぐる国際関係の変化をあげることができる。2009年5月に就任したダウトオール外相が展開した「近隣諸国間とのゼロ・プロブレム」という外交政策の文脈において、クルド問題の解決が必然かつ差し迫った問題としてAKP政権に認識されていった。第二は、2009年3月の地方選において、クルド系政党DTPがこれまでAKPの強力な支持基盤であった南東部での選挙区で躍進したことである。クルド・イニシアティブの導入によってAKPが喪失したクルド系の票を取り戻す政治的意図があった。第三には、イラク戦争後、イラク北部のKRG（クルディスタン地域政府）が国際的な承認を得るなかで、トルコ政府がこれまでのような形でトルコには「クルド問題」が存在しないという立場をとることに限界をきたした（Çiçek 2014: 249-250）。そして、第四の要因としては、クルド問題を解決することによる経済的利益があげられる。PKKとの戦闘に終止符を打つことによって軍事費を削減するとともに、トルコが中東地域のエネルギー市場の「ハブ」になるという悲願を達成する狙いもあったとみられている（Nykanen 2013; Casier, Jongerden and Walker 2011）。

しかし、こうしたクルド問題解決に向けた動き、それを支持しようとする世論に水を差す出来事が、クルド・イニシアティブが公表されてからわずか数か月後に起こった。トルコ政府とPKKのあいだで秘密裏に進められてきたオスロでの秘密交渉での合意により、2009年10月19日、8名のPKK戦闘員を含む34名がイラク北部のカンディル山およびマームル・キャンプからハーブール（Habur）の国境を通過し、トルコに帰還した。トルコ国境やディヤルバクールで帰還者たちが「英雄」のようにDTP所属のクルド系国会議員ら、多数のクルド系市民によって盛大に迎えられた様子がトルコ社会に報道されることで、クルド・イニシアティブへの懐疑が一気に沸き起こった[28]。PKKとトルコ国軍の長期にわたる戦闘では、双方合わせて4万人以上の死者を出してきた。PKK戦闘員を「テロリスト」とみなし、国軍側の犠牲者を「殉死者」とみなす大多数のトルコ市民のあいだからは、帰還者らが英雄として帰国することへの反発は予想以上に強かった[29]。

ハーブールでの出来事を境に、トルコ・イニシアティブの先行きには暗雲が立ち込め、発表された当初の期待が急速にしぼんでいった。2009年3月の地方選直後の4月14日にはDTP党幹部らが拘留された。DTPに対する取締りは、イニシアティブが公表される以前からおこなわれてきたが[30]、12月11日には憲法裁判所によりDTPへの解党命令が下され、37名のDTP党員に対して5年間の政治活動が禁止されるなど、クルド系活動家への抑圧は、09年秋以降強まっていった。12月24日には、解党されたDTPに所属していた地方自治体の市長を含む31名が拘留され、その後、2012年11月までにはクルドの権利を積極的に擁護する8000人以上の親クルドの政治家、ジャーナリストを含むメディア関係者、法律家、研究者がPKKの都市部組織KCKのメンバーであるとして逮捕された[31]。こうしたトルコ側の締め付け強化よって、クルド・イニシアティブを好意的にとらえてきたクルド側からも、AKP政権やクルド・イニシアティブへの懐疑が一気に高まり、支持を失っていった[32]。

2010年1月に公表されたAKPのクルド・イニシアティブ[33]に関する一問一答式の広報用の小冊子『Demokratik Açılım Süreci Milli Birlik ve Kardeşlik Projesi（デモクラティック・オープニングのプロセス、国家的統一と友愛のプロジェクト）』には「一つの国家、一つの国民、一つの祖国、一つの国旗の原則を譲歩するものでは決してない」と明記（同冊子 p.16）されており、クルド・イニシアティブが、クルドに固有の権利を認め、国を分離させるプロジェクトでは

9　トルコとヨーロッパ　219

ないことを明示している。

③　クルド・イニシアティブの限界

　AKPのクルド・イニシアティブに対する批判としては、AKPが策定した解決策があくまでも限定的で、クルド側からの要求とかい離しているという点があげられる（Çiçek 2014: 251）。クルド側、なかでもPKKが重視しているのは、集団的な文化的権利の保障である。クルド語の使用を現在のように制限を設けて許容するのではなく、クルド語による学校教育などをはじめとするクルド語の公的な使用を全面的に認めることである[34]。イニシアティブによって部分的な使用の解除はみられたが、文化的権利の面からは十分な保障を提示したとは言い難い（Casier, Jongerden and Walker 2011）。クルド問題の解決においてPKKが重視するPKKメンバーや獄中にあるオジャランへの恩赦の適用、クルド地域での治安問題解決などはイニシアティブの射程内には入っていなかった（Çiçek 2014; 澤江 2012; Kurban 2014）。

　チチェッキは「イニシアティブの主要な目的はクルド問題の解決やPKKの非武装化ではなく、トルコにおける親クルド政治を周縁化することにある」（Çiçek 2014: 251）と指摘している。AKP政権は、クルド問題への解決策を提示することで、クルド問題を政治的な争点から外し、親クルド政治を周縁化する意図があったと思われる。しかし、その解決策があくまでも部分的、限定的であったことでクルド側の反発を招き、解決策の一方でDTPへの解党命令やクルド系活動家の大規模逮捕などの「抑圧的」な施策などによって、結果的には、親クルド政治は周縁化されることなく、イニシアティブ以前よりも、かえってその影響力や支持を拡大していった。

5．クルド語放送をめぐる諸問題

　TRT6の開局は、クルドの文化的権利が「公式」に認められたという点で、本来であれば、クルドの文化的権利要請の歴史的なターニングポイントとも位置づけることが可能である。しかし、放送の実現にこぎつけたものの、クルド語放送のあり方、現実のトルコ社会におけるクルド語をめぐる状況などについては、未解決または矛盾をはらんだ状況が放置されており、TRT6開局自体が「見切り発車」であったといえなくもない。以下ではクルド語放送をめぐって

どのような矛盾が存在するのか、また TRT6 の抱える問題点などについて具体的に論じる。

5-1. トルコにおけるクルド語とクルド語メディアをめぐる矛盾

　前節で述べたように TRT6 が開局し、クルド・イニシアティブが開始された以降についても、クルド語の使用はトルコにおいて公式に認められたわけではなく、部分的な使用が許可された状況に留まっている。そうした中途半端な認可の状況によって、さまざまな矛盾が生じているのが現状である。たとえば、TRT6 の開局に先駆けておこなわれた試験放送の番組内でこれまで公的な場で演奏を禁止されてきたクルド語の歌謡曲が演奏されたことが、「国家には公共放送を通してクルド語で放送することが認められているが、クルドの民間人にはそれが禁じられている」と、クルド語をめぐる大きな矛盾として指摘されている[35]。同じ曲を東部の民間のクルド系ラジオ局が放送したことにより、局のオーナーが 5 年の禁錮刑を受けているからだ。

　DTP 所属のギュルテン・クシャナク国会議員が「TRT6 に認められていると同様の権利が民間のクルド系放送局にも認められないのであれば、TRT6 自体がクルドの文化的権利に向けた闘争を台無しにする単なるでたらめな存在になってしまうだろう」[36] とクルド系の民間放送局への規制が TRT6 や他の一般局に比べ事実上厳しいことは不当である、と指摘している。

　クルド語をめぐる矛盾は、政治の場でも生じている。09 年 2 月、DTP 党首のアフメト・トゥルク議員が国会内で開催された集会の席上、クルド語を使用したことにより、TRT3 による国会生中継が「トルコ国会内でトルコ語以外の言語が使用されたこと」を理由に突如中断されるという事態が発生した[37]。トゥルク議員は、エルドアン首相が TRT6 のオープニング番組内において首相みずからクルド語で視聴者に語りかけたにもかかわらず、国会内でのクルド語使用が依然禁じられていることに対して疑問を呈している[38]。

　教育においても、放送と同様に、部分的なクルド語使用解除の傾向はみられる。東部のマルディン・アルトゥクル大学にクルド語やクルド研究をおこなうことのできる初の研究所が開設され、修士課程が開講されるなど新たな展開がみられた。ただし、そうした研究所や学部、大学院などでのクルド語の位置づけは、いくつかあるマイノリティの言語の 1 つ、あるいは外国語の 1 つとして学ばれるにすぎない傾向が強いことに違和感を覚えるクルドの人びとも多い[39]。

(Kurban 2014; 澤江 2012)。

　AKP のクルド・イニシアティブについて、ギュネシュが「公式な認定のないままの容認（toleration without formal recognition）」（Gunes 2014: 271）と指摘しているように、政府はクルドを公式に認定しないまま、クルド語の使用を部分的に容認してきた。その際、どう「容認」するかは、政治が許容する範囲の限りにおいてであり、「容認」の先に「公式の認定」が必ずしも存在しないことから、矛盾が生じている。メディアにおけるクルド語の使用は容認されたが、報道の内容、メディアのコンテンツについては、分離主義的な言論を取り締まる「反テロ法」の対象となっている。したがってトルコにおいてクルド語放送という枠組みは合法化されたが、それらのメディアに自由な言論活動が保障されているわけではない点にも留意が必要だ。また TRT6 についてもその存在は合法化されたものの、憲法上の保障やその他の法的な面での保障が十分ではないことから、政治の展開次第で TRT6 の存在が取り消されることもありうるとの見方も存在する（Güzeldere 2009: 300）。

5-2. 他局との競争と放送の質

　TRT6 はコンテンツという視聴者視点でも劣勢に立たされている。トルコ国内においては当然のことならが、クルド語によるジャーナリズムや番組制作の基盤は脆弱である。クルド語で活躍する出演者やメディア従事者の層も薄く、マンパワーの確保についても問題がある。独自のコンテンツが不足しがちなことから、古いトルコのメロドラマやアジアなどから輸入したドラマなどをクルド語に翻訳するなどの形で放送がおこなわれており[40]、視聴者を引き付けるコンテンツを増やしていくことが局の課題となっている（Ayata 2011）。

　ディヤルバクール県から選出された DTP 所属のギュルテン・クシャナク議員は「パラボラアンテナさえあれば、すでに 15 もあるクルド語衛星放送をおこなっている局を視聴することができ、これ以上のクルド語放送を視聴者が求めているわけではない。TRT がおこなおうとしているクルド語放送は、これら 15 局と比べて、視聴者に選ばれるような放送の水準をどう実現できるのかという問題に直面している」[41]と指摘する。

5-3. 政治的な対立

3点目の問題としてあげられるのが、政治的な対立がメディアのあり方にも反映されていることに起因するものである。以下、関連するいくつかの事例について言及する。

放送開始から約1か月半が過ぎた2009年2月21日、TRT6ではエルドアン首相のディヤルバクール訪問をクルド語の同時通訳付きで放送した[42]。トルコでは政治的な活動をクルド語でおこなうことが禁じられているため、エルドアン首相の動向をTRT6がクルド語で報じたことが、AKPの政策を推進するための手段になっているのではないかとの疑問の声もあがった（Güzeldere 2009: 299）。09年4月には、TRT6の番組のホストを務めるクルド人女性歌手のロジンが突然、みずからの名前を冠した番組からの降板を発表した。ロジンは降板の主要な理由として、自身の番組のコントロールを失ったこと、彼女の番組での発言が検閲の対象となったことなどをあげている[43]。

他方、PKKについても、TRT6を政府の「マウスピース」と位置づけ、クルド系のアーティストがTRT6に出演しないよう圧力をかけてきたことが指摘されている（Aytac 2010: 111）。2011年2月6日、副首相のビュレント・アルンチが欧州在住のクルド人人気歌手シヴァン・ペルウェルに対してTRT6への出演（コンサートの中継）を直接面会して依頼したことを受け、トルコ、ヨーロッパ在住のクルド人のあいだから抗議が巻き起こった。この出来事からも、TRT6をめぐる熾烈な政治的な対立が見て取れる。PKK、BDPおよびその支持者らがペルウェルを「裏切り者」と非難したことに対して、ペルウェルはかれらこそが「裏切り者」だとして反論した。また3月には、TRT6への出演依頼をめぐってペルウェルらに「殺害の脅迫」をおこなったとされるPKKに対し、クルド系知識人41名が、脅迫をやめてクルド・イニシアティブを支持するよう促す旨の共同宣言をおこなったことが報道されている（Başar 2013: 60）。

2015年6月7日の総選挙では、クルド系政党HDP（人民民主党）[44]が大幅に議席数を増加させ、AKPはこれまで票田としてきた南東部選挙区での得票数を減少させた。その選挙以降、TRT6においてPKKをどう位置づけるのかという点で変化がみられる。09年の放送開始当初、TRT6ではPKKを「テロ組織」「テロリスト」であるとして報道をおこなっていたが、PKKと政府間の交渉を経て、同局はPKKを「テロリスト」であるととらえず、「PKKに対する（軍部による）オペレーション」「PKKメンバー」などの形で報道をおこなうようになっ

た。しかし、総選挙以降、TRT6によるPKK関連の報道に変化がみられるという。PKKの攻撃に関しては、「交番にテロ襲撃」「テロリストを殺害」「テロの戦いが続く」のように報じ、PKKメンバーが殺害された際には、「テロリスト（terrörist）が殺害された」とする一方、トルコ軍側の犠牲者については「殉死者（şehit）」と位置づけている[45]。

おわりに

　TRT6開局にいたる道のりでEUからの「民主化」圧力、ヨーロッパ拠点のクルド語衛星放送の存在、AKPの党勢浮揚策といった側面があったことは、これまで述べてきた通りである。筆者がインタビューしたロンドン在住のクルド系銀行員のゲンチ氏は「トルコ政府はクルド語放送に先立ってクルドのアイデンティティを認めるべきである」と語った。この言葉には、「大切なのは器（チャンネル）ではなく中身（コンテンツ）」だという皮肉がにじんでいる。それでも、クルド語がまだ公の場でタブーだった2000年前後の2年間をトルコ南東部で過ごした筆者からみれば兎にも角にも「器」ができ、2015年1月に局名を「TRT Kurdî」に変えた現在も毎日クルド語で放送している事実を評価したい。

　本来であればTRT6は、公共放送のなかに設けられたマイノリティ言語のチャンネルとして、クルド系住民のニーズに応え、多民族から成る国家の安定に寄与する存在でなければならない。トルコ政府に対して政治闘争を続けるクルド系住民は①クルドのアイデンティティを公式に認めること、②学校教育でのクルド語による母語教育、③政治犯の釈放、④マイノリティとしての権利を憲法上で保障すること――の4点を強く求めている[46]。こうした要求一つ一つが国家統合を揺るがしかねないだけに、一足飛びには認められまい。理想をいえば、クルド語の公共放送の存在意義とは、こうしたイシューを扱い、少しでも両者の妥協点を探るような番組を充実させていくことではないだろうか。

　本章を執筆中の2015年10月10日、トルコの首都アンカラでクルド人らの集会を狙ったと思われるテロが発生し約100人が死亡した。現時点でテロの背後関係は不明だ。現地からの報道をみていると、民族間の対立が高まっているという。今回のテロをTRT6はクルド語公共放送として、いかに伝えていくのか。政権の主張だけを一方的に伝えるのか、それとも、多角的な視点を視聴者

に提供できるのか。トルコ史上最悪とされる今回のテロは、同局の存在価値を問う試金石になるかもしれない。

1） TRT はトルコ・ラジオ・テレビ法第 2954 条において、「公共経済組織」として公共放送サービスをおこなう運営者として規定されている。しかしながら、組織の運営、放送内容において時の政府の影響を強く受けてきたことから、時として国営放送にも近い性格を有する。Tunç, Asli, "Monitoring EU Guidelines Turkey: Instruments of political propaganda and censorship," Southeast Europe Media Observatory Group 2015 年 6 月 21 日。

2） トルコにおけるクルド人の人口割合は、15%〜20% であると推定されている（クルド人人口の公式な把握はおこなわれていない）。2013 年、米国 CIA は、「トルコにおけるクルド人人口が約 1400 万人」との調査結果を発表している。クルド人人口は、トルコの南東部、東部に集中しているが、1980 年代末から 90 年代にかけて、都市化やトルコ軍と PKK の闘争によりトルコ西部の大都市、西ヨーロッパ諸国への移住が増加した。

3） クルド人による大きな反乱としては、1925 年シェイク・サイードの乱に加え、1920 年コチギリ、1927 年アララット、1937 − 38 年デルシムでの反乱が知られている。これらの反乱は、たんにクルド民族主義に依拠する抵抗、反乱ではなく、トルコ政府が国是とする世俗主義、トルコ民族主義に対する宗教的、民族的な要素を複合的にもつ抵抗運動としての色合いが強い（Bengio 2014: 138）。他方で、政府側は、反乱を起こすクルド人を「発展を目指す近代的国家権力に対抗しようとする後進的な社会勢力」と位置づけ、徹底した同化政策の対象とした（Yeğen 2011: 69-70）。デルシムでの反乱に対してトルコ国軍がデルシムの住民約 1 万 3000 人を空爆などにより「虐殺」したことに対して 2011 年 11 月エルドアン首相（当時）は謝罪を表明した。

4） オザルの首相および大統領在任中の対クルド政策の詳細については以下を参照。Ataman, Muhittin, "Ozal Leadership and Restructuring of Turkish Ethnic Policy in the 1980s," Middle East Studies 38 (4): 123-142.

5） Bila, Fikret, "Kürt realitesi," Milliyet 2005 年 8 月 17 日。

6） トルコにおいては、クルマンジ使用者が半数以上を占め、つぎにザザ使用が続く。後に詳しく述べる TRT6 ではクルマンジ、ザザによる放送をおこなっている。ヨーロッパ初のクルド系放送局 MedTV の実質的後継局として 2012 年に放送を開始した SterkTV では、ヨーロッパのクルド系ディアスポラ、トルコのクルド人のほか、イラク北部のクルド人を放送対象としていることからトルコ語、クルマンジに加えソラーニでの放送をおこなっている。本章では、クルド語の諸方言を総称して、「クルド語」として記す。

7） 同紙が当局により複数回、発行停止処分を命じられてきたこと、2010 年 12 月 30 日、同紙の編集者だったエミン・デミルへ「反テロ法」違反などを根拠とした 138 年の禁錮刑判決が下されたことなどは、トルコ国内におけるクルド系、クルド語ジャーナリズム活動の難しさを示している。"Former editor of Kurdish Daily Azadiya Welat sentenced to 138 years in prison," Reporters without Frontiers 2011 年 1 月 7 日。

8） Kurt, Ihsan, "Kurdish diaspora cannot be ignored," Al-Monitor 2013 年 3 月 25 日。

9) "Kurdish language broadcaster RojTV goes bankrupt," *Today's Zaman* 2013 年 8 月 19 日。
10) "Roj TV'nin yerini Sterk TV aldı," *Sabah* 2012 年 2 月 7 日。
11) "TRT6' nın Kürtçe yayın DTP'siz acıldı," *Bianet* 2009 年 1 月 2 日。
12) 同上。本章中に出てくる役職名は、その人物が発言や行為をおこなった時点、当該報道がおこなわれた時点での役職を記している。以後の役職名についても同様とする。
13) "Baykal Şeş'i beş görünce...," *Bianet* 2009 年 1 月 5 日。
14) "Kürtçe yayın dağ kadrolarına jest," *Hürriyet* 2008 年 6 月 4 日。エルドアン首相がクルド語チャンネルを TRT で開始させる予定があることを発表したことを受けて、MHP の反応。
15) Önderoğlu, Erol, "DTP'yi ve Kürt kurumlarını Kürtçe yayın kimse izlemez," *Bianet* 2008 年 12 月 4 日。
16) 同上。
17) "Roj'den daha eğlenceli," *Hürriyet* 2009 年 1 月 3 日。
18) Birand, Mehmet Ali, "We've come a long way in the Kurdish issue but...," *Hurriyet Daily News* 2009 年 2 月 19 日。
19) Çalışlar, Oral, "Deniz Baykal ve Kürtçe televizyon...," *Radikal* 2009 年 1 月 3 日。
20) "TRT davetine ret!" *Yeni Özgür Politika* 2009 年 1 月 2 日。
21) メディアなどでは、「クルド・イニシアティブ」と呼称されることが多いが、政府は「デモクラティック・イニシアティブ」「国家統合プラン」など別の呼称でこの政策をとらえる傾向にあることが指摘されている（Somer and Liras 2010: 155）。とくに、イニシアティブへの風あたりが強くなった 09 年秋以降を転機に、AKP 政権は、「クルド」ではなく、「デモクラティック・イニシアティブ」「国家統合プラン」などの呼称を使用するようになっていった。
22) "Erdoğan Kürt sorunu hepimizin sorunu," *Bianet* 2005 年 8 月 12 日。
23) "Gül: Kurdish problem is the most important problem in Turkey," *Zaman* 2009 年 5 月 11 日。
24) "Workshop to be held as part of democratization initiative," *Zaman* 2009 年 7 月 31 日。
25) "Erdoğan makes emotional appeal for unity on Kurdish initiative," *Zaman* 2009 年 8 月 12 日。
26) "Gov't unveils details of democratization initiative," *Zaman* 2009 年 11 月 13 日。
27) Cemal, Hasn, "Bu da büyük bir aşama: Kürt Sorunu ilk kez TBMM'de özgürce tartşıldı!" *Milliyet* 2009 年 11 月 13 日。
28) "Arınç: Böyle bir karşılama olmamalıydı," *Hürriyet* 2009 年 10 月 23 日。
29) "Şehit aileleri Öfkeli," *Millyet* 2009 年 10 月 21 日。
30) "Operation targeting the DTP: 40 people detained," *Bianet* 2009 年 4 月 15 日。09 年 4 月 14 日に DTP 党幹部を含む 40 名が拘留された。ディヤルバクールのクルド語放送局 GunTV も同日に強制家宅捜査を受けた。
31) "Turkey puts 44 journalists on trial for terrorism and backing pro-Kurd group," *Guardian* 2012 年 9 月 11 日。
32) 公益財団法人放送文化基金の助成（「クルド人移民による『遠隔地ナショナリズム』の形成と放送メディアの役割」平成 22 年度）を得て 2012 年 9 月に筆者がイギリス・ロ

ンドンでおこなったクルド系活動家らへの聞き取り調査において、活動家らはAKP政権発足時から09年のイニシアティブ公表後までは、クルド問題の解決について、AKP政権やエルドアン首相に期待を寄せていたが、12月以降のKCK関係者の大規模逮捕によってその期待が大きく裏切られ、かえって状況が悪化したことを指摘していた。

33) 2010年の時点ではクルド・イニシアティブではなく、「デモクラティック・イニシアティブ」という名称のもと、クルド和平解決策が展開されていったことを示している。

34) PKKの意図する集団的文化的権利には、学校教育、高等教育におけるクルド語の使用の他、行政サービス、地域議会での使用なども含まれる（澤江 2012: 107）。

35) "Broadcasting in Kurdish allowed to the state, but banned to the Kurds," *Bianet* 2008年12月26日。

36) "Kurdish broadcast in public TV stirs controversy," *Bianet* 2009年1月6日。

37) "DTP leader speaks in Kurdish sparks discussion," *Today's Zaman* 2009年2月25日。

38) 国会内でのクルド語使用については、1991年クルド人女性としては、初めて国会議員に選出されたレイラ・ザーナ議員の存在がよく知られる。同氏は議員としての宣誓をおこなう際に一部、クルド語を使用したことにより、禁錮10年の刑を受け、1994年から服役、2004年6月に釈放されている。レイラ・ザーナの詳細に関しては中川喜与志、大倉幸宏、武田歩編『レイラ・ザーナ』新泉社 2006年。

39) 2012年6月学校教育においてクルド語を選択科目として学ぶことが可能になった。2014年9月には東部の私立小学校3校においてクルド語による教育が開始されるなど学校教育におけるクルド語学習の範囲は少しずつではあるが広がっている。

40) 2012年9月におこなったロンドンのクルド系コミュニティでの調査でも、インタビューに応じた多くがTRT6はコンテンツの面で問題があるとの指摘をしていた。その他、TRT6に関連した報道では、TRT6のニュース番組構成が稚拙であること、放送全体を通して使用する用語がまちまちで統一されていないことなどの指摘もなされていた（Civiroglu, Mutlu, "TRT6: First impressions and some suggestions," *Today's Zaman* 2009年1月17日）。

41) Önderoğlu, Erol, "Kışanak: TRT'de Kürtçe Yayın, Kürtlerin Taleplerini Bastırmak için," *Bianet* 2008年11月19日、TRT6は衛星放送によってヨーロッパ、イラク、イラン、シリアでも視聴が可能である。クルド語衛星放送は、ヨーロッパ、トルコ以外では、イラク、イランからのクルド語による衛星放送がおこなわれており、放送局の数は10以上存在する。イラク北部からのクルド語放送では、イラク北部ではソラーニ方言が使用されていることから、主にソラーニ方言が使用されている。2010年2月には、フェトラ・ギュレン系のサマンヨルグループによってトルコ国内で新たなクルド語民間衛星放送「DünyaTV」が開局した。

42) Bozkurt, Göksel, "Opposition fumes at use of TRT6 for politics," *Hurriyet Daily News* 2009年2月21日。

43) "Kurdish star quits TRT-6," *Hurriyet Daily News* 2009年4月19日。

44) DTPが解党命令を下された後、実質的な後継政党としてBDP（平和民主党）が2014年まで存続。BDPの解党後の実質的な後継政党がHDPである。2015年6月の総選挙に

よって、国会にあたるトルコ大国民議会で550議席中80議席を占め、議席数が第三に多い政党となった。

45) Ibrahimoğlu, Maaz (2015) "TRT Kurdi' nin başlattığı açılım sona erdi!" *Nokta dergisi*.
46) "Turkish Kurds hope for linguistic freedom," *Deutsche Welle* 2013年10月26日。

参照・引用文献

阿部るり (2003)「民族意識とマス・メディア―トルコにおける『民主化』とクルド語放送」鶴木眞編『コミュニケーションの政治学』慶應義塾大学出版会。

Aksoy, Asu and Robins, K. (1997) "Peripheral vision: cultural industries and cultural identities in Turkey," *Environment and Planning* 1 (29): 1937-1952.

Aslan (2009) "Incoherent State: Controversy over Kurdish Naming in Turkey," *European Journal of Turkish Studies* 10.

新井政美 (2001)『トルコ近現代史―イスラム国家から国民国家へ』みすず書房。

Ayata, Bilgin (2011) "Kurdish Transnational Politics and Turkey's Changing Policy: The Journey of Kurdish Broadcasting from Europe to Turkey," *Journal of Contemporary European Studies* 19(4): 523-522.

Aytac, Onder (2010) "The Democratic Initiative and the Kurdish Issue in Turkey since 2009," *Turkish Policy Quarterly* 9(1): 101-116.

Barkey, Henri J. and Fuller, Graham E. (1998) *Turkey's Kurdish Question*, Lanham, Roman & Littlefield.

Başar, Bahar (2013) The Kurdish diaspora in Europe: Identity Formation and Political Activism. Boğaziçi University – TÜSIAD Foreign Policy Forum.

Beşikçi, İsmail (1990) *Bilim-Resmi İdeoloji Devlet – Demokrasi ve Kürt Sorunu*, Alan Yayıncılık, İstanbul.

Başar, Bahar (2013) The Kurdish diaspora in Europe: Identity Formation and Political Activism. Boğaziçi University – TÜSIAD Foreign Policy Forum.

Bengio, Ofra (2014) *Kurdish Awakening: Nation Building in a Fragmented Homeland.* University of Texas Press.

Casier, Marlies, Jongerden, Joost, and Walker, Nick (2011) "Fruitless Attempt? The Kurdish Initiative and Containment of the Kurdish Movement in Turkey," *New Perspective on Turkey* 44: 102-127.

Çiçek, Cuma (2014) "Elimination or integration of pro-Kurdish politics: Limits of the AKP's democratic initiative," in Gunes, Cengiz and Zeydanlıoğlu, Welat (eds.) *The Kurdish Question in Turkey: New Perspective on Violence, Representation*, and Reconciliation. London: Routledge.

Demir, Tansu and Ben-Zodak, Efraim (2007) "Politically Driven Regulation and Enforcement: Monitoring Kurd and Fundamentalist Broadcasting in Turkey," *Administration & Society* 39 (2): 262-293.

Erdem, Derya (2014) "The representation of the Democratic Society Party (DTP) in the mainstream Turkish media," in Gunes, Cengiz and Zeydanlıoğlu, Welat (eds.) *The Kurdish Question in Turkey: New Perspective on Violence, Representation, and Reconciliation*. London: Routledge.

Ergin, Murat (2014) "The racialization of Kurdish identity in Turkey," *Ethnic and Racial Studies* 37(2): 322-341.

Galip, Özlem Belçim (2015) *Imagining Kurdistan, Identity, Culture and Society*, London: I.B.Tauris.

Gunes, Cengiz (2014) "Political reconciliation in Turkey," in Gunes, Cengiz and Zeydanlıoğlu, Welat (eds.) *The Kurdish Question in Turkey: New Perspective on Violence, Representation, and Reconciliation*. London: Routledge.

Gunes, Cengiz and Zeydanlıoğlu, Welat (2014) *The Kurdish Question in Turkey: New Perspective on Violence, Representation, and Reconciliation*. London: Routledge.

Güzeldere, Ekrem Eddy (2009) "Turkey: Regional Elections and the Kurdish Question," *Caucasian Review of International Affairs* 3 (3).

Hassanpour, Amir (1998) "Satellite Footprints as National Borders: Med-TV and the Extraterritoriality of State Sovereignty," *Journal of Muslim Minority Affairs* 18(1).

Kaya, Rasit and Cakmur, Baris (2010) "Politics and the Mass Media in Turkey," *Turkish Studies* 11(4): 521-537.

Kendal (1993) "Kurdistan in Turkey," in Chaliand, Gerard (ed.) *A People Without a Country: the Kurds & Kurdistan*. New York: Olive Branch Press.

Kirişci, Kemal (2011) "The Kurdish Issue in Turkey: Limits of European Union Reform," *South European Society and Politics* 16(2): 335-349.

Kurban, Dilek (2014) "The Kurdish question," in Rodriguez, C., Avalos, A., Yilmaz, H. and Planet, A.I. (eds.) *Turkey's Democratization Process*. Routldge.

McDowall, David (1996) *A Modern History of the Kurds*. London: I.B.Tauris.

Nykanen, Johanna (2013) "Identity, Narrative and Frames: Assessing Turkey's Kurdish Initiative," *Insight Turkey* Spring: 85-101.

Ostergaard-Nielsen, Eva (2003) *Transnational Politics: Turks and Kurds in Germany*. London: Routledge.

Pusane, Özlem Kayhan (2014) "Turkey's Kurdish Opening: Long Awaited Achievements and Failed Expectations," *Turkish Sutdies* 15(1): 81-99.

Romano, David (2006) *The Kurdish Nationalist Movement, Opportunity, Mobilization and Identity*. Cambridge: Cambridge University Press.

澤江史子 (2012)「煮詰まるトルコのクルド問題解決策―― PKK の要求とトルコ政府の対応」『海外事情』11 月号.

Sezgin, Dilrara and Wall, Melissa A. (2005) "Constructing the Kurds in the Turkish Press: a case study of Hurriyt newspaper," *Media, Culture and Society* 27(5): 787-798.

Sinclair, Christian and Smets, Kevin (2014) "Media Freedom and covert diplomacy: Turkey challenges Europe over Kurdish broadcasts," *Global Media and Communication* 10(3): 319-

331.

Somer, Murat (2004) "Turkey's Kurdish Conflict: Changing Context, and Domestic and Regional Implications," *Middle East Journal* 58(2): 235-243.

Somer, Murat and Liaras, Evangelos G. (2010) "Turkey's New Kurdish Opening: Religious versus Secular Values," *Middle East Policy* 17(2). Summer: 152-165.

Yavuz, Hakan (2007) "Five Stages of the Construction of Kurdish Nationalism in Turkey," in MacDonald, Charles G. and O'Leary, Carole A. (eds.) *Kurdish Identity: Human Rights and Political Status.* University Press of Florida, Gainesville.

Yeğen, Mesut (2011) "The Kurdish Question in Turkey," in Casier, Marlies and Jongerden, Joost (eds.) *Nationalism and Politics in Turkey*.

Zaman, A. (2009) "Winning Kurdish Hearts and Minds: the Battle Shifts to the Airwaves" Analysis, Washington, D.C. German Marshall Fund.

Zeydanlıoğlu, Welat (2014) "Repression or reform? An analysis of the AKP's Kurdish language policy," in Gunes, Cengiz and Zeydanlıoğlu, Welat (eds.) *The Kurdish Question in Turkey: New Perspective on Violence, Representation, and Reconciliation*. London: Routledge.

10　トルコ
公共メディアとパブリック・ディプロマシー

ディルルバ・チャタルバシュ・ユルペル

はじめに

　「国際的」「トランスナショナル」そして「グローバル」という単語は、ほとんどの場合、それほど区別されずに使われているが、世界規模のコミュニケーションという文脈においては、異なるニュアンスを有している。「国際的なコミュニケーション」は、従来、国民国家間におけるニュースや情報の流れを説明してきた。グローバル・コミュニケーションといえば、ますます幅広く展開するようになっている「知識・価値観・倫理観・美学・ライフスタイルが交換されるプロセス」のことをさす。他方、トランスナショナルなコミュニケーションとは、「国家や文化をまたいで、『30分以内に世界中で』」(CNN のスローガン)同じプログラムを」供給する「国際的に運営されるメディアのシステム」(Volkmer, n.d.) を意味している。

　トランスナショナルなコミュニケーションは、主に、ケーブル・衛星・インターネットといったテクノロジーのおかげで成り立っている。こうしたテクノロジーが、国境を越えた視聴者をターゲットにすることを可能にしている。このテクノロジーによって、メディアのコンテンツは、国家的というよりは汎国家的・地理戦略的・言語学的・ディアスポラ的な空間、あるいはグローバルなレベルでつくりだされた新しい空間において流通するようになっている (Amezaga, n.d.)。アパドゥライ (Appadurai 1990) によれば、トランスナショナルなメディアは「情報を生産し普及させるために、エレクトロニクスの可能性を供給すること」を意味する「メディアスケイプ」(mediascapes) の一部であるというばかりでなく、それ自身が有する世界観によってメディアスケイプに影響をおよぼしているという。アパドゥライの理論では、メディアスケイプは、

エスノスケイプ（ethnoscapes）、テクノスケイプ（technoscapes）、ファイナンスケイプ（finanscapes）およびイデオスケイプ（ideoscapes）とともに、グローバルな文化の流れという相互関係的な側面の一部を構成している。

　トランスナショナルなテレビは1990年代初め以降続々と登場してきたが、それぞれの発信方法は大きく異なっている。CNN、MTVやStarTVのようなトランスナショナルなテレビは「嗜好、消費アイテムや関心という共通点によって」ターゲットとなる視聴者が決められているが、その他のトランスナショナルなテレビでは「文化、民族性、言語、国籍、宗教という共通点に基づいて」決定されている（Aksoy 2000）。後者は、ディアスポラ的視聴者を対象にしており、とくに異国に住んでいる若い世代の移民のあいだにディアスポラ的な国家意識をもたらしている。前者に当たるアル・ジャジーラ（Al Jazeera）、Press TV（イラン）、CCTV9（中国）、フランス24やロシア・トゥデイ（Russia Today）のようなトランスナショナルなニュース・チャンネルは、CNNインターナショナルやBBCワールドを手本にしており、より多様でかつコスモポリタンな、英語を話すグローバルな視聴者を対象にしている。これらのニュース・チャンネルでは、問題が起こっている現場で「いままさに」なにが起こっているのかということにとくに関心を払いつつ、世界的な出来事を報道し分析することに、その報道の大部分があてられている。近年来、英語によるトランスナショナルなニュース・チャンネルは成長を続けてきたが、それによってこうしたニュース・チャンネルが「パブリック・ディプロマシーや文化外交、またはソフトパワーの媒体」として、あるいは台頭するアングロサクソン世界において「イギリス、アメリカの外交政策や発展目標に対抗する」ための道具として利用されるのではないか、という学問的な関心が生まれている（ESRC 2007）。

　ジーン・チャラビィによれば、トランスナショナルなテレビは、領土にとらわれることなく放送を展開し、国民国家に挑戦している。これらの行為を通じて、トランスナショナルなテレビは「グローバリゼーションを受け入れてきたというだけではなく、新しいグローバルな秩序を形成する一端を担っている」という（Chalaby 2003: 457）。この新しいグローバルな秩序においては、国際的な政府アクターと非政府アクターは相互依存関係にある。そのため、各国民国家が外交をおこなう際、従来の外交手段に加えて新たな方法を採用せざるをえなくなっている（Morin 2012）。政府は、「外国や国際メディアのなかに、自国の政策を支持するような枠組みを創る」動きを活発化させており、トランスナ

ショナルなテレビは、そのきわめて重要な手段となってきている。ロバート・エントマン（Entman 2008）は、これを「仲介的なパブリック・ディプロマシー」と定義している。

1990年代における民間放送の開始や衛星・ケーブル放送事業の急増は、トルコにおける放送の国際化とトランスナショナル化のターニング・ポイントになった。1990年代以降、公共放送であるトルコ・ラジオ・テレビ協会（Turkish Radio and Television Corporation、TRT）および主要な民間メディアは、そのテレビ関連サービスを拡大してきた。それは、新しい視聴者、とくに西ヨーロッパ、中央アジアおよび中東にいる視聴者を獲得するためであった。こうした地域は、トルコと地続きであるというだけではなく、長きにわたって複雑な歴史的、社会的、文化的な類似性を有してきた。

本章の目的は、2000年代におけるトルコ共和国の外交政策の目標およびパブリック・ディプロマシーの努力を考察するために、公共放送であるTRTのトランスナショナルな事業を検討するところにある。本章では、業界や制度上の文書はもちろん、同協会のウェブサイト、ニュース、特集記事といった二次資料の分析もおこなう。そして、TRTの国際事業における動機やねらいに、政策立案者がおよぼしてきた影響を考察する。さらに、TRTはトルコのグローバルな目標に沿って、みずからのイメージと公共サービスとしての使命を新たに創りだそうとしてきたが、その活動についても考察する。

トルコは、1990年代のトゥルグト・オザル（Turgut Özal）元大統領の時代に、トルコ政治に大きな影響をおよぼしうる地域に対して、プロアクティブな外交政策をとり始めた。それは2000年代の公正発展党（Justice and Development Party、AKP）の時代にも継続されてきた。本章は、TRTのトランスナショナルな放送の拡大が、こうした外交政策と同時期に生じたと考えている。オザル大統領の政権下において、TRTは、西ヨーロッパに居住するトルコ移民のディアスポラ的空間や、ソビエト崩壊によって中央アジアに生じた地政学に基づく戦略的な空間に供するために使われてきた。AKPの外交政策とパブリック・ディプロマシーの努力は、主として中東やバルカン諸国における多言語的空間に向けられてきた。現在、AKPはTRTや国営通信社のアナドル（Anadolu Ajansi、AA）をはじめとする国有または公的メディア組織に対して有している影響力を利用して、現実主義的ではあるがますますスンニ派寄りになっているイスラーム教の教えや新オスマン主義のビジョンを伝播させようとしている。TRTは、1990

年代に国内放送における主要メディアの座から陥落してしまった。しかし、それ以降というものトルコの外交政策の路線に沿って、その公共サービスとしての使命を再定義し、それによってトランスナショナルなプレーヤーになるという可能性を一心に追いかけているようにみえる。

　これらのことを明らかにするために、本章では、まずトルコにおける公共放送の発展の歴史、および TRT の制度的弱点を概観する。つぎに、トルコ政治およびその外交政策が、TRT の国際化、トランスナショナル化の取り組みにあたえたインパクトを分析する。また、トルコのグローバルな目標に沿って TRT がみずからのイメージや使命をどのように新たに創りだそうとしてきたのか、またどのように当該地域におけるキープレーヤーになろうとしてきたのか、こうした TRT の努力についても考察する。

1．トルコにおける公共放送の歴史と TRT の制度的限界

　トルコでラジオ放送が始まったのは、1920 年代のことであった。当時、建国されたばかりのトルコ共和国は、ラジオ放送をオスマン帝国亡き後に宗教的ではない近代的な国民国家を建設するための手段の1つと考えていた。共和国初期の一党による権威主義は、進歩的で良識的なケマリストのエリートに、社会生活、教育、言語、法律、宗教という分野において大きな改革を実現するためには、「国家の自律性」（Özbudun 1986）が必要であるという考え方をもたらした。

　1950 年代まで、ラジオは複数の異なる政府機関によって統制されていた。「国家による直接かつ絶対的な統制は、一党支配のその他の特色と矛盾するものではなかった」（Şahin 1981）。しかし、1950 年に民主党（Democratic Party、DP）が勝利すると、一党支配は終わりを迎えた。DP の右寄りで反覇権的な活動が、登場したばかりの中産階級や地方に住む一般大衆に支持されるようになると、DP は共和国のエリートに対して批判的な立場をとるようになっていった。そして、「その違いを示すために、イスラーム的なシンボルを使用するようになった」（Bora and Çalışkan 2008）。1950 年代は DP 統治の時代であったが、そのポピュリスト的でパルチザン的なラジオの利用は共和国エリートや軍の不満の1つとなり、1960 年の最初のクーデターに繋がった。

　1964 年、ラジオ放送は新たに設立されたトルコ・ラジオ・テレビ協会、す

なわち TRT の管轄下に一括して置かれるようになった。1968 年の定期的なテレビ放送の開始は、1960 年代に TRT があげた最大の成果であった。TRT は、自律性を有する機関として設立されたものの、1961 年憲法によって規定されたその自律性はそれほど長く維持されることはなかった。それは、1960 年代の不安定な社会政治的雰囲気のためでもあり、DP のイデオロギーを引き継ぐ正義党政府（Justice Party）が、TRT を左寄りであるとして糾弾していたためでもあった。1971 年、軍がその覚書をもって 2 度目となる議会への介入を断行したが、その結果として 1961 年憲法のいくつかの条項が無効になった。そのなかには、TRT の自律性を定めた項目が含まれていた。これらの条項はあまりにもリベラルで非現実的であり、トルコのような発展途上国にとっては「贅沢」であると考えられたためであった。

　TRT が自律性を失うと、当時のトルコ政府は TRT の幹部人事の任命・資金調達・番組編成に大きな権限を振るうようになった。TRT の経営者や記者は、みずからを独立した公共放送に携わる者というよりは、むしろ「公僕」であると考えるようになった。このことは、政府を尊重した慎重な報道方式という因習をもたらした。すなわち、社会や政治の根幹に関わる議論は取りあげないか、取りあげても政府寄りの立場をとる、という形式的な報道がおこなわれるようになったのである。政府への依存に加えて、TRT という機構自体も中央集権的で、文化的にもエリート主義的になる傾向が強かった。こうした傾向は、全国放送における通俗的な文化の排除と検閲に繋がった。TRT は、トルコの文化を単一の均質の存在であるかのように取り扱い、またそうあることを奨励した。このことは番組編成に根本的な影響としておよんでいた。地域的、文化的、民族的、宗教的な違いに関心が払われることはほとんどなかった（Aksoy and Robins 2000b）。

　1970 年代のトルコ政治は、政治的な激しい対立と多岐にわたる国内不安に大きく左右されてきたが、こうした状況は、1980 年の新たな軍事クーデターによって終わりを迎えた。放送に関する法的枠組みはまたしても変更を迫られ、TRT の立場は「エクゼクティブ・レベルにおいて政府の影響を受ける典型例」（Çaplı 1994: 135）となった。2012 年、TRT 社長のイブラヒム・サヒン（Ibrahim Sahin）はつぎのように述べている。「（わたしたちの法律には）わが社と政府の関係は、首相を通した関係であるとするきわめて明確な条項がある。政府が懸念する事柄や各省庁についてなされるべきことがあれば、わたしたちはそれを

首相に直接報告するか、首相を通じてそれをおこなう」。サヒンは「そのような権利が法律によってあたえられている」と言明したのである（Rekabet Kurumu Tarafindan 2012）。

　1980年代、テレビ受信機の普及と広告収入の増加は、TRTが大規模な技術および設備投資をおこなうことを可能にした。それによってTRTのサービスと受信可能エリアの拡大を実現した。しかし、その官僚的・保守的・エリート主義的な番組編成の方針は、依然として視聴者の大部分を無視するものであった。独占企業としての冷淡さから、TRTが視聴者を顧みることはほとんどなかった。法律は、TRTにトルコ文化や家族主義的伝統の保持といったような、多くの非現実的な責任を負わせた。TRTの年間番組編成計画は、こうした法律の長たらしく漠然とした記述に基づいて立案された。TRTは、広告収入の唯一の受領者であったため、1985年に年間受信料が廃止されても、ほとんど不満を表明しなかった。しかし、1990年代になると、主としてテレビコマーシャルがTRTの収益の70％を占めるようになっていた。1990年に、ヨーロッパからトルコに向けて衛星放送が送信されるようになり放送が事実上民営化されると、TRTは深刻な打撃を受けた。TRTは設立以来初めて、完全な競争にさらされることになったのである。その結果TRTは、業界における中心的な地位を失っただけでなく、その視聴者と広告収入の大部分を失ってしまった。

　当初、TRTは民放の存在を認めさえせず、それらが違法であり著作権の侵害にあたると非難していた。TRTは、自分たちが唯一の合法的な放送局であり、すべての重要な国家行事を報道する権利があると主張した。そして、民放局間で締結された排他的放送協定に異議を唱えた。しかし、結局のところ、TRTがそのライバルと張り合うことは不可能であった。TRTは、財政的な困難に陥っていただけでなく、深刻なアイデンティティ・クライシスにも陥っていたのである。放送業界が民営化したことで、TRTが視聴者からの支持はもとより、政治的な後ろ盾もないということが明らかになった（Çatalbaş 1996）。1990年代初め、政界の重鎮は声を揃えてTRTを評して、余剰人員を抱えた非効率で不経済な国有企業であると厳しく批判していた。そのうえでかれらは、TRTを部分的あるいは完全民営化すべき、と主張した。

　新たな使命を模索するなかで、TRTはドイツやその他のヨーロッパ諸国にあるトルコ人コミュニティに向けた放送をおこなうチャンスを得た。1990年にヨーロッパのディアスポラ的視聴者に向けて開始したテレビ放送サービスは、

広い視野をもったオザル大統領の考え方に則り、間もなく中央アジアのトルコ語を話す国家をも対象とするより野心的なプロジェクトへと変わっていった。しかし、TRT がトランスナショナル化しようとするうえで、競争相手がいないわけではなかった。1990 年代初めに、衛星テクノロジーを使ってトルコ向けの放送を開始していた民放局は、1990 年代半ばまでにはヨーロッパ向けのサービスをも開始した。2000 年には、トルコ語のヨーロッパ向け放送は 25 チャンネルもあった（Aksoy 2000）。こうした番組が、TRT インターナショナル（TRT International）よりも、ずっと人気があったことは驚くに値しない。

加えて、TRT は 1990 年代を通じて、公共放送としての妥当性を高めその信頼を回復するためのさまざまな取り組みをおこなってきた。その取り組みの成果としては、主体事業となるラジオおよびテレビ・サービスの編成（1993 年）や、国会中継をおこなう新しいテレビ・サービスの開始（1995 年）などがあげられる。また、制度的な再編成に向けて、海外のコンサルティング会社から専門的なアドバイスも受けた（1998 年および 2000 年）。ヨーロッパや中央アジアに支局を開設し、国際ニュースの収集能力も高めようとしていた。

AKP 政権は、忠誠と服従の見返りに TRT に大幅の援助を提供した。そのお陰で、2000 年代、TRT の国内・国際オペレーションは重要な発展段階を迎えた。1990 年代よりも遥かに自信をつけた TRT は、初の子ども向けの全国放送チャンネルを開設した。このチャンネルは、開始当時クルド語とアラビア語で放送されていた。また、その生産性と財政的な効率を向上させるために、BBC のプロデューサー・チョイスのような企業内委託性を採用していた。

2．「トルコが飛躍する時代」というオザルのビジョンと TRT

1980 年のクーデターの後、官僚経験者で敬虔なイスラーム教徒だったトゥルグト・オザルは、祖国党（Motherland Party、MP）を立ちあげた。オザルは、当時トルコで最も重要な政治アクターとして、まさに注目され始めていたところだった。MP 政権は 1983 年から 1991 年まで続いたが、その間党は市場の力に絶大な信頼を置いた経済計画を進めた。オザルが経済を担当した暫定軍事政権下において安定化と構造調整はすでに実現していたが、1983 年以降も自由化し経済成長が加速するまで（Önis 1991）、そのまま継続された。オザルは、トルコ国民にトルコが世界の先進経済に追いつくために大きく飛躍することを

約束した。かれは「トルコは一等国の仲間入りをするべきであり、それは可能なことである」と主張した（Sever and Dizdar 1993）。

1980年代を通じて、電気通信部門や輸送部門への公共投資が盛んに実施された。これは、国の通信設備を北大西洋条約機構（North Atlantic Treaty Organization、NATO）の同盟国と同じ水準に引きあげ、外国資本を誘致するためであった。電気通信部門への投資は、電話のような従来型のサービスを向上させるだけでなく、携帯電話、文字多重放送、インターネットバンキング、有線放送および衛星放送といった新しいテクノロジーを取り入れることを目的としていた。TRTも、カラー放送への切り換え、文字多重放送、新しいテレビチャンネルの開設など、その技術的な能力やプログラムのアウトプットを向上させた。

オザルによって、トルコの外交政策は「孤立主義的なケマリスト的政策からより積極的な対外政策へと劇的に変化した」（Rabinovich and Shaked 1987: 684）。首相としての在任期間中（1983−1989年）、オザルが推進した最も重要な外交政策の1つは、1987年4月14日のヨーロッパ共同体（European Community、EC）への加盟申請であった。オザルは、トルコと西側諸国との関係を非常に重要視していた。トルコとヨーロッパの関係は、1974年のトルコのキプロス共和国への侵攻や1980年の軍事クーデターによって悪化していたが、オザルは、トルコとヨーロッパのあいだの経済的、政治的繋がりを強化しようとした。また、ヨーロッパに居住する約300万人のトルコ移民とトルコ本国との関係も向上させようとした。こうした移民は、1970年代以来、トルコの外国為替の主要財源となっていた。1985年に、西ドイツのヘルムート・コール首相（Helmut Kohl）が、1980年の軍事クーデター以来、海外の政治家として初めて訪土した際、150万人を数える西ドイツのトルコ人労働者の状況が重要な議題の1つとして取りあげられた。トルコは、「トルコ人労働者が、ヨーロッパにおいて社会的地位の底辺に取り残され、最低賃金の仕事に従事していることを不快に思っていた」（Rabinovich and Shaked 1987: 684）。

1990年2月28日、TRT初の国際放送となるTRTインターナショナルのテスト放送が開始されたが、これは、ヨーロッパにいるとくに若い世代のトルコ移民との繋がりを強化する、というトルコの国家戦略の一環であった。TRTから選りすぐった番組を放送するTRTインターナショナルは、衛星を通じて送信され、ドイツ・オランダ・ベルギーの有線放送によって配信された。この取り組みには、海外に住むトルコ人とトルコ本国およびトルコ文化との繋がり

を維持すること、トルコ移民たちの教育的・文化的水準を向上させること、そしてトルコやトルコ人のイメージを改善すること、という明確な目的があった。TRTインターナショナルは、トルコらしさやトルコ人としてのアイデンティティを強調し、国外に住むトルコ人を「オフショアの恩恵に浴する国民」と考えていた（Aksoy and Robins 2010）。

　トルコ政治における第二次オザル時代ともいうべき時期は、1990年にMPの党内投票によって、かれが大統領に選出された時から始まった。オザルの大統領在任期間は、1993年のかれの突然の死によって終わりを迎えたが、ランサイナー（Laçiner 2009）が「オザリズムあるいは新オスマン主義」と呼んだオザルの外交政策は、イスラーム主義、トルコ主義、オスマン主義的な価値観を自由主義や米国型デモクラシーと組み合わせながら進化していった。この折衷主義は、さまざまな意味において、たまたま1990年代に同時進行するように起こっていた国内的および国際的事件の産物であった。国際舞台では、トルコは、ECへの正規加盟申請が却下されるという事態に対処しなければならなかった。また、ソビエト連邦の崩壊、ユーゴスラビアの解体、冷戦の終結や湾岸戦争への対応も迫られていた。国内では、トルコ南部でクルド人の反乱が起こり、共和国の建国以来、最も先鋭化した対立という危機が引き起こされてしまう恐れがあった。

　現実主義的な政治家であるオザルは、トルコに悪影響をおよぼしうるこれらの出来事すべてがチャンスとなりうる、と信じていた。ECがトルコの統合を望まないのであれば、トルコは、バルカン、コーカサス、黒海、中東および中央アジアにおいて、政治上、貿易上の新しい同盟関係を樹立するべきであった。この新オスマン主義の考え方によれば、トルコは「生来、イスラーム・トルコそしてオスマン世界の一部であった」（Laçiner 2009）。それゆえに、トルコが、近隣のイスラーム諸国すべてにとってのロールモデルになったり、各国の対立をめぐる交渉人になったりすることは可能なことであった。トルコのアイデンティティに基づくのではなく、イスラーム教徒として行動すれば、そしてオスマンという共通の歴史を思い起こせば、ボスニア人、アゼルバイジャン人、イラクのクルド人やトルクメン人のような、バルカンや中東にいる近隣住民の保護者や兄的存在にもなれるかもしれなかった。こうした新オスマン主義のビジョンは、当該地域に平和と安全をもたらすだけでなく、トルコ自身のクルド人問題を解決する助けになるかもしれなかった。

一方、人口の大部分がトルコ語を話すカザフスタン、トルクメニスタン、ウズベキスタン、タジキスタン、キルギスタンといった中央アジアの新興共和国については、オザルのトルコ主義的な外交政策が、一層強く積極的な存在感を発揮する必要があった。「アドリア海峡から万里の長城まで」というオザルのスローガンは、領域的概念に基づいて連携するということだけでなく、緊密な協力を通じて、新たな市場を開拓し、文化交流や政治的結束を強めるということを意味していた。

　1992年4月27日、オザルのトルコ主義的な考え方に沿って、TRTインターナショナルの送信範囲は、中央アジアのトルコ語を話す視聴者に向けて拡大された。1年後、大きな時差やターゲットとする視聴者の嗜好や期待の違いのために、TRTインターナショナルは2つに分割された。TRTユーラシア（TRT Eurasia）は、1993年4月12日にサービスを開始した。アクソイとアヴィシ（Aksoy and Avci 1992: 39）によれば、TRTユーラシアは、中央アジアの視聴者に「もし西側に目をやるならば、イスラーム教のトルコ語人口による統一世界がいかに素晴らしいものになるかという可能性」を示すことを目的としていた。

　中央アジアとの関係を強化するというトルコの国家的関心は、オザルの死後も受け継がれていった。1996年7月10日、運輸省から資金提供を受けて、2つの通信衛星、タークサット1Bとタークサット1Cが打ち上げられた。それによって、トルコ語のテレビ放送はヨーロッパと中央アジアのどちらにおいても直接受信できるようになった。しかし、1997年になるや、トルコ語圏の共和諸国との関係を担当している大臣によって、TRTユーラシアはインド、中国、ロシアとの厳しい競争のなかで効果をあげていないと批判された。その大臣は、TRTが該当地域の視聴者の取り込みに失敗しているうえ、番組編成の方針も視聴者を無視していると非難した（Sarıkaya 1997）。

3．「新生トルコ」というAKPのビジョンとTRT

　保守的なイスラーム政党であるAKPは、2002年に政権の座に就いた。その公約は、経済繁栄、社会正義、ヨーロッパ連合（European Union、EU）への正規加盟であった。AKPの政策は、オザルの経済的な自由主義とプロアクティブな外交政策の方針をあらゆる面において引き継いでいた。AKP政権は、レジェップ・タイイップ・エルドアン（Recep Tayyip Erdogan）のリーダーシップ

の下で3期続いた。その期間、トルコは大きな経済的、政治的、社会的変化を経験することになった。改革主義的でビジネス至上主義のAKPの経済政策は、著しい経済成長をもたらした。また、自由主義的価値が推奨され、民主主義的改革が推進されたことによって、政治面における軍の影響力も相当程度、縮小された。

　ケイマンとグムシュ（Keyman and Gümüşçü 2014）が述べているように、プロアクティブな外交政策は、グローバリゼーション、クルド人問題、宗教的ガバナンスや市民社会の形成とともに、AKP政権下でおこなわれたトルコの経済的・政治的・文化的転換を方向付ける重要な要素となった。2000年代初め、AKPは親EUという姿勢を強く打ちだした。そして、EUとのあいだに政治・経済的な協定を結ぶよう積極的に行動した。トルコが国家として近代化するためには、こうした協定が必要であると考えられていたためであった。2004年12月、EUの指導者は、2005年に協定締結に向けた話し合いをトルコとのあいだで始めることに同意した。また、2003年、トルコはユーロビジョン・ソング・コンテスト（Eurovision Song Contest）において、史上初めて優勝をはたした。これも、ヨーロッパから評価されようとするトルコの努力が実った象徴的な出来事であった。TRTはこのコンテストのスポンサーでもあった。翌年の第49回ユーロビジョン・ソング・コンテストは、TRTが主催しイスタンブールで開催された。その模様は、台頭しつつあるトルコの主要番組として36か国で生放送された。

　しかし、EU・トルコ関係は、2004年に協定締結に向けた話し合いがもたれて以降、ほとんど進展をみなかった。EU加盟国中数か国が協定締結に反対していたことや、AKPの改革アジェンダにおいてEUとの関係の重要性が下がってきていたことが要因であった。国家機構に対するAKPの影響力が確固たるものとなっていくなかで、トルコの外交政策は2009年に外務大臣に就任したアフメト・ダウトオール（Ahmet Davutoglu）の下で、そのグローバルな視野を広げていった。ダウトオールは、トルコの歴史や、中東、バルカン、コーカサス、中央アジア、地中海および黒海が交錯するというユニークな地理的位置から、トルコには「戦略的な奥行き」があると考えていた。かれの主張によれば、トルコは地域にとどまらない主要パワーであった。それゆえに、交渉やソフトパワーに基づくパブリック・ディプロマシーを通じて、地域だけでなく国際的な紛争を解決するために指導的な役割をはたすべきとされた。

「新オスマン主義」という批判を受けることもあったが、ダウトオールのソフトパワー外交は、「近隣諸国とのゼロ・プロブレム」を目指していた。その主要な成果として、近隣の中東諸国との経済的な協力を実現した。さらに、トルコは、国家や非国家アクターを問わず、インドネシアの津波被害者の救済、パキスタンの地震や洪水被害者への支援、ソマリアやエチオピアをはじめとするアフリカ諸国への救援物資の提供などをおこなっていった。こうした人道的かつ建設的活動は、トルコから遠く離れた世界各地において、トルコやエルドアン首相のイメージや評判を高めた（Akgönenç 2012）。エルドアンは、パレスチナ問題をめぐって、イスラエルや国連を激しく非難したが、このことも中東やイスラーム教圏全体におけるかれの幅広い人気に繋がった。その結果、2011年のアラブ圏におけるアンケート調査で、エルドアンは「最も賞賛する世界のリーダー」に選出されている（Al-Ghazzi and Kraidy 2013）。

　トルコが国際舞台において自信をつけていくのにともない、EU加盟はその政治的な重要性を失っていったように思われる。トルコとEUとの関係が後退していくなかで、その別離を象徴するような出来事が起こった。ユーロビジョン・ソング・コンテストにおける投票システムのルールが変更されたことに抗議し、TRTは2013年のコンテストへ参加しないことを決定したのである。TRTは、欧州放送連合（European Broadcasting Union、EBU）が欧州5か国に不公平な特権と保護をあたえていると批判した。批評家が注目したところによれば、こうしたTRTのEBUに対する批判は、エルドアンが国連システムや安全保障理事会の構成に対しておこなった痛烈な批判と似通っていた（Cohen Yanarocak 2012）。

　2000年代に入り、AKPの政策やエルドアンの談話は、権威主義かつイスラーム主義に偏り始めた。ゲジ公園での抗議活動に対して強硬で妥協しないエルドアンの姿勢は、トルコ社会の政治的対立が大きくなり、親AKPと反AKPという2つの陣営に分かれつつあることを示していた。メディアは、この政治的対立の最前線に立たされた。2000年代初め以降、AKPはメディアの仕組みを再構築しようとしており、民間メディアの所有形態について干渉したり、公共メディアの重要ポストにAKPの支持者を任命したりするようになっていた。その結果として、メディアの状況は自信を失い萎縮した非宗教的／自由主義的な民間媒体とますます攻撃的で成長を続ける親AKPである媒体に分裂した。反対政党は、TRTと国営通信社であるAAがどちらも、AKPのプロパガンダ活

動の片棒を担いでいると厳しく非難した。TRT も AA も AKP 政府と協力関係にあることを隠さなかった。ある全国紙によれば、2014 年 3 月の地方選挙をめぐって、TRT が AKP に割いた放送時間は 812 分であった。しかし、反対政党については、民族主義者行動党（Milliyetci Hareket Partisi、MHP）に 48 分、共和人民党（Cumhuriyet Halk Partii、CHP）に 45 分、国民民主主義党（Halkların Demokratik Partisi、HDP）にはたった 2 分であった（Aydıntaşbaş 2014）。

　TRT の AKP 政府に対する無条件の支持には、見返りがないというわけではなかった。AKP 政権下で、TRT はきわめて積極的な成長戦略を打ちだし、すべての放送をデジタル化するというテクノロジー上の大規模投資をおこなった。番組のトランスナショナル化にも引き続き全速力で取り組み、クルド語とアラビア語の新しいチャンネルを開設した。2008 年には、31 言語でニュースを伝える TRT インターナショナルのホームページ（www.t-world.com）も開設された。2009 年、TRT はユーロニュース（Euronews）における第四の出資者となり、ユーロニュースがトルコ語の 24 時間放送をおこなうという合意を取りつけた。ユーロニュースのトルコ語放送は 2010 年 1 月に開始された。

　さらに、その地域的・国際的存在感を高めるために、TRT はアゼルバイジャン、バーレーン（2004 年）、ギリシャ（2005 年）、アルバニア、北キプロストルコ共和国（2007 年）といった周辺各国の公共放送と、新たな協力関係を構築することに努めた。公共メディアをめぐる国際的な議論の場でも積極的な役割をはたした。2012 年、TRT は、南東のヨーロッパの公共放送と提携し、「バルカン戦争からバルカン和平へ」という協力プロジェクトを立ちあげた。このプロジェクトは、音楽を通じて、共通の歴史的な繋がりを示すことを目的としていた。各国の公共放送では、このバルカン諸国の音楽家たちが参加するコンサートが生放送された。文化交流に加えて、TRT は、中央アジア、中東そしてバルカン諸国におけるコンテンツの国際的な売りあげを伸ばそうとした。

　2012 年の年次報告のなかで、サヒン社長は、過去 5 年の努力によって、TRT が「真のグローバル組織」になったと強調した。TRT は、現在異なる 10 基の衛星から放送をおこない、15 チャンネルを通じて世界に届けられている。TRT の拡張的なビジョンが、中東、中央アジア、バルカンにおいて影響力のおよぶ範囲を確立しようとする AKP の外交政策やパブリック・ディプロマシーの努力を反映していたことは間違いない。TRT のトランスナショナル・チャンネルの開設は、AKP の援助や後押しを受けていた。TRT のトランスナショナル・

チャンネルの開設にあたっては、公式の開設式典が贅沢なまでにおこなわれ、AKP がメディアにアピールする場としても活用された。

　2009 年 3 月 21 日には、TRT アバズ（TRT Avaz、「TRT の声」）が開設された。その式典は、アブドゥラー・ギュルー（Abdulla Gul）大統領も列席し、盛大に執りおこなわれた。TRT アバズは、ノールーズ（Newroz）の日に産声をあげた。ノールーズの日は、立春にあたり、トルコ語やクルド語を話す人びとの多くにとって、文化的に最も重要な日となっている。TRT アバズは、バルカン、中央アジア、中東、コーカサスの 27 か国、13 の自治領に住む 2 億 5 千万人の人びとに届けられている。そして、異なる 7 か国（ウズベキスタン、カザフスタン、キルギスタン、トルクメニスタン、アゼルバイジャン、ボスニアヘルツェゴビナ、トルコ）の言語で番組が制作されている。

　2009 年 5 月 8 日には、TRT ターク（TRT TURK）が、国際ニュースとカルチャーのチャンネルとして放送を開始した。エルドアン首相はそのオープニングセレモニーに出席し、エルサレム、モスクワおよびブリュッセルにいる TRT の記者との生中継もあった。エルドアンは、開会の辞において、つぎのように述べた。「トルコが、世界のメディアによって、否定的で悲しいニュースとして報道されることはもうないだろう。TRT タークによって、トルコでは良いことも起こっているということ、トルコが急速に変化していること、世界の希望の星であるということ、わたしたちの国の文化がきわめて豊かであるということが理解されることになるだろう」。2012 年度の TRT の年次報告によれば、TRT タークの最も重要な目的の 1 つは「国際的放送局の作為からトルコ市民を守ること」にあった。

　2010 年 4 月 4 日には、TRT アラビックが、トルコや中東にいるアラビア語人口をターゲットに、アラブ世界において最も人気のあるチャンネルになるという大志を抱いて放送を開始した。その開設式典の模様は、アル・ジャジーラやその他のアラブ圏のニュースネットワークによって生中継された。そのなかでエルドアン首相は、トルコとアラブは「手の指のような」関係にあると表現し、「わたしたちは同じ歴史、同じ文化、なによりも同じ文明に属している」と述べた（Al-Ghazzi and Kraidy 2013）。イブラヒム・サヒン TRT 社長は、この新しいチャンネルが、タークサット 3A、アラブサット、ナイルサットという 3 つの衛星を通じて、アラブ世界 22 か国の 3 億 5 千万人に向けて放送されると発表した。元来は「ファミリー向けチャンネル」として想定されていたが、映

画に加えて、トルコにおけるビジネス、観光、教育を売り込んだり、トルコの視点を伝えたりするシリーズ番組、政治やスポーツ番組も幅広く取り揃えられた。アル・ガッゼとクレイディ（Al-Ghazzi and Kraidy 2014）によれば、TRTアラビックは、アラブの視聴者に向けた「AKPの魅力攻勢」の一環であった。同放送によって「新オスマン主義は、トルコがヨーロッパであり、イスラームであり、道義的で、政治的に影響力があり、経済的に成功しているということを鮮やかに想起させる国家ブランドへと変化した。（中略）新オスマン主義は、クールなブランドになったのである」。2012年度の年次報告には、トルコのソフトパワーの供給者にならんとするTRTの情熱がはっきりと認められる。年次報告によれば、「TRTアラビックは、トルコの地域的なパワーを発展させ確立するために、その重要な手段となることを目指している。その放送の方針は、地域的な問題をめぐるグローバルなアクターとなったわが国の立場にしたがう」（TRT 2012）。

　最近（2014年時点＝訳注）、TRTは新しい国際テレビチャンネルの英語放送を立ちあげる計画を発表した。TRTイングリッシュは、米国およびヨーロッパ、ラテンアメリカ、アフリカ諸国の計30か国に支局を置き、初期費用が2億5千万ドルという、TRT史上で最もコストのかかるプロジェクトになると予想されている（Kaya 2013）。海外プレスの分析によれば、AKPに新しいチャンネル開設への出資を促した要因は、2013年夏にガジ公園で起こった抗議行動を厳しく取り締まったことが、国際メディアによって批判的に報道されたことにあるという。ガジ公園の抗議行動は大規模な反政府運動へと転化していった。それに対してエルドアンは、外国のニュース・メディア、とくにCNNインターナショナルとBBCを非難した。こうしたメディアには悪意があり、外国の陰謀にはめられていると批判したのであった（Karakaya and Albayrak 2013）。イブラヒム・エリン（Ibrahim Eren）TRT副社長は、そのインタビューのなかで、TRTイングリッシュが「アル・ジャジーラ、BBC、CNNとは異なるわたしたち独自の見解をもった」国際ニュースを放送することになるだろうと明言した（İngilizce kanal 2014）。

おわりに

　本章は、TRTが国際的な活動を展開するうえでの動機や努力には、現AKP

政権の影響力がおよんでいること、そして TRT の新しいイメージや使命とトルコ政府のグローバルな目標とのあいだには類似性がある、ということを明らかにした。本章では、二次資料の分析に基づき、1990年代のトゥルグト・オザル大統領政権以来、TRT がトルコのプロアクティブな外交政策や拡張的な目標に進んで貢献しようとしてきたと論じた。

　TRT は、新しいテレビチャンネルを立ちあげ、海外支局を増やし、外国企業や団体とのパートナーシップや協力関係を新たに築いていった。2000年代以降も、その地域的・国際的な活動を拡大していった。TRT タルク、TRT アラビック、TRT アバズ、そして計画中の TRT イングリッシュをはじめとする TRT の国際放送事業やウェブサイトには、現実主義的でありながらもよりイスラーム主義的であり、新オスマン主義的な AKP の外交政策とパブリック・ディプロマシーに貢献しようとする意図があった。

　1990年代に国内市場における中心的な地位を失って以来、TRT にとってトランスナショナル化は、そのイメージと使命の再定義に関わる問題となってきた。TRT のウェブサイトは、みずからを「国際的に認知された」、「地域の声」であると説明している（"TRT Tarihi", n.d.）。また、TRT ワールド（TRT World）のロゴの下にあるスローガンも、それを「五大陸にまたがるニュースルーム」と定義している。

　他方、トルコ政府との緊密な関係や、AKP 政権の外交政策上の試練や困難によって、TRT が国際的なレベルで難しい立場に置かれこともあった。たとえば、2009年10月、TRT の人気ドラマのなかで、イスラエル兵が子どもを殺すというシーンがあった。このドラマが放送されると、それに刺激されたイスラエル政府は激しい抗議を展開した。これに対し、TRT を所管するトルコ政府閣僚は、TRT は独立した機構であり政府はその番組に干渉しない、と主張した。閣僚は、そのドラマが放送されなくなる可能性を否定した（Kardaş 2009）。その他の事例としては、2013年8月、TRT アラビックのエジプト人ニュースキャスター、ベシャール・アブデルファッタ（Beshir Abdelfattah）が、エジプトの軍事政権に批判的なエルドアンの立場への憤りを表し、生放送中に辞職したことがあげられる。アブデルファッタは、エルドアンからの謝罪を求めて、つぎのように述べた。「わたしたちエジプト人には、なんとしてでも守らなければならない一線がある。本当に大切なことは、わたしたちの国を愛する心である。これが、わたしがこの番組を最後に TRT アラビックとのあらゆる繋が

りを断ち切ることを、今日ここで宣言する理由である」(TRT Arabic news 2013)。

謝辞
The author, Dilruba Çatalbaş Ürper, acknowledges the financial support provided by the Galatasaray University Research Fund for the research project (14.300.004) from which this paper is drawn.（本稿の元となる研究プロジェクト（14.300.004）は、ガラタサライ大学研究基金からの助成を受けた。筆者ディルルバ・チャタルバシュ・ユルペルは、ここに感謝の意を示したい。）

引用文献

Akgönenç, O. (2012) "The use of soft and hard power in Turkey's foreign policy," *Turkish Review* 19 March 2012. Retrieved from http://www.turkishreview.org/tr/newsDetail_getNewsById.action?newsId=223411

Aksoy, A. and Avci, N. (1992) "Spreading Turkish Identity," *Intermedia* 20(4-5): 39-40.

Aksoy, A. (2000) *The Possibilities of Transnational Turkish Television: Shift in Broadcasting From National to Transnational*. Retrieved from http://wenku.baidu.com/view/e017b2d133d4b14e852468a7.html

Aksoy, A. and Robins, K. (2000a) *Peripheral vision: cultural industries and cultural identities in Turkey*. Retrieved from http://www.medyakronik.net/akademi/makaleler/makaleler25.htm

Aksoy, A. and Robins, K. (2000b) "Thinking across space, Transnational television from Turkey," *European Journal of Cultural Studies* 3(3): 343-365.

Aksoy, A. and Robins, K. (2010) "Turkish Satellite Television: Toward the Demystification of Elsewhere," in Berry, C. et al. *Electronic Elsewheres: Media, Technology, and the Experience of Social Space*. Minneapolis: University of Minnesota Press: 171-196.

Al-Ghazzi, O. and Kraidy, Marwan M. (2013) "Neo-Ottoman Cool 2: Turkish Nation Branding and Arabic-Language Transnational Broadcasting," *International Journal of Communication* 7: 2341-2360. Retrieved from http://ijoc.org/index.php/ijoc/article/viewFile/1881/1006

Al-Ghazzi, O. and Kraidy, Marwan M. (2014) *The Turkish Al-Jazeera? TRT*. Retrieved from http://flowtv.org/2014/01/the-turkish-al-jazeera-trt-al-turkiyya/

Amezaga, J. (n.d.) *Linguistic space: satellite television and languages around the world and in the European Union*. Retrieved from http://www.aber.ac.uk/~merwww/images/Josu.pdf

Appadurai, A. (1990) "Disjuncture and Difference in the Global Cultural Economy," *Theory, Culture & Society* 7: 295-310.

Aras, B. (2009) *Davutoğlu Era in Turkish Foreign Policy*. SETA Policy Brief. Retrieved from http://www-users.st-andrews.ac.uk/media/school-of-international-relations/css/workingpapers/Aras%20DavutogluEra.pdf

Aydıntaşbaş, A. (2014, July 7) *Her yer Erdoğan*. Retrieved from http://www.milliyet.com.tr/her-yer-erdogan/siyaset/ydetay/1907992/default.htm

Bora, A. and Çalışkan, K. (2008) "What is Under a Headscarf? Neo-Islamist vs. Kemalist

Conservatism in Turkey," *Arab Studies Journal* 15(2): 140-155.

Çaplı, B. (1994) "Turkey," in Mitchell, Jeremy, Blumler, Jay G., Mounier, Philippe and Bundschuh, Anja (eds.) *Television and the Viewer Interest*. London: John Libbey.

Çatalbaş, D. (1996) *The Crisis of Public Service Broadcasting: Turkish Television in the 1990s*. Unpublished PhD Thesis, Goldsmiths' College, University of London.

Chalaby, Jean K. (2003) "Transnational Television Networks and the Formation of Global Systems," *International Communication Gazette*, 65(6): 457-472.

Chalaby, Jean K. (2005) "Deconstructing the transnational: a typology of cross-border television channels in Europe," *New Media & Society* 7(2): 155-175.

Cohen Yanarocak, H. E. (2012, September 12) *Turkey's Euro 'vision' Decision*. Retrieved from http://www.jpost.com/Magazine/Opinion/Turkeys-Eurovision-decision

Cohen, Y. (1986) *Media Diplomacy: The Foreign Office in the Mass Communications Age*. Psychology Press.

Dinçer, O. B. and Kutlay, M. (2012) *Turkey's Power Capacity in the Middle East*. USAK: Ankara.

Entman, Robert M. (2008) "Theorizing Mediated Public Diplomacy: The U.S. Case," *The International Journal of Press/Politics* 13(2): 87-102.

ESRC (2007) *Media diplomacy - What role for transnational news?* (2007, November 22) Retrieved from http://www.politics.co.uk/opinion-formers/economic-social-research-council-esrc/article/esrc-media-diplomacy-what-role-for-transnational-news

İngilizce kanal 2014'te test yayınına başlıyor (2014, January 17) Retrieved from http://www.trtturk.com/haber/ingilizce-kanal-2014-te-yayinda.html

Kalın, İ. (2011) *Soft Power and Public Diplomacy in Turkey*, Perceptions. Retrieved from http://sam.gov.tr/tr/wp-content/uploads/2012/07/Autumn_2011.pdf#page=9

Kaptan, Y. and Karanfil, G. (2013) "RTÜK; Broadcasting and the Middle East: Regulating the Transnational," *International Journal of Communication* 7: 2232-234. Retrieved from http://www.google.com.tr/url?sa=t&rct=j&q=&esrc=s&source=web&cd=2&cad=rja&uact=8&ved=0CB0QFjAB&url=http%3A%2F%2Fijoc.org%2Findex.php%2Fijoc%2Farticle%2Fdownload%2F2007%2F1005&ei=rk3OU4K6DcvMygPMpYHQCQ&usg=AFQjCNG_P6mSL9U_XRzXchH8W8j8qlzaxA&sig2=sUyIcmIbofJ4EtKvBqbReQ&bvm=bv.71198958,d.bGQ

Karakaya, K. and Albayrak, A. (2013, Nov 12) *Turkish State TV to 'Explain' Turkey to Foreigners*. Retrieved from http://blogs.wsj.com/emergingeurope/2013/11/12/turkish-state-tv-to-explain-turkey-to-foreigners/

Karanfil, G. (2009) "Pseudo exiles and reluctant transnationals: disrupted nostalgia on Turkish satellite broadcasts," *Media, Culture and Society* 31(6): 887-889.

Kardaş, Ş. (2009, October 19) *Television Drama Strains Turkish-Israeli Ties*. Retrieved from http://www.jamestown.org/programs/edm/single/?tx_ttnews%5Btt_news%5D=35622&tx_ttnews%5BbackPid%5D=485&no_cache=1#.VUTlTstrOUl

Kaya, E. (2013, 14 November) *250 milyon dolarlık TRT İngilizce geliyor*. Retrieved from http://www.hurriyet.com.tr/ekonomi/25103104.asp

Keyman, F. and Gümüşçü, Sebnem (2014) *Democracy, Identity and Foreign Policy in Turkey: Hegemony Through Transformation*. Palgrave.

Laçiner, S. (2009) "Turgut Özal Period in Turkish Foreign Policy: Özalism," *The Journal of Turkish Weekly*. Retrieved from http://www.turkishweekly.net/article/333/turgut-ozal-period-in-turkish-foreign-policy-ozalism.html

Morin, E. T. (2012) *Participation in Public Diplomacy: Towards a New Public Diplomacy Model*. Retrieved from http://www.itera.org/wordpress/wp-content/uploads/2012/09/ITERA12_Paper03.pdf

Nisbet, Eric C. et al. (2004) "Public Diplomacy, Television News, and Muslim Opinion," *The International Journal of Press/Politics* 9(2): 11-37.

Önis, Z. (1991) "Political Economy of Turkey in the 1980s, Anatomy of Unorthodox Liberalism," in Heper, Metin (ed.) *Strong State and Economic Interest Groups. The post-1980 Turkish Experience*. Berlin: Walter de Gruyter.

Önis, Z. (2009) "Conservative Globalism at the Crossroads: The Justice and Development Party and the Thorny Path to Democratic Consolidation in Turkey," *Mediterranean Politics* 14(1): 21-40.

Özbudun, E. (1986) "Development of Democratic Government in Turkey: Crisis, Interruptions and Reequilibrations," in Özbudun, Ergun (ed.) *Perspectives on Democracy in Turkey*. Ankara: Turkish Political Science Association.

Rabinovich, I. and Shaked, H. (1987) *Middle East Contemporary Survey, 1984-1985*. Retrieved from http://books.google.com.tr/books?id=m1XjHn8rrl4C&dq=%C3%B6zal+europe+turkish+workers&hl=tr&source=gbs_navlinks_s

Rekabet Kurumu Tarafından Düzenlenen "Perşembe Konferansı" (2012, May 17) Retrieved from http://www.rekabet.gov.tr/File/?path=ROOT%2F1%2FDocuments%2FPer%C5%9Fembe+Konferans%C4%B1+Yay%C4%B1n%2F4Pr%C5%9F.+Konf.+(%C4%B0brahim+%C5%9Eahin)17.05.2012.pdf

Şahin, H. (1981) "Broadcasting Autonomy in Turkey: Its Rise and Fall," *Journalism Quarterly* Autumn 1981: 395-400.

Sarıkaya, M (1997, 11 November) *TRT Avrasya Özelleşiyor*. Retrieved from http://hurarsiv.hurriyet.com.tr/goster/haber.aspx?id=-273126

Sever, M. and Dizdar, C. (1993) *İkinci Cumhuriyet tartışmaları*. Ankara: Başak Yayınları.

Sevin, E. (2012) *Bridge No More? Turkish Public Diplomacy and Branding under the AKP Government*. Retrieved from http://www.e-ir.info/2012/10/05/bridge-no-more-turkish-public-diplomacy-and-branding-under-the-akp-government/

TRT (2012) *Faaliyet Raporu*. Retrieved from http://medya.trt.net.tr/medya6/dosya/2013/07/15/237998f0-4eb4-44ab-9aa2-367da7c6d62d.pdf

TRT Arabic news presenter resigns, slamming PM Erdoğan during live program. (2013, August 30) Retrieved from http://www.hurriyetdailynews.com/trt-arabic-news-presenter-resigns-slamming-pm-erdogan-during-live-program.aspx?PageID=238&NID=53579&NewsCat

ID=341

TRT Tarihi (n.d.) Retrieved from http://www.trtmuze.com.tr/hakkimizda/trt-tarihi/

Volkmer, I. (n.d.) "International Communication Theory in Transition: Parameters of the New Global Public Sphere," MIT Communications Forum. Retrieved from http://web.mit.edu/comm-forum/papers/volkmer.html

COLUMN　多様化する中東・イスラーム世界のメディア
——SNSやドラマで読み解く——
阿部るり

◆衛星放送の衝撃

　中東・イスラーム世界は四半世紀前までは中東自体のメディアではなく、欧米のメディアに「代弁」される形で表象されてきた。欧米のメディアに描かれる中東・イスラーム世界は「未開」「邪悪」「危険」「暴力」「後進」などのイメージでとらえられることが多かった。トルコの牢獄からの西洋人の若者の脱出を描いた映画『ミッドナイトエクスプレス』(1978年公開)は、その典型であろう。

　中東からの情報発信が少なかった背景として①国際的なコミュニケーション秩序のなかで欧米が優位な地位を占めていた、②中東では長らくマス・メディアが発達しなかった——という理由が挙げられる。みずから外の世界に対して情報発信する能力や意志が圧倒的に欠けるなか、中東そしてイスラームの世界のイメージは欧米のフィルターを介して、世界に発信され続けた。

　中東のマス・メディア発達が遅れたのは、国家によるメディア空間の支配が長らく続いたためだ。テレビ・ラジオ放送は国家が独占、新聞・雑誌といった活字メディアも検閲などにより、事実上、国家のコントロール下にあることが少なくなかった。とりわけ放送メディアは国家統合のための「マウスピース」と位置づけられ、政治的動員の手段として積極的に用いられてきた。トルコのような共和制でも、シリアのような独裁政権下でも事情はさほど変わらなかった。

　そんななか、中東の人びとは米VOAや英BBCによるアラビア語放送など短波ラジオの放送に耳を傾けていた。また、「汎アラブ紙」と呼ぶアラビア語の新聞メディアもヨーロッパを拠点に複数存在し、特定の国家ではなく、アラブ地域全般の動向を報道した。中東地域の国内紙に比べて比較的自由な言論活動を展開したこれら汎アラブ紙は為政者の意に反して各国で流通していた。

　1979年のイラン・イスラーム革命においては「カセットテープ」のはたした役割がクローズアップされた。国外亡命中の革命の指導者、ホメイニ師の説教や演説を吹き込んだカセットテープは支持者らによってイラン国内に持ち込まれ、人びとに大きな影響をあたえた。革命に向けた素地を作りだしたカセットテープについて、中東メディアの研究者たちは「小さなメディアによる大きな革命」として評価している。メディアが国家の独占物であった当時においても、中東各国の情報空間は必ずしも一元的でなく、人びとは熱心に情報収集していたことを忘れてはならない。

　さて、中東が外に向かってみずから語りだす転機となったのは1991年に勃発した湾

岸戦争だ。戦場の生々しい姿をジャーナリストが競って伝えたベトナム戦争とは違い、湾岸戦争では「プール取材」と呼ぶ代表取材が採用され、徹底的な情報統制が敷かれた。通信技術の発達により戦場からの生中継はあるものの、ベトナム戦争報道のような生と死のリアリティは薄れ、ひたすら夜空を飛び交うミサイルの映像が洪水のようにテレビ画面から流れる。それは米国を中心とした有志連合の「クリーンな戦争」の演出でもあった。中東のエリートたちは湾岸戦争の報道をリードした米CNNの影響力を複雑な思いでみていたに違いない。湾岸戦争後の1990年代、衛星放送や地上波の民間放送が中東で設立ラッシュを迎えた。

　新たに中東で誕生した衛星放送局はパラボラアンテナさえ設置すれば広範な地域で視聴可能だ。視聴者のターゲットとしては、拠点を置く国のみならず、アラブ全域、さらには欧州のアラブ系移民も想定している。これまでもっぱら情報の受け手だった中東・イスラーム世界からの情報発信が始まった。

　中東の衛星放送局の発展は大きく3段階に分けることができる。まず、MBC、Orbitなど、1990年代の半ばまではサウジ系の民間衛星放送局が相次ぎ誕生した。中東の衛星放送を語るうえでエポックとなるのが1996年だ。この年、カタールに「中東のCNN」と評される「アル・ジャジーラ」が誕生した。また、レバノンでもLBCなどが開局し、中東の衛星放送局に幅と厚みが増す。そして、2003年のイラク戦争を機にサウジ系のアル・アラビーアが開局。これらの動きに対抗するかのように、米国政府が2004年、アラビア語ニュース専門局『フッラ』を立ち上げた。中東のメディアは多様化の時代を迎え、インターネットの発展も相まって、国がメディア空間で独占的に影響力を行使できる時代は終わりを告げた。

　数ある中東の衛星放送局のなかで、アル・ジャジーラの存在感は群を抜いている。イラク戦争においては、米兵捕虜の映像を流すなどスクープを連発。独自のニュースソースにより、CNNやBBCなど欧米メディアに対する対抗的な言説を生み出し、中東から世界に向けて情報発信に成功した。また、アラブ各国の体制批判や社会問題にも鋭くメスを入れた。

　ただ、国境なき記者団の発表する2014年の世界報道自由ランキングによると、トルコ154位、エジプト159位、サウジアラビア164位と中東・イスラーム世界は全体的に振るわない。アル・ジャジーラが拠点を置くカタールですら113位と、決して高くはない。アル・ジャジーラは2011年のエジプトにおける「アラブの春」の際、反政府運動を意図的に支援する報道があったと指摘されており、報道機関としての公平性が疑問視されている。イラク戦争時のような高評価は昨今、影を潜めている。中東・イスラーム世界ではジャーナリストの誘拐や投獄が頻繁に発生、内戦・内乱の犠牲になっている。「言論の自由」を守ることは容易ではない。

◆人びとの暮らしとメディア

　中東の人びとはメディアとどのように接しているのだろうか。筆者が調査研究のため長期滞在したトルコの庶民の日常生活を紹介しよう。

　男性は「カフヴェハーネ」と呼ぶコーヒーハウスで、テレビのスポーツ中継を鑑賞したり、新聞を読んだりしており、主に家庭の外で友人・隣人と一緒にメディアに接触する機会が多い。一方、女性については、日本における演歌のような位置づけの「アラベスク」という歌謡曲をラジオで聞きながら家事をしたり、隣人らとのおしゃべりの傍らテレビを視聴したりしている。人気のテレビ番組は昼間の時間帯に放映されるメロ・ドラマや娯楽情報だろう。

　世俗国家とはいえ人口のほとんどをムスリムが占めるトルコにおいては、イスラーム系のテレビ局も生活のなかに入り込んでいる。昼の時間帯にはスタジオに有名なイスラーム法学者を迎え、視聴者参加型で宗教上の悩みに答えるといった番組が人気だ。断食月には夕刻になるとテレビのスイッチを入れて、イフタール（日没後の食事）の時間を確認、食卓を囲む家庭も多い。日没後に放映する断食月の特別番組や特別ドラマも祝祭的な雰囲気に花を添える。

　筆者が現在、注目しているのは中東におけるトルコ・ドラマのブームだ。2000年代前半までのトルコはラテンアメリカのドラマを消費するドラマ輸入国だった。ところが、近年はトルコ製ドラマが中東の国ぐにに輸出され、一昔前の日本のような「韓流ドラマ」人気に似た現象が中東で起きている。

　トルコ・ドラマのブームの火付け役となったのが、メロ・ドラマ『ヌール（Noor＝光）』だ。オリジナルはトルコで制作された『ギュミュシュ（Gümüş＝銀）』で、サウジアラビア系の衛星放送 MBC がアラビア語に吹き替えた。2008年に放映されると、北アフリカを含むアラブ諸国、バルカンでたちまち人気を博し、ヌールの最終回はアラブ地域で約 8500 万人が視聴したという。

　ヌールを皮切りに、『ファトマギュルの罪は何（Fatmagülün suçu ne）』『人生は続く（Hayat davam ediyor）』など次つぎにトルコ発のドラマが中東でヒット。従来、アラブ世界のドラマが十分に扱ってこなかった、もしくはタブー視してきた男女関係や恋愛感情、女性への性的暴力、児童婚、女性の権利といったテーマを、トルコのドラマは扱っている。また、アラビア語への吹き替えは「フスハー」と呼ぶ古典アラビア語を使うのが一般的だが、最近はアラビア語の各方言に吹き替えている。書き言葉のフスハーと違い、日常生活のなかで話されている方言は、視聴者の心に直接響き、共感を呼んだ。

　トルコやアラブ地域ではこれらのドラマの影響を受け、性的被害を受けた女性らが声を上げるといった現象も起きている。ドラマのなかで自分と同じ境遇にある女性たちに共感、自分のやりきれない思いをブログや SNS に書きこむなどして、リアルの連帯が

広まっていく現象は注目に値する。

◆ SNS は革命をもたらすか

　中東地域において、メディアが人びとに影響をあたえ、社会や政治体制を動かすといった現象が昨今、目立っている。2010 年のチュニジア、続く 2011 年のエジプトでの革命は「アラブの春」と呼ばれ、SNS が革命ではたした役割が注目された。アラブの春を「SNS 革命」と報じたメディアも少なくないが、当時のチュニジア、エジプトのSNS ユーザー数は多いとはいえず、むしろ携帯電話やチラシといったメディアのほうが大衆を動員するうえで影響力があったという指摘もある。また、汎アラブの衛星放送局が、市民によるデモの現場などの投稿映像を放映することが革命を後押しした点も見逃せない。新旧メディアが各々の特徴を生かし、アラブの春を演出したといえるだろう。

　もちろん、市民が既存の秩序への異議申立ての際に SNS を活用することが 2010 年代以降、増えてきたのは事実だ。トルコを例にとれば、2013 年にイスタンブールで発生したゲジ公園の将来計画をめぐる反政府デモや、2015 年の女子大生焼殺事件に端を発した家父長制に由来する暴力根絶を訴える女性たちの全国デモが、SNS によって組織された。ただし、SNS がトルコの体制をゆるがすような事態には進展していない。トルコ政府がテレビ局や新聞といったマス・メディアを締め付けたこともあり、SNS使用者に動員が限定されたことが要因と考えられる。SNS の影響力が大きいことは間違いないが、テレビや新聞といった従来のマス・メディアの力をあなどってはならない。

〈参考文献〉

Howard, Philip N. & Hussain, Muzammil M. (2013) *Democracy's Fourth Wave?: Digital Media and the Arab Spring*. Oxford: Oxford University Press.

保坂修司『サイバー・イスラーム―越境する公共圏』2014 年、山川出版社。

執筆者一覧（掲載順）

ヴァイオレット・B・ヴァルデス（Violet B. Valdez）
　アテネオ・デ・マニラ大学コミュニケーション学部教授

劉昌徳（Chang-de Liu）
　台湾国立政治大学新聞学部准教授

山田賢一（やまだ　けんいち）
　NHK放送文化研究所メディア研究部副部長

ディナ・ファルーク・アブ・ゼイド（Dina Farouk Abou Zeid）
　アインシャムス大学マスコミュニケーション学部准教授

ブージアン・ザイド（Bouziane Zaid）
　アル・アハワイン大学イフレン校准教授

バルキス・サイドゥ（Balkisu Saidu）
　ウスマヌ・ダンフォディヨ大学法学部講師

ホセ・アントニオ・ブランビラ（José Antonio Brambila）
　英国リーズ大学メディア・コミュニケーション研究科博士課程

ロスリナ・アブドゥル・ラティフ（Roslina Abdul Latif）
　テイラーズ大学レイクサイド校コミュニケーション学部上級講師

田中孝宜（たなか　たかのぶ）
　NHK放送文化研究所メディア研究部上級研究員

斉藤正幸（さいとう　まさゆき）
　NHK放送文化研究所メディア研究部上級研究員

阿部るり（あべ　るり）
　上智大学文学部准教授

ディルルバ・チャタルバシュ・ユルペル（Dilruba Çatalbaş Ürper）
　ガラタサライ大学コミュニケーション学部教授

監修者

山本信人（やまもと　のぶと）
慶應義塾大学法学部教授、同メディア・コミュニケーション研究所長
1963 年生まれ。コーネル大学大学院政治学研究科博士課程修了。政治学博士。専門は東南アジア地域研究、国際関係論。
主要業績に、『三つの旗のもとに』（翻訳、B・アンダーソン著、NTT 出版、2012 年）、『東南アジアからの問いかけ』（編著、慶應義塾大学出版会、2009 年）、『イメージの中の日本──ソフト・パワー再考』（共編著、慶應義塾大学出版会、2008 年）、『メディア・ナショナリズムのゆくえ──「日中摩擦」を検証する』（共編著、朝日新聞社、2006 年）、ほか多数。

編　者

慶應義塾大学メディア・コミュニケーション研究所
1946 年に新聞研究室としてスタートし、その後、新聞研究所となる。創立 50 年にあたる 1996 年にメディア・コミュニケーション研究所に改称した。新聞・放送・通信社・出版・広告・ネットなど、ジャーナリズムやメディアに関する研究や、関連業界に就職する学生のための教育を行っている。これまで著名なジャーナリストやメディア業界で活躍する人材を数多く輩出してきた。

NHK 放送文化研究所
太平洋戦争敗戦後の 1946 年 6 月、ラジオ放送発祥の地、東京・愛宕山に、NHK の放送分野の専門研究所として設立された。以来、視聴者、放送事業、放送法制など社会と放送メディアの発展に必要な調査研究と世論調査を行っている。また放送文化の向上をめざし、国内外の専門家とも連携して放送メディアの学問的研究を促進するための活動にも力を入れている。

ジャーナリズムの国籍
——途上国におけるメディアの公共性を問う

2015 年 12 月 25 日　初版第 1 刷発行

監修者─────山本信人
編　者─────慶應義塾大学メディア・コミュニケーション研究所；
　　　　　　　NHK 放送文化研究所
発行者─────坂上　弘
発行所─────慶應義塾大学出版会株式会社
　　　　　　　〒108-8346　東京都港区三田 2-19-30
　　　　　　　TEL〔編集部〕03-3451-0931
　　　　　　　　　〔営業部〕03-3451-3584〈ご注文〉
　　　　　　　　　〔　〃　〕03-3451-6926
　　　　　　　FAX〔営業部〕03-3451-3122
　　　　　　　振替 00190-8-155497
　　　　　　　http://www.keio-up.co.jp/
装　丁─────鈴木　衛
印刷・製本───株式会社加藤文明社
カバー印刷───株式会社太平印刷社

©2015 Nobuto Yamamoto, Keio Institute for Journalism, Media &
Communication Studies, NHK Broadcasting Culture Research Institute
Printed in Japan ISBN 978-4-7664-2283-2

慶應義塾大学出版会

ジャーナリズムは甦るか

池上彰・大石裕・片山杜秀・駒村圭吾・山腰修三著 ジャーナリストの池上彰、メディア研究者の大石裕らが、日本のジャーナリズムの問題点やこれからのあるべき姿について熱く語る！ 原発報道から歴史認識問題まで、メディア、ジャーナリズムの現状と将来を考える注目の書。　◎1,200円

イメージの中の日本
ソフト・パワー再考

大石裕・山本信人編著 北朝鮮のミサイル・核問題、靖国問題、災害支援、従軍慰安婦問題などを事例に、メディアや世論の動向を分析。日本イメージの形成過程をたどり、日本の自己イメージと他国からみた日本イメージのズレを明らかにする。　◎3,200円

表示価格は刊行時の本体価格（税別）です。

慶應義塾大学出版会

マス・コミュニケーション研究

デニス・マクウェール著／大石裕監訳　複雑に絡み合うメディアと社会の諸関係を探り、メディアの変容とともに絶えず発展を遂げるマス・コミュニケーションの理論を究める。定評ある概論的テキストの待望の翻訳。
◎8,000円

コミュニケーション研究（第3版）
社会の中のメディア

大石裕著　コミュニケーションを考えるための入門書。コミュニケーションが社会の中で果たす役割、新たなメディアの社会的影響などを体系的に整理し、多くの図表を掲げてわかりやすく解説。最新のデータを盛り込んだ第3版。
◎2,800円

表示価格は刊行時の本体価格（税別）です。